W0066631

BLV Naturführer

Alpen · Alpenblumen · Aquarienfische · Bach – Fluß – See ·
Bäume + Sträucher · Fische · Giftpflanzen – Gifttiere · Heilpflanzen ·
Heimische Pflanzen 1 · Heimische Pflanzen 2 · Hunde · Insekten ·
Lebensraum Stadt · Mein Hobby: Mikroskopieren · Mein Hobby: Natur
fotografieren · Mein Hobby: Pflanzen kennenlernen · Mein Hobby:
Schmetterlinge beobachten · Mein Hobby: Steine sammeln · Mein Hobby:
Vögel beobachten · Mineralien + Gesteine · Moor und Heide · Pflanzen am
Mittelmeer · Pilze · Säugetiere · Schmetterlinge · Spuren und Fährten
unserer Tiere · Sterne + Sternbilder · Strand und Küste – Wattenmeer ·
Versteinerungen · Vögel · Wald und Forst · Wasservögel – Strandvögel ·
Wiesen und Felder · Wolkenbilder – Wettervorhersage · Zootiere

BLV Bestimmungsbuch

Amphibien und Reptilien · Aquarienfische · Bäume + Sträucher ·
Bäume und Sträucher Europas · Blumen am Mittelmeer · Edelsteine und
Schmucksteine · Farbige Pflanzenwelt · Farne – Moose – Flechten ·
Fossilien · Foto-Pflanzenführer · Gräser · Heilpflanzen · Die Höhlen
Europas · Hunderassen der Welt · Insekten + Weichtiere · Meeresfische ·
Muscheln + Schnecken · Orchideen Europas · Pferderassen der Welt ·
Pflanzen der Tropen · Pflanzen Europas · Pflanzen- und Tierwelt der Alpen ·
Pilze · Pilzführer · Säugetiere · Säugetiere Afrikas · Steine + Mineralien ·
Sterne + Planeten · Süßwasserfische · Tiere und Pflanzen an
Mittelmeerküsten · Tierspuren · Vögel · Wetterkunde für alle

BLV Intensivführer – Spektrum der Natur

Alpenpflanzen · Laubgehölze · Lebensräume · Nadelgehölze · Pflanzen
der Feuchtgebiete · Pilze, Band 1: Lamellenpilze, Täublinge, Milchlinge und
andere Gruppen mit Lamellen · Pilze, Band 2: Röhrlinge, Porlinge, Bauch-
pilze Schlauchpilze und andere · Vögel, Band 1: Singvögel · Vögel, Band 2:
Spechte, Eulen, Greifvögel, Tauben, Hühner u. a. · Vögel, Band 3: Taucher,
Entenvögel, Reiher, Watvögel, Möwen u. a.

Weitere BLV Bücher zum Bestimmen

BLV Vogelführer · Greifvögel · Der große BLV Mineralienführer · Der große
BLV Naturführer · Der große BLV Pflanzenführer · Der große Pilzführer,
Band 1–4 · Heilpflanzen in Farbe · Das neue BLV Pilzbuch · Der neue
BLV Steine- und Mineralienführer · Stimmen der Vögel Europas · Vögel
Mitteleuropas

Weitere BLV Naturbücher

BLV Bildatlas der Bäume · Das farbige BLV Hausbuch der Natur ·
Korallenriffe · Naturinseln in Stadt und Dorf · Tiere in der Landschaft ·
Wie Tiere denken

BLV Umweltwissen

Autofahren umweltfreundlich · Darum brauchen wir den Wald · So stirbt
der Wald · Wenn Gewässer sauer werden

SPEKTRUM DER NATUR
BLV Intensivführer

Pflanzen der Feuchtgebiete

Gewässer, Moore, Auen

Dr. Elfrune Wendelberger

BLV Verlagsgesellschaft
München Wien Zürich

CIP-Kurztitelaufnahme der
Deutsche Bibliothek

Wendelberger, Elfrune:
Pflanzen der Feuchtgebiete:
Gewässer, Moore, Auen /
Elfrune Wendelberger. –
München; Wien; Zürich:
BLV Verlagsgesellschaft, 1986.
   (Spektrum der Natur)
   ISBN 3-405-12967-2

© 1986 BLV Verlagsgesellschaft
mbH, München

Satz und Druck: Appl, Wemding
Bindung:
Großbuchbinderei Monheim

Printed in Germany
ISBN 3-405-12967-2

Bildnachweis

Apel: 51, 210
Eisenbeiss: 85, 91, 142/143, 161
Forisch: 15, 17, 32/33, 41, 47, 58/59,
   61, 67, 72, 79, 87, 94, 98/99, 100,
   102, 105, 132, 141, 157, 190/191,
   193, 194, 203, 207, 211, 214, 216 l,
   217
Franz: 55, 64, 75, 92, 95, 112, 115,
   117, 119, 121, 123, 128, 129, 130,
   138, 145, 165 o, 183, 187, 192, 200,
   204
Gayl: 89
Golebiowski: 44, 197
Jahns: 34
Navara: 35
Pfletschinger/Angermayer: 76/77
Pforr: 36, 50, 69, 71, 74, 78, 82, 83, 84,
   106, 108, 110, 114, 116, 120, 162,
   167, 168, 176, 188
Pott: 38, 40, 42, 45, 48, 49, 60, 63, 149,
   160, 175
Reinhard: 20, 65, 66, 70, 86, 97, 103,
   104, 122, 134, 139, 140, 144, 147,
   150, 154, 155, 156, 166, 171, 181,
   184, 189, 196, 202, 205, 212
Schacht, H.: 126, 213, 216 r
Schacht, W.: 56, 90, 182
Seibold: 37, 151, 153, 170, 173 u
Seidel: 88
Seidl: 9, 43, 118, 124/125, 133, 146,
   148, 152, 172, 174, 186, 198
Stehling: 52
Wagner: 68, 81, 136, 165 u, 169, 201
Wendelberger: 22, 29, 39, 46, 53, 80,
   127, 158/159, 163, 178/179, 180,
   185, 209
Wolfstetter: 54, 73, 93, 96, 101, 111,
   131, 135, 137, 195, 199, 206, 208,
   215
Wothe: 57, 107, 109, 113, 173 o, 177

Titelbild: Konrad Wothe;
Verlandungszone mit Seerosen und
Binsen

Zeichnungen: Marlene Gemke

Inhalt

Zum Geleit

Vorliegender Intensivführer ist eine versteckte Liebeserklärung an die geheimnisvolle und weitgehend unbekannte Pflanzenwelt der Feuchtbiotope: der Tümpel und Weiher, der Sümpfe und Moore, der Auen und Brüche. Wie kein anderer Lebensraum sind sie in der Gegenwart gefährdet, so daß vielleicht Sonnentau und Schwanenblume, Sibirische Schwertlilie und Sumpfknabenkraut ausgerottet sein werden, bevor ein Großteil der Bevölkerung von ihrer Existenz je etwas gehört, geschweige sie gesehen hat.

Das Buch wendet sich an den interessierten Naturfreund, der tiefer eindringen will in die Wunderwelt der Feuchtstandorte, der von ihren Pflanzen etwas mehr wissen will, als nur den Namen. Wie schon beim Alpenpflanzen-Intensivführer wurde auch hier von der herkömmlichen, systematischen Reihung der Pflanzen abgegangen und eine Gruppierung nach Lebensräumen vorgenommen. Eine ausführliche Beschreibung dieser 9 verschiedenen Lebensräume, ihrer speziellen Standortsbedingungen und den häufigsten Anpassungen ihrer Bewohner, machen den Hauptteil der allgemeinen Einführung aus. Sie soll dazu anregen, sich mit den verschiedenen ökologischen Voraussetzungen vertraut zu machen, sie selbständig zu beobachten und zu hinterfragen.

Dabei ist diese Einteilung – wie jede Einteilung von Naturgegebenheiten – selbstverständlich nur eine grobe und zudem eine künstliche: Die Natur kennt ja kein starres Schema. Mehr noch als bei den Alpenpflanzen sind die Übergänge zwischen den einzelnen Standorten fließend, demnach gibt es auch kein Fach, in dem die beschriebene Pflanze auf alle Fälle sicher drinnen bleibt:

Die Pflanzenwelt der Feuchtbiotope greift von einem Lebensraum in den anderen über, »wie die Finger von gefalteten Händen«. Dennoch gibt es auch ganz exklusive Pflanzen, die Hochmoorspezialisten etwa, oder manche obligate Wasserpflanzen, die wir immer in der gleichen Pflanzengesellschaft vorfinden. Die meisten Arten bevorzugen wohl einen bestimmten Lebensraum, streuen aber von dort gelegentlich auch in benachbarte aus.

Außer einer ersten Einführung in die Ökologie der Feuchtbiotope, will dieser Naturführer noch eine Reihe von Zusatzinformationen bringen, die für die jeweils beschriebene Pflanze von Interesse sind. Das können einmal spezielle Anpassungen sein oder auch Details aus der Blütenbiologie, der Pflanzengeographie, der Heilpflanzenkunde oder der Kulturgeschichte.

Neben jeder Pflanze steht ihr gezeichnetes Porträt, das ihre Merkmale hervorhebt, zusätzlich noch ein Foto der Pflanze am Standort. Manchmal sind neben der beschriebenen und abgebildeten Art auch noch eine oder mehrere verwandte Arten erwähnt, mit oder auch ohne Foto.

Bei einer Gesamtartenzahl von immerhin 190 Arten war es möglich, nicht nur charakteristische Vertreter in das Buch aufzunehmen, sondern auch noch seltene und unauffällige Arten zu erfassen. Nur bei der großen Familie der Sauergräser, mit ihren zahlreichen, oft unscheinbaren und einander sehr ähnlichen Arten, wurden lediglich einzelne bezeichnende Beispiele ausgewählt.

Hauptanliegen dieses Buches ist – neben der selbstverständlichen Vermittlung von Informationen –, das Verständnis und die Liebe für die bedrohte Pflanzenwelt der Feuchtbiotope zu wecken und damit beizutragen, sie zu bewahren.

Einführung

Feuchtbiotope haben eines miteinander gemeinsam: den Reichtum, ja Überfluß an Wasser! Ansonsten verstehen wir darunter sehr verschiedene Lebensräume – ist doch auch die Art und das Angebot an Wasser recht unterschiedlich: So kann es fließend oder stehend sein, sauerstoffreich oder sauerstoffarm, nährstoffreich oder nährstoffarm, alkalisch oder sauer usw. Auch die Menge des verfügbaren Wassers ist nicht gleich und reicht vom großen See, in dessen Uferzonen die Wasserpflanzen den Boden bedecken, bis zu den wechselfeuchten Naßwiesen, mit allen Übergängen dazwischen.

Feuchtpflanzen – die Hungerkünstler des Hochmoores ausgenommen – leben in der Regel in recht guten Verhältnissen. Allen anderen Lebensräumen haben die Feuchtgebiete ja voraus, daß zumindest das Lebenselement Wasser unbegrenzt zur Verfügung steht. Es wachsen und wuchern deshalb hier besonders viele hochwüchsige, üppige Pflanzengestalten, die sich den Luxus von großen Blättern und hohen Stengeln leisten können. Sie benötigen auch keinerlei Verdunstungsschutz – wie etwa ledrige Oberhaut, dichte Behaarung, eingesenkte Spaltöffnungen und was es der Tricks noch mehr gibt, deren sich weniger begünstigte Pflanzen bedienen, um das kostbare Wasser nicht zu rasch abgeben zu müssen. Sie brauchen sich ja auch nicht vor dem ausdörrenden Wind zu ducken, wie etwa die Alpenpflanzen – schon die hohe Luftfeuchtigkeit der Umgebung verhindert eine zu starke Transpiration, zudem läßt sich das verdunstete Wasser ja mühelos wieder nachschaffen.

Innerhalb der Feuchtgebiete gibt es aber recht unterschiedliche Standortsbedingungen und diesen entsprechend auch eine ganze Reihe von Pflanzengesellschaften, die auf die jeweiligen ökologischen Verhältnisse eingestellt sind. Es ist aber beileibe nicht so, daß Feuchtpflanzen immer nur auf einen bestimmten Lebensraum, auf eine Pflanzengesellschaft spezialisiert sind, obwohl es das natürlich auch gibt. Viele Feuchtpflanzen sind ja vor allem an das Wasser an sich gebunden und stellen keine besonderen Ansprüche hinsichtlich dessen Beschaffenheit und Qualität oder hinsichtlich der übrigen »Extras« des Standortes. Je extremer das Feuchtbiotop aber ist, desto spezialisierter sind auch die Bewohner.

Europaweit, ja weltweit gemeinsam ist allen Feuchtgebieten jedoch ihre akute Gefährdung in der Gegenwart. Der Kampf gegen das nasse Element stammt aus historisch aus einer Zeit, da Wasser im Überfluß vorhanden war, ja vielfach als Feind galt, den man nicht schnell genug außer Landes befördern konnte. Regulieren von Flüssen, Trockenlegen von Sümpfen und Mooren galten als kulturelle Großtaten, spricht man doch heute noch vom »Kultivieren« eines Moores, wenn dieses Wunderwerk der Natur barbarisch in eine sterile Getreidesteppe verwandelt wird.

Unsere Sprache verrät überhaupt sehr viel von dieser längst überholten Einstellung zum Wasser. So sagte doch vor einiger Zeit ein europäisches Staatsoberhaupt im Zusammenhang mit einer großen Korruptionsaffäre, »man müsse die Sümpfe und sauren Wiesen trockenlegen«! Und das ausgerechnet im internationalen Naturschutzjahr der Feuchtbiotope! Immer noch gilt Sumpf im übertragenen Sinn als Inbegriff des Negativen, Sumpfblüten als Ausgeburt des Bösen.

Dabei haben sich inzwischen die Zeiten grundlegend geändert. Infolge der fortgesetzten Entwässerungen, der Flußregulierungen und Begradigungen, sinkt der Grundwasserspiegel in den zivilisierten Ländern ständig, durch Raubbau an Wäldern und Trockenlegen von Mooren sind viele Quellen versiegt, durch den übermäßigen Verbrauch der Industrie, Landwirtschaft und Zivilisation ist Wasser, insbesondere aber Trinkwasser, weltweit zur Mangelware geworden. Auen, Moore und Sümpfe sind aber unentbehrliche Bestandteile des Naturhaushaltes, ihre Zerstörung beginnt sich zu rächen. Sie sind wichtig für die Reinhaltung von Gewässern, als Speicher für das kostbare Trinkwasser, sie wirken als Luftbefeuchter und tragen zum Klimaausgleich bei, sie sind natürliche Rückhaltebecken bei Überschwemmungen, fördern die Bodenfruchtbarkeit und sind Lebensraum für aussterbende Pflanzen- und Tierarten, deren Bedeutung für den Menschen – etwa in der Medizin oder Pflanzenzüchtung – noch gar nicht abzusehen ist. Sie prägen und bereichern das Landschaftsbild.

Spät, sehr spät wurde im Rahmen der UNESCO erreicht, daß insgesamt 33 europäische und überseeische Staaten, darunter Deutschland, Österreich und die Schweiz, einen Staatsvertrag zum Schutz der Feuchtbiotope unterzeichnet haben. In diesem sogenannten RAMSAR-Abkommen vom 2. Februar 71 heißt es: Die Vertragsparteien verpflichten sich »– in der Erkenntnis der wechselseitigen Abhängigkeit des Menschen und seiner Umwelt, – in Anbetracht der grundlegenden ökologischen Bedeutung von Feuchtgebieten als Regulatoren für den Wasserhaushalt und als Lebensraum für eine besondere Pflanzen- und Tierwelt, vor allem für Wat- und Wasservögel, – in der Überzeugung, daß Feuchtgebiete ein Bestandteil des Naturhaushaltes von großem Wert für Wirtschaft, Kultur, Wissenschaft und Erholung sind und ihr Verlust unwiederbringlich wäre, – von dem Wunsch geleitet, der fortschreitenden Schmälerung und dem Verlust von Feuchtgebieten jetzt und in Zukunft Einhalt zu gebieten«, besonders bezeichnete Gebiete im Hoheitsbereich eines jeden Landes zu schützen, darüber hinaus aber generell alle Feuchtgebiete nach Möglichkeit zu erhalten.

Dessen ungeachtet werden nach wie vor Unsummen ausgegeben, um Flüsse und Bäche zu regulieren und zu begradigen, damit Anbauflächen für Getreide gewonnen werden – für jenes Getreide, das nur mehr hoch subventioniert auf dem Weltmarkt überhaupt abgesetzt werden kann! Nach wie vor werden Tümpel zugeschüttet, Moore abgetorft, werden Brüche trockengelegt, Feuchtwiesen »melioriert« und Auen zerstört. So sollten eben jetzt die im Ramsar Abkommen ausdrücklich genannten Donauauen unterhalb von Wien durch ein Großkraftwerk abgedämmt, ausgebaggert und verbetoniert werden. Nur durch den beispiellosen Einsatz Tausender engagierter Naturschützer, die bei Kälte und Schnee in der Au kampierten, konnte diese einzigartige Stromlandschaft erhalten werden.

Möge dieses Buch dazu beitragen, die wunderbare Pflanzenwelt der Feuchtgebiete kennenzulernen, sie zu schützen und zu bewahren. Am Anfang steht das Kennenlernen, denn man liebt nur, was man kennt und man verteidigt nur, was man liebt. »Sumpfblüten« zählen zu den geheimnisvollsten und schönsten Pflanzen, die unsere Erde hervorgebracht hat. Wasser in jeglicher Form ist keinesfalls unser Feind, den es zu bekämpfen gilt, sondern Ursprung und Voraussetzung allen Lebens, auch unseres eigenen.

Gewässer

Alles Leben dieser Erde stammt aus dem Wasser. Wer aber glaubt, daß unsere heutigen Süßwasserpflanzen direkte Nachkommen jener allerersten Pflanzen seien, die sich vor Jahrmillionen aus primitiven Einzellern entwickelt haben, der geht völlig fehl: Ist doch das Meer und keineswegs das Süßwasser die Wiege allen Lebens. Als die einfach gebauten, gabelig verzweigten, braunalgenähnlichen Gewächse, die Urlandpflanzen, begannen das Festland zu erobern, mußten sie sich an gänzlich andere Verhältnisse anpassen: Als erstes entwickelten sie Wurzeln zum Festhalten und zur Nahrungsaufnahme, Leitgefäße für den Saftstrom und Blätter mit Spaltöffnnungen für den Gasaustausch kamen hinzu. Primitive Farne, später Bärlappgewächse und Schachtelhalme stellten diese ersten Landvegetation, die immerhin bald baumför-

mig wurde und mächtige Wälder aufbaute.

Im Gegensatz zum Meer waren die Standorte auf dem Land aber sehr unterschiedlich: trocken oder feucht, windexponiert oder geschützt, sonnig oder schattig, warm oder kühl usw. Um all diese Sonderstandorte zu besiedeln, mußten besonders angepaßte Spezialisten ausgebildet werden. Einer dieser Sonderstandorte aber war auch das Süßwasser: die Seen, Flüsse, Teiche und Tümpel.

So kehrten die ursprünglichen Meerespflanzen auf dem Umweg über das Land wieder ins Wasser, allerdings Süßwasser, zurück. Reuige Rückwanderer sind sie mithin, Heimkehrer in das reichere, leichtere Leben des Wassers. Und alle die mühsam für das Landleben erworbenen Eigenschaften – Wurzeln zur Aufnahme gelöster Stoffe, feste, starre Stützgewebe, um den Stürmen standzuhalten, dicke Blattoberflä-

chen, Behaarungen oder Wachs-
überzüge als Verdunstungsschutz,
farbige Blüten, um die Insekten anzulocken, – sie alle waren nun überflüssig geworden und wurden nach und
nach wieder abgebaut. Im Wasser
herrschen andere Bedingungen und
diesen galt es, sich neu anzupassen.
Je vollständiger sich nun die Blütenpflanzen dem nassen Element an-
vertraut haben, desto mehr haben
sie auf die Attribute der Landpflanzen verzichtet, desto algenähnlicher
und primitiver erscheinen sie uns.
Wasserlinsen und Teichfaden aber
sind ebensowenig Algen, wie Wale
und Delphine Fische sind!

**Besondere Eigenschaften
der Wasserpflanzen**

Die wieder oder neu zu erwerbenden
Eigenschaften für das Leben im
Wasser betreffen in erster Linie die
Blätter. Dabei haben einige völlig untergetauchte Pflanzen, wie etwa das Tausendblatt oder der Wasserschlauch,
häufig fein zerschlitzte Blätter, die
den Gasaustausch durch maximale
Vergrößerung der Oberfläche erleichtern. Auf Spaltöffnungen, wie sie
für Landpflanzen unumgänglich sind,
kann daher verzichtet werden, die
ganze Pflanze nimmt ja mit ihrer
durchlässigen Oberfläche aus dem
Wasser die gelöste Kohlensäure auf
und gibt den Sauerstoff ab.
Noch einfacher gebaut sind manche
band- und fadenartigen Gewächse,
wie etwa der Wasserfaden, den man,
oberflächlich betrachtet, tatsächlich
für eine Alge halten könnte. Dem
Wasser soll ja möglichst wenig Widerstand geleistet werden, der un-
weigerlich zum Zerreißen der Blätter
führen würde – Wasserblätter und
Stengel sollen den flutenden Bewegungen des nassen Elementes
möglichst weich und widerstandslos
folgen. Neben der Bandform und
den fein zerteilten Blättern erfüllen
die weichen Lappenblätter der

Laichkräuter diese Anforderungen.
Starre Blätter können sich nur solche
Wasserpflanzen leisten, die in größeren Tiefen oder in kleinen, stehenden Gewässern ohne Wellenschlag
leben.
Nicht alle Wasserpflanzen aber leben gänzlich untergetaucht, manche
wurzeln wohl am Grund des Gewässers, senden aber an langen Stielen
ihre Schwimmblätter und ihre Blüten
an die Oberfläche. Die meisten dieser Schwimmblätter sind rund oder
oval, womit eine möglichst große
Assimilationsfläche mit einem möglichst kleinen, weil einrißgefährdeten
Rand verbunden wird. Die Blattober-
fläche ist unbenetzbar, damit die
Spaltöffnungen auf den Schwimmblättern nach einer Überflutung rasch
wieder einsatzbereit sind. Gelegentlich werden auch zweierlei oder sogar dreierlei Blätter ausgebildet. So
treibt etwa die Seerose unter Wasser
große lappige Blätter, an der Wasseroberfläche aber runde, flache
Schwimmblätter. Oder gar das Pfeilblatt, das sogar 4 verschiedene Blätter entwickeln kann: bandartige Unterwasserblätter, breitovale, pfeilförmige Schwimmblätter, Luftblätter, deren Stiele untergetaucht sind, deren
Spreiten aber in die Luft ragen, und
eine weitere Art pfeilförmiger Luftblätter, die zur Gänze oberhalb der
Wasseroberfläche stehen. Dazwischen gibt es alle Übergänge.
Auch die Stengel der Wasserpflanzen sind dem geänderten Medium
angepaßt: Sie sind weich und flutend
und enthalten ein inneres Luftgewebe, das die Sauerstoffversorgung
übernimmt.
Die Wurzeln der Wasserpflanzen,
soweit überhaupt vorhanden, beschränken sich auf das Festhalten,
denn die Aufnahme gelöster Mineralsalze kann die untergetauchte
Pflanze, ebenso wie die Assimilation,
mit der ganzen Oberfläche leisten.
Daneben gibt es aber auch noch völ-

lig wurzellose, frei treibende Gewächse, wie etwa das Hornblatt.

Einige Sumpf- und Wasserpflanzen sind so anpassungsfähig, daß sie sogar Landformen entwickeln können, wenn der Tümpel einmal völlig austrocknet. Diese Landformen sind in der Regel kleiner und straffer als die Wasserformen, kommen jedoch ebenso zur Blüte. Beim Wasserstern etwa sterben die Wasserformen zwar ab, wenn der Tümpel austrocknet, sie bedecken jedoch in einer recht dichten, verbackten Kruste den Schlammboden und halten ihn längere Zeit feucht. Den zuunterst liegenden Sproßstückchen bleibt dadurch Zeit, noch schnell die völlig anders gebaute Landform zu treiben. Anstelle der langen, schlaffen und weichen Sprosse wachsen nun kurze, gedrungene, steif aufrecht stehende Pflänzchen, deren kleine Blätter bereits mit einer dicken Oberhaut und Spaltöffnungen versehen sind. Diese rasigen Zwergformen des Wassersterns blühen und fruchten sogar reichlich, sterben jedoch im Winter ab, während die Wasserformen immergrün überwintern.

Sehr unterschiedlich sind die Blüten der Wasserpflanzen: Neben auffallenden, blumenartigen Blüten, die zur Sonne gestreckt und von Insekten bestäubt werden, wie etwa bei der Seerose oder der Wasserfeder, finden wir unscheinbare, oft ährige Blütenstände, die oberhalb des Wassers vom Wind bestäubt werden, und schließlich ganz untergetauchte, unscheinbare Blüten, bei denen auch der Pollen vom Wasser an die Narben geschwemmt wird. Für alle Wasserpflanzen gilt, daß sie erst relativ spät im Jahr blühen. Wasser ist ja ein schlechter Wärmeleiter und erwärmt sich im Frühjahr nur langsam. Es dauert daher viel länger als auf dem umgebenden Land, bis sich die Vegetation entwickelt. Frühblüher gibt es unter den Wasser-

pflanzen deshalb keine; dafür hält die Blütezeit, wie etwa bei den Seerosen, bis in den Herbst hinein an.

Ganz allgemein aber tritt zur geschlechtlichen Vermehrung in zunehmendem Maße auch die ungeschlechtliche oder vegetative Vermehrung. Dabei kann man 2 Grundtypen unterscheiden: Entweder sind es abgetrennte Pflanzenteile, die zu vollständigen Pflanzen auswachsen, oder es dienen besonders gestaltete Sprosse, sogenannte Ableger, direkt als Vermehrungsorgane und erfüllen die gleiche Funktion wie die Samen. Beide Typen kommen auch bei Landpflanzen vor, aber abgerissene Pflanzenteile vertrocknen an Land sehr leicht; Ableger bzw. Brutknospen bleiben auf einige wenige Arten beschränkt. Bei Wasserpflanzen ist das anders: Sie werden nicht nur durch den Wellenschlag sehr leicht zerteilt, sondern es besteht niemals die tödliche Gefahr auszutrocknen.

Bei vielen Wasserpflanzen wird das Längenwachstum im Spätherbst stark herabgesetzt. Es werden nur kurze Stengelabschnitte getrieben, die von nährstoffreichen Kurzblättern dicht umschlossen sind. Auf diese Art entstehen kugel-, birnen- oder walzenförmige Gebilde, die sogenannten Winterknospen oder Turionen, die allein übrigbleiben, wenn die Mutterpflanze im Winter verfault. Sie sinken auf den Schlammgrund und wachsen im Frühling zu neuen Pflanzen aus. Solche Winterknospen bilden etwa Tausendblatt und Hornblatt, Wasserfeder und Wasserschere. Richtige Ableger, das heißt vollständige Pflänzchen, die oft teppichartig mit der Mutterpflanze zusammenhängen, bildet die Wasserschere und der Froschbiß.

Je besser die vegetative Vermehrung funktioniert, desto bedeutungsloser wird die geschlechtliche Vermehrung. So fruchtet die eingeschleppte Wasserpest in Europa überhaupt nie, weil merkwürdigerweise nur weibliche Pflanzen den Weg über das große Wasser gefunden haben. Auch andere, eingeschlechtliche Pflanzen, etwa die Wasserschere, besiedeln oft in großer Individuenzahl einen Teich oder Weiher, stammen aber von einer einzigen Pflanze ab, die sich vegetativ durch Ableger oder Winterknospen vermehrt hat, und können keinen Samen erzeugen, weil der Partner fehlt. Bei den wohl am stärksten abgeleiteten Wasserlinsen ist die geschlechtliche Vermehrung nur mehr die Ausnahme und bei der kleinsten Art, der wurzellosen *Wolffia,* die wie ein winziges Algenkügelchen aussieht, konnte bei uns überhaupt noch nie eine blühende Pflanze beobachtet werden.

Bei den Früchten der Wasserpflanzen herrscht schließlich – wie zu erwarten war – die »Wasserfrüchtigkeit« bei weitem vor. Samen und Früchte bleiben längere Zeit hindurch schwimmfähig und können so über weite Strecken verbreitet werden. Viele werden auch durch Tiere, vor allem durch Wasservögel, vertragen. Auch abgerissene Sproßteile, ja sogar ganze Pflanzen, wie Wasserlinsen, können durch Enten verschleppt werden.

Die verschiedenen Gewässertypen

Haben wir bis jetzt von den Wasserpflanzen ganz allgemein gesprochen, gilt es nun doch, im Hinblick auf die verschiedene Vegetation, die unterschiedlichen Gewässertypen zu beschreiben.

Grundsätzlich unterscheiden wir fließende und stehende Gewässer. Die Vegetation der fließenden Gewässer beschränkt sich hauptsächlich auf Quell- und Bachfluren, sowie auf langsam fließende Arme, Gräben und Flüsse. Bei stärkerer Strömung können keine höheren Pflanzen leben, einerseits verhindert das bewegliche Geschiebe das Einwurzeln, andererseits würde die Strömung die Pflanzen mit sich reißen. Dazu kommt allerdings die Vegetation der Ufer, die nicht von Wasserpflanzen gestellt wird, sondern von Arten, die zeitweilige Überflutung ebenso ertragen, wie auch längere Trockenphasen.

Die große Zahl der stehenden Gewässer können wir ganz grob in Seen, Weiher, Altwässer, Tümpel und Teiche einteilen. Unter Seen verstehen wir dabei größere, natürliche Gewässer, die neben einer mehr oder weniger flachen, bewachsenen Uferzone, dem sogenannten Litoral, auch eine Tiefenzone, das Profundal, aufweisen, in dem aus Lichtmangel kein Pflanzenwachstum möglich ist. Ausnahmen gibt es jedoch auch hier, etwa Seen mit nur Steilufern oder flache Seen, deren ganzer Boden bewachsen sein kann.

Weiher hingegen sind kleine Seen mit geringer Tiefe, die jedoch ganzjährig ihr Wasser behalten. Die beiden Zonen kann man bei ihnen wegen der geringen Wassertiefe nicht gegeneinander abgrenzen.

Altwässer finden wir nur in Augebieten, wo sie aus ehemaligen Flußschlingen entstanden sind. Zumeist wurden sie durch die Regulierungen vom Fluß abgeschnitten, sie können aber auch natürlich entstehen, wenn der mäandrierende Fluß einmal seinen Lauf verlegt.

Tümpel sind schließlich kleine, seichte Gewässer, die zu bestimmten Jahreszeiten total austrocknen. Schmelzwassertümpel im Gebirge etwa trocknen im Hochsommer aus, Überschwemmungstümpel in der Au hingegen im Spätherbst und Winter.

Unter Teichen verstehen wir künstlich angelegte, kleinere Gewässer, die meist durch Stau eines Baches oder auch einer Quelle entstanden

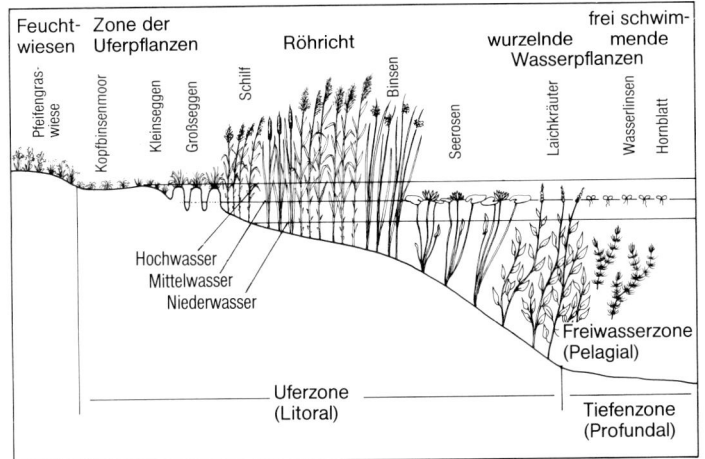

Feucht-   Zone der   frei schwim-
wiesen   Uferpflanzen   Röhricht   wurzelnde   mende
                                                     Wasserpflanzen

Pfeifengras-wiese
Kopfbinsenmoor
Kleinseggen
Großseggen
Schilf
Binsen
Seerosen
Laichkräuter
Wasserlinsen
Hornblatt

Hochwasser
Mittelwasser
Niederwasser

Freiwasserzone
(Pelagial)

Uferzone
(Litoral)

Tiefenzone
(Profundal)

Zonation der Stillwasserverlandung.

sind und oft der Fischzucht dienen. Bekannt sind die Ziegelteiche, die bei Abbau des Lehms dann entstehen, wenn das Grundwasser erreicht wurde, oder in neuerer Zeit die Baggerteiche zur Schottergewinnung oder zu Badezwecken.

Künstliche Seen sind Speicherseen, die wegen ihrer Spiegelschwankungen und ihrer Steilufer nur von wenigen Pflanzen besiedelt werden, und Flußstaue, bei denen das Wasser niemals wirklich zur Ruhe kommt, sondern nur die Strömungsgeschwindigkeit stark herabgesetzt ist. Auch sie sind arm an höheren Pflanzen, weil die steilen, oft noch betonierten Ufer ungünstige Lebensbedingungen bieten.

Natürlich gibt es innerhalb dieser Gewässertypen noch alle möglichen Differenzierungen: Nährstoffreiche und nährstoffarme Seen, kalkhaltige oder saure, schattige oder besonnte, Hochgebirgsseen oder Tieflandseen usw. Letztlich ist jedes Gewässer ein eigenes Individuum.

In einem größeren Stillgewässer fallen deutlich verschiedene Zonen auf, die von bestimmten Pflanzengesellschaften besiedelt werden:

I. Die Zone der freischwimmenden Wasserpflanzen; dazu gehören die unter Wasser frei schwimmenden, wie Wasserschlauch und Hornblatt, und die an der Oberfläche frei schwimmenden, wie Wasserlinse oder Wasserfarn.

II. Die Zone der wurzelnden Wasserpflanzen; sie ist unterteilt in
1. völlig unter Wasser assimilierende, wie Brachsenkraut oder Laichkräuter, und
2. teilweise an der Luft assimilierende, wie Seerosen (Schwimmblattgürtel).

III. Die Zone des Röhricht; mit der Charakterart Schilf, aber auch Rohrkolben oder Teichbinsen.

IV. Die Zone der Uferpflanzen (Sümpfe) läßt sich wieder unterteilen in
1. Pflanzen, die auch noch unter Wasser assimilieren können, und
2. Pflanzen, deren Blätter bei dauernder Überflutung zugrunde gehen.

V. Die Zone der Feuchtwiesenpflanzen; sie wird von Arten besiedelt, die längere Überflutung ebenso ertragen, wie wochen- bis monatelanges Trockenfallen.

13

Die Arten dieser Vegetationszonen sind jedoch nicht streng voneinander getrennt, sondern kommen in der Regel auch noch – oft mit verminderter Vitalität – in den beiden benachbarten Zonen vor: Sie greifen ineinander über, wie die Finger gefalteter Hände.

Sämtliche Gewässer, sowohl die fließenden als auch die stehenden, sind durch Verschmutzung gefährdet, die von der Einleitung von Industrie- und Haushaltsabwässern bis zur Einwehung von Kunstdüngern und Pestiziden reicht.

Röhricht

Zwischen freiem Wasser und festem Land liegt als Übergangszone oder als Bindeglied ein hochwüchsiger Halmwald, das Röhricht. Die Randzone stehender Gewässer wird nämlich zumeist von einem Schilfgürtel eingenommen, dessen Breite von wenigen Metern bis zu einigen Kilometern schwanken kann. In der Vegetationsabfolge liegt dieser Rohrwald, oder kurz Röhricht genannt, zwischen der Zone der Schwimmblattpflanzen und dem Sumpf.

Bis zu einer mittleren Wassertiefe von 1,2–2 m ist das Schilf in der Lage, dichte, geschlossene Bestände zu bilden, dort ist es auch so konkurrenzkräftig, daß es nur wenige andere Pflanzen neben sich duldet. Nur im tiefen Wasser, am Ufer von ruhigen, windstillen Seen, ist dem Schilfwald ein Pioniertrupp der Teichbinse vorgelagert, die – anders als das Schilf – mit ihren grünen Stengeln auch unter Wasser assimilieren kann. Allerdings sind ihre weichen, von schwammigen Mark erfüllten Stengel nicht in der Lage, stärkerem Wellenschlag und Wind standzuhalten. Hierin ist wiederum das Schilf überlegen mit seinen steifen, widerstandsfähigen Halmen, mit seinem schmalen, beweglichen, ewig flü-sternden Laub. Dazu befähigt es eine besondere Anpassung seiner Blätter: Damit sie dem Wind möglichst wenig Widerstand entgegensetzen und im scharfen Luftzug nicht abgerissen werden, stellen sie sich in den Windschatten, wie die Wetterfahnen auf dem Dach! Sie drehen dabei den Halm um die bewegliche Blattscheide herum, so daß alle Blätter in eine Richtung schauen. Vom Wind bewegte Röhrichte sehen daher wie »gekämmt« aus.

Da das raschwüchsige Schilf relativ stark schattet, behaupten sich neben ihm nur ebenfalls hochwüchsige Pflanzen, wie der Rohrkolben, die Schwanenblume oder der Blutweiderich. Diese Beschattung ist auch die Ursache dafür, daß die besonders lichtliebenden Weiden nur sehr schwer innerhalb des Schilfgürtels keimen können – sind sie doch sowohl bei der Keimung, als auch noch als winziges Pflänzchen auf den vollen Lichtgenuß angewiesen. Deshalb wächst Schilf oft noch auf Standorten, die durchaus schon für eine Weidenau geeignet wären. Der Förster kann dem abhelfen, indem er kräftige, mindestens 2 m hohe Weiden-Stoßstangen in den Schlamm pflanzt, so daß die austreibenden Weiden mit ihrer Krone bereits das Schilf überragen.

Ist der Schilfgürtel breit genug, so gliedert er sich in eine wasserseitige Innenzone, in der selbst bei Niedrigwasserstand nur die oberen Pflanzenteile in den Luftraum reichen, in eine artenarme, zentrale und für das Schilf optimale Mittelzone und in eine landseitige Außenzone, die relativ artenreich ist und in der die Pflanzen nur bei Hochwasser über den Wurzelbereich hinaus im Wasser stehen. Allen 3 Zonen gemeinsam ist der Wurzelraum im Schlamm, einem Substrat, das wassergesättigt ist und sich dank der schlechten Wärmeleitung des Wassers im Frühling nur sehr langsam erwärmt. Wie alle anderen Pflanzen dieses Lebensraumes auch, beginnt daher das Schilf seinen Vegetationszyklus erst spät im Jahr.

Schlamm ist aber auch sehr sauerstoffarm: Am Boden stehender Gewässer sammeln sich ja im Laufe der Zeit große Mengen organisches Material an – abgestorbene Pflanzenteile, tote pflanzliche und tierische Kleinstlebewesen, die Schicht um Schicht zu Boden sinken. Unter Luftabschluß kommen dann Fäulnisprozesse in Gang, die nicht nur den Sauerstoff des Wassers stark reduzieren, sondern auch noch Fäulnisgase freisetzen, die in Blasen aus dem Schlamm aufsteigen. Schlammbewohnende, höhere Pflanzen sind daran angepaßt mit hohlen oder markerfüllten Stengeln, mit innerem Luftgewebe und dergleichen mehr.

So sehr auch das Schilf auf das Leben zwischen Wasser und Land eingestellt ist, assimilieren können seine fähnchenförmigen Blätter doch nur an der Luft. Es ist auch nicht in der Lage, wie viele andere Sumpfbewohner, zweierlei Blätter, nämlich Wasser- und Luftblätter hervorzubringen. Werden Schilfblätter bei Hochwasser längere Zeit überflutet, so färben sie sich braun und zerfallen sehr rasch. Schilfbestände sind daher vorzügliche Pegelzeiger, die den sommerlichen Höchstwasserstand durch den untersten Blattansatz in einer geraden, waagrechten Linie anzeigen (vgl. Abb. oben). Schließlich ist Schilf auch noch sehr langlebig und zäh: Jahrzehntelang lassen Schilfstreifen inmitten von Getreidefeldern noch den Verlauf eines längst entwässerten und aufgefüllten Grabens erkennen.

Trotzdem tritt in jüngster Zeit in stadtnahen oder durch den Tourismus stark belasteten Seen auch ein »Schilfsterben« auf. Vordergründige

Hochwüchsiger Schilfwald duldet kaum andere Pflanzen neben sich.

Ursache dieser, anfangs rätselhaften Krankheit, die große Lücken in den Schilfgürtel reißen kann, soll in erster Linie mechanische Beschädigung durch Bootsverkehr und Badebetrieb sein sowie abgelagerte Algenwatten, die der Sturm gegen das Röhricht treibt. Die tiefere Ursache liegt vermutlich in einer Überdüngung der Gewässer, wodurch einerseits das mechanische Gewebe schlechter ausgebildet wird, so daß die Halme leichter abknicken – dasselbe sieht man an überdüngten Getreidefeldern, die nach jedem Regen »liegen« – andererseits bewirkt die Überdüngung auch noch eine Überproduktion der Algenwatten.

Die größten Schilfwälder Mitteleuropas befinden sich am Neusiedlersee, der einen geschlossenen Schilfbestand von 150 km^2 aufweist; davon liegen 100 km^2 auf österreichischem Boden, der Rest in Ungarn. Stellenweise erreicht er eine Breite von 5 km, wobei er rundum allerdings nicht gleichmäßig ausgebildet ist, weil er am windexponierten Ostufer infolge starken Wellenganges und Eisschubes nahezu fehlt. Lediglich in Osteuropa, im Donaudelta, und in Asien, am Balchaschsee und Hamunsee im Ostiran, gibt es noch weitaus größere Schilfflächen von über 1000 km^2.

Voraussetzung für eine derartig großflächige, natürliche Monokultur sind optimale Bedingungen für diese eine Art. Solche findet das Schilf im Flachwasser, das an den meisten Seen üblicherweise nur eine mehr oder weniger schmale Zone ausmacht, am Neusiedlersee aber und an den anderen Steppenseen sowie im Donaudelta viele Kilometer breit ist.

Diese großen Schilfflächen mit ihrer hohen Produktion an Biomasse, werden natürlich auch wirtschaftlich genutzt. Man schneidet das Rohr zumeist im Winter, wenn das Wasser des Sees gefroren ist und die Erntemaschinen trägt, wobei es bei unsachgemäßer Technik zu Beeinträchtigungen des Schilfwachstums kommen kann. Wird das Schilf nämlich zu knapp oberhalb der Eisfläche abgeschnitten und steigt der Wasserstand des Sees später an, so werden die Halmstoppeln überflutet, die mit ihnen durch das Luftgewebe verbundenen Wurzelstöcke werden von der Luft abgeschnitten und faulen.

Das geerntete Schilf wurde früher zum Decken von Haus- und Hüttendächern, heute fast ausschließlich als Stukkaturrohr in der Bauindustrie verwendet. Im Donaudelta hat man ein Verfahren entwickelt, aus Schilf Papier zu machen, bei dem es gelungen ist, den hohen Kieselsäureanteil herauszufällen.

Vom wirtschaftlichen Nutzen abgesehen, sind die Schilfwälder des Neusiedlersees Lebensraum für eine außergewöhnliche Tierwelt, vor allem Vogelwelt, die für ganz Mitteleuropa einzigartig ist. An der Grenze zwischen dem mitteleuropäischen und dem pannonischen Faunen- und Florengebiet gelegen, kreuzen sich hier außerdem noch mehrere Zugstraßen für Wildgänse und andere Zugvögel, die längere Station machen oder überwintern. Ein immer mehr ausufernder Fremdenverkehr mit zunehmender »Verhüttelung«, Bade- und Bootsbetrieb könnten dieses Kleinod ernstlich gefährden.

Sümpfe

Unter Sümpfen fassen wir die verschiedensten Sauergrasbestände im Verlandungsbereich stehender Gewässer zusammen. Sie stehen in der Zonation zwischen dem Röhricht und der Feuchtwiese, können aber durch Rodung und darauf folgende Mahd auch aus Erlenbruchwäldern entstehen. Auch die Niedermoore fallen hier herein, die sich von anderen Sumpfgesellschaften durch die Bildung von Torf unterscheiden, in der Artenzusammensetzung aber recht ähnlich sind. Im Gegensatz zu Hochmooren, die ausschließlich auf das Regenwasser angewiesen sind, beziehen Niedermoore ihr Wasser auch aus dem Grundwasser oder aus oberirdischen Zuflüssen. Torfmoosarten fehlen, der Torf – unvollständig zersetzte, organische Substanz – besteht hauptsächlich aus den schwer verrottenden Blattscheiden und Wurzelstöcken von Schilf und Sauergräsern.

Das Röhricht produziert sehr viel organische Substanz, seine alljährlich absterbenden Pflanzenteile erhöhen zusammen mit absinkenden Tonteilen den schlammigen Grund, so daß die landeinwärts gelegenen Zonen des Schilfwaldes bei Niedrigwasserstand oft längere Zeit hindurch trockenfallen. In diesen Bereichen verliert das Schilf deutlich an Vitalität, seine Halme werden kürzer, es kommt oft nicht mehr zur Blüte, der Bestand lichtet sich, seine Konkurrenzkraft ist geschwächt. Das ist dann der Zeitpunkt, in dem auch andere Blütenpflanzen eindringen können, vor allem die Steife Segge, die sehr konkurrenzkräftig ist und derartige Wasserstandsschwankungen gut erträgt. Unter günstigen Voraussetzungen bildet sie dann oft breite Säume aus, die landeinwärts an die Röhrichtbestände anschließen und sie in der Randzone auch schon durchdringen. Die charakteristischen, bis zu 1,20 m hohen, steilen Horste der Steifen Segge vermögen sogar einen Menschen zu tragen, so daß Kundige, von Horst zu Horst springend, sich im Sumpf fortbewegen können. Die Horste ragen bei Hochwasserstand immer noch heraus, vertragen aber auch völliges Trockenfallen. Nicht mehr im Schatten des hochwüchsigen Schilfes

stellen sich auch andere, nässeliebende Blütenpflanzen ein.

Der Lebensraum des Sumpfes ist für viele Pflanzen ausgesprochen günstig: Wasser ist unbegrenzt vorhanden; auch die Nährstoffversorgung ist zumeist gut und da Bäume in der Regel fehlen, gelangen Sumpfpflanzen auch in optimalen Lichtgenuß. Was wunder, daß sie besonders üppig ins Kraut schießen! Ein Nachteil ist allerdings der Sauerstoffmangel im zeitweilig wasserbedeckten Boden; ein Nachteil, dem sie mit allerhand Anpassungen, wie Luftkammern im Wurzelstock, hohlen Stengeln, Luftgewebe usw. zu begegnen wissen.

Nicht immer ist die Trennung zwischen Röhricht und Sumpf scharf. Oft durchdringen sie einander, aber es kann auch einmal das Röhricht völlig fehlen, der Sumpf daher bis an die freie Wasserfläche heranreichen; ein andermal wieder kann schon das Röhricht direkt in die Feuchtwiese

Weite Sumpflandschaft in einer vernäßten Talniederung.

übergehen. Die Natur kennt ja kein starres Schema.

Die »nasse« Flora der Sümpfe trägt wesentlich zur Reinhaltung der Gewässer bei. Erst in jüngster Zeit wurde wissenschaftlich bewiesen, welche Leistungen von fast allen Sumpfpflanzen in dieser Hinsicht erbracht werden. Man ist deshalb dabei, diese Fähigkeit in biologischen Kläranlagen zu nutzen.

Durch Absenken des Grundwasserspiegels, Entwässerungen, Überstauungen, durch Mülldeponien und vor allem durch den ausufernden Badebetrieb sind viele dieser Lebensräume schon verschwunden und mit ihnen eine Reihe geheimnisvoller und seltener Pflanzen- und Tierarten ihrer Ausrottung näher gebracht.

Feuchtwiesen

Feuchtwiesen schließen in der Verlandungsreihe stehender Gewässer an die Sümpfe an, sie kommen aber auch im Überschwemmungsbereich von Flüssen vor, wir finden sie am Rande von Mooren, an quelligen Standorten, an Stelle von gerodeten Bruchwäldern oder entwässerten Sümpfen. Je nach Nährstoff- und Basengehalt, Höhenlage, Art und Dauer der Durchnässung werden sie von den unterschiedlichsten Pflanzengesellschaften eingenommen, die ihrerseits wieder durch die Art der Bewirtschaftung beeinflußt oder verändert werden. Gemeinsam ist allen Feuchtwiesen nur eine überdurchschnittliche, oft nach Jahreszeit stark schwankende Durchnässung, sei es durch zeitweilig hoch anstehendes Grundwasser, durch Überschwemmung, Quellaustritt, Hangdruckwasser oder Moorüberschußwasser.

Viele Feuchtwiesengesellschaften sind besonders bunt und artenreich mit jahreszeitlich ganz verschiedenen Aspekten, etwa wenn die Kohldistelwiesen im Frühling zunächst vom Wiesenschaumkraut hell-lila getönt werden, später von den Kukkucksnelken und dem Schlangen-Knöterich rosa und nach dem ersten Schnitt gelbgrün von den Blättern und Blüten der Kohldistel.

Die Pfeifengraswiesen wiederum weisen einen für Grasland ungewöhnlichen Herbstaspekt auf: Die Halme und Blätter verfärben sich goldgelb und kupferbraun und wetteifern mit der bunten Laubverfärbung der Mischwälder. Pfeifengraswiesen auf kalkreichen Moorböden sind aber auch unerhört reich an seltenen Orchideen, Primeln und Enzianen und stellen oft das einzige Refugium für bedrohte Arten dar. Das gilt ebenso für die Tierwelt, denn Bekassine und Brachvogel, Weißstorch und Kiebitz, Wiesenweihe und Sumpfohreule, Grasfrosch und Sumpfschrecke – um nur ein paar Beispiele zu nennen – sind auf diese Lebensräume ebenso angewiesen wie Lungenenzian und Sibirische Schwertlilie, wie Sumpf-Gladiole und eine Reihe von Knabenkräutern.

Der wirtschaftliche Wert der Feuchtwiesen ist gering und nimmt mit der Umstellung der Landwirtschaft noch mehr ab. Früher wurde das Heu der Feuchtwiesen als Futter für Pferde und als Einstreu für Großvieh verwendet, in Trockenzeiten bei Heumangel auch einmal als Futter für Rinder. Da in den Gebieten mit vorwiegend Grünlandwirtschaft immer wenig Getreidestroh verfügbar war, da sich klimatisch die Grünlandgebiete mit den Feuchtgebieten meist decken, bestand immer Bedarf an Streu – der Bestand der Feuchtwiesen war dadurch gesichert.

Mit der drastischen Abnahme der Pferdehaltung hatte man für das Futter der »sauren« Wiesen kaum mehr Verwendung, die viehlose Landwirtschaft oder die Aufstallung ohne Streu in den modernen Intensivbetrieben braucht auch die Streuwiesen nicht mehr. Sehr zum Schaden der Tiere übrigens, die von dem Stehen auf dem nackten Beton fußkrank werden, und zum Schaden der Böden, denen der humusreiche Stallmist entzogen wird und die man dafür mit Flüssigmist überdüngt.

Jedenfalls sind die Streuwiesen für die Landwirtschaft entbehrlich geworden und folgerichtig werden sie umgewandelt: entweder durch Entwässern in Futterwiesen, oder durch Entwässern und Düngen in Fettwiesen, oder durch Entwässern, Düngen und Umbrechen in Ackerland, oder durch Aufforsten in meist standortsfremde Forste (Kanadapappelplantagen), oder durch Ausbaggern in Fischteiche, oder einfach, indem man sie sich selbst überläßt, in Buschwald. In allen Fällen verschwindet die typische, reiche Artenkombination und weicht eintönigem Grasland oder anderem Kulturland.

Somit ist es ein vordringliches Naturschutzproblem geworden, wenigstens einige großflächige Beispiele der verschiedenen Feuchtwiesentypen zu erhalten. Das ist gar nicht so leicht, denn selbst bei Pacht oder Kauf müssen diese Flächen jährlich gemäht werden, weil die meisten dieser Sekundärwiesen eben die Mahd brauchen, um nicht zu verbuschen. Es gilt für sie dasselbe, wie für die Lüneburger Heide, die sich nach Aufgabe der Schafweide zu bewalden begann. Hier genügt also nicht ein einfaches Bewahren des Gebietes, es bedarf regelmäßiger Pflege.

Ufer

Mit der Vegetation der Flußufer wenden wir uns nunmehr den fließenden Gewässern zu, deren Flora nur zum geringsten Teil im Wasser selbst lebt, sondern vorwiegend an dessen Rändern. Das stark störmende Wasser ist ja ein eher ungünstiger Lebensraum für höhere Pflanzen, weil

der bewegliche Boden ein Einwurzeln nicht zuläßt, wurzellose, freischwimmende höhere Pflanzen aber mit der Strömung abgetrieben werden. So beschränkt sich die Vegetation fließender Gewässer auf stille Buchten, träge fließende Arme und vor allem auf die Ufer.

Letztere präsentieren sich als ein sehr vielgestaltiger, von bunten Blumen besiedelter Lebensraum, zu denen sich neben einer Reihe von Pionierpflanzen auch viele Gartenflüchtlinge und Ausländer gesellen.

An die Pflanzen der Flußufer werden besondere Anforderungen gestellt: Sie müssen zeitweilige Überflutungen ebenso ertragen können, wie dazwischenliegende Austrocknung (wechselfeuchte Standorte), sie müssen unempfindlich gegenüber mechanischer Beschädigung durch die Wasserstörmung und sehr regenerationsfähig sein, um die dauernde Überschüttung mit Sedimenten zu ertragen. Die Vorteile des Standortes: Gute Wasser- und Nährstoffversorgung, lockerer, gut durchlüfteter Boden, voller Genuß des Sonnenlichtes.

Anscheinend überwiegen aber doch die Vorteile die Nachteile, denn Flüsse sind bevorzugte Wanderwege für Pflanzen! Entlang der Wasserstraßen wandern nicht nur Pflanzen aus einem anderen Vegetationsgebiet, wie etwa den Alpen, sondern auch aus gänzlich anderen Florengebieten, ja Kontinenten stammende Neubürger.

Eine Reihe von ökologischen Besonderheiten der Flußufer bereiten diese pflanzlichen Wanderwege: Als erstes ist das fließende Wasser zu nennen, das Samen, Brutknospen, ja ganze Pflanzen mit sich führt und mit dem sinkenden Hochwasser wieder absetzt. Vor allem die nackten Uferstreifen sind ideal für Neuankömmlinge, weil auf ihnen ein weit geringerer Konkurrenzdruck herrscht, als auf

Am Rande des Wassergrabens wuchert eine alte Arzneipflanze: das Mädesüß, auch Wiesenkönigin genannt, verströmt seinen süßen Duft.

dem dicht besiedelten Boden etwa einer Wiese, wo jeder Fußbreit längst aufgeteilt und besetzt ist. Der Fluß landet aber darüber hinaus noch ständig Neuland in Form von Sandbänken und Getreibselwällen an oder reißt Uferstücke ab – in jedem Fall schafft er unbewachsene, nackte Bodenflächen. Nicht nur das fließende Wasser, sondern auch das Treibeis kann das bewachsende Ufer aufreißen und so offenen Boden schaffen, in dem angeschwemmte Samen ihr günstiges Keimbett finden.

Schließlich bietet der Fluß noch lebende Transportmöglichkeiten für die Pflanzen: Wasservögel verfrachten mit ihren Füßen, vor allem aber in ihrem Gefieder anhaftende Samen über weite Strecken, auch flußaufwärts. Es erstaunt immer wieder, wie schnell etwa frisch ausgebaggerte Schotterteiche von Wasserpflanzen besiedelt werden, die von Enten in ihrem Gefieder herangebracht wurden. Sogar Fischlaich kann auf diese Weise transportiert werden.

Neben vielen Zufallskeimern, wie etwa Tomaten oder Sonnenblumen, die das nächste Hochwasser wieder vernichtet, finden wir an den Ufern immer wieder Alpenschwemmlinge, die sich kürzere oder auch längere Zeit halten können, manchmal sogar in der anschließenden Flußaue einbürgern, wie etwa der Blaue Eisenhut oder die Akeleiblättrige Wiesenraute.

Die bunteste und auffallendste Gruppe unter den Uferpflanzen aber stellen die Gartenflüchtlinge – Ausländer, deren Samen auf dem Weg über Gartenabfälle in das Wasser des Flusses gelangt sind. Meist sind es hochwüchsige Stauden mit attraktiven Blüten, wie der Schlitzblättrige Sonnenhut, der vor allem Ufer mit kalkarmen Böden säumt, oder das Indische Springkraut, das sich in den letzten Jahrzehnten geradezu explosionsartig vermehrt hat. War die hübsche, duftende Pflanze noch vor 30 Jahren eine ausgesprochene Seltenheit, so dominiert sie heute mit ihren bis zu 2 m hohen Blütenstauden die feuchten Flußufer und dringt so massenhaft in lichte Weidenauen ein, daß sie die ursprüngliche Vegetation stellenweise ganz verdrängt. Insbesondere ihre einheimische Schwester, das gelbe Rühr-mich-nicht-an-Springkraut wird von der überlegenen Ausländerin zurückgedrängt.

Kommt es auf diese Art auch zu einer Florenverfälschung, so verzeihen wir das dem attraktiven Gast um so eher, als das einjährige Indische Springkraut mit seinen wasserhaltigen, leicht verrottenden Stengeln den Standort selbst nicht verändert und den Waldbestand nicht beeinträchtigt. Ganz im Gegensatz zu anderen Einwanderern, den nordamerikanischen Astern oder besonders der Kanadischen Goldrute, die sich zu ausgesprochenen Forstunkräutern entwickelt haben. Letztere ist nämlich ausdauernd und verdämmt mit ihrem Geflecht aus Wurzeln und Ausläufern den Boden derart, daß zwischen ihren bürstendichten, meterhohen Ruten weder ein natürlicher Anflug noch eine forstliche Kultur hochkommen kann.

So präsentieren sich die Flußufer als ein ausgesprochen dynamischer Lebensraum, der sich ständig verändert, weil eben buchstäblich alles »in Fluß« ist.

Quell- und Bachfluren

Von den stehenden Gewässern sehr verschieden ist der Lebensraum der Quellen. Wir unterscheiden bei ihnen neben Sturzquellen, bei denen der heraustretende Wasserstrom mit hohem Gefälle sogleich als Bach zu Tale fließt, noch Tümpelquellen, die sich von unten her mit Wasser füllen, und Sickerquellen, bei denen das Wasser durch das Erdreich sickert, so daß ein Quellsumpf entsteht. Einen Spezialfall stellen die trichterförmigen Grundwasserquellen am Boden mancher Altwässer dar, die sich mit dem Wasser dieser Ausstände mehr oder minder schnell vermischen.

Unterschiede ergeben sich auch aus dem Kalkgehalt: Weichwasserquellen werden von anderen Pflanzengesellschaften besiedelt als Hartwasserquellen. Für letztere ist die Ausbildung von Kalktuffen charakteristisch, die in Wasserfällen ganze Barrieren aufbauen können. Der unmittelbare Bereich dieser Kalkwasserquellen bleibt baumfrei, weil das kalkabscheidende Quellmoos den Boden derart versteint, daß keine Bäume Wurzeln schlagen können.

Allen Quellen gemeinsam sind hingegen ihre ausgeglichenen Lebensbedingungen: Sommers wie winters herrscht so ziemlich die gleiche Temperatur, die ungefähr dem Jahresmittel der Lufttemperatur der je-

weiligen Gegend entspricht. Quellen, besonders, wenn sie aus dem Bergesinneren kommen, sind im Sommer relativ kalt, frieren jedoch im Winter nie zu. Sie sind also ein Lebensraum, der vom Allgemeinklima soweit unabhängig ist, wie das in Mitteleuropa mit seinen starken Temperaturschwankungen, überhaupt denkbar ist. Kein Wunder, daß sich in Quellen Pflanzen aus den Alpen und hohem Norden mit frostempfindlichen atlantischen oder gar mediterranen Pflanzen treffen. Für letztere bedeutet die Quelle eine zwar kühle, aber immerhin frostfreie Zufluchtsstätte.

Quellwasser ist jedoch nicht nur kalt, sondern – bedingt durch die starke Strömung und dem damit verbundenen innigen Luftkontakt – auch überaus sauerstoffreich. Der Reichtum an gelöstem Sauerstoff ist auch der Grund, warum Quellen über eine so hohe Selbstreinigung verfügen. So sagt ein altes Sprichwort, daß Wasser, das über neun Steine gesprungen ist, wieder trinkbar sei. Das galt allerdings noch vor Verunreinigung mit Chemikalien, die in der Natur oft nicht abgebaut werden können.

Rieselt Wasser über Felsen, sprudelt eine Quelle oder schäumt ein Bach zu Tal, so finden wir in seiner Umgebung eine reiche Moosvegetation, die sich im Sprühbereich der Wassertröpfchen richtig breit macht. Am eindrucksvollsten sind die schwellenden, smaragdgrünen Polster der ganz auf Feuchtigkeit spezialisierten Starknervmoos-Arten.

Quellgesellschaften sind außerhalb der Alpen sehr selten und schon deshalb schutzbedürftig, weil die hochspezialisierten Pflanzen- und Tierarten nirgendwo anders überleben können. Gefährdet sind diese Lebensräume durch Absenkung des Grundwassers, durch Fassen und Verrohren der Quellen, durch die Anlage von Fischteichen und ganz be-

Frühlingsaspekt am Wiesenbach: Weithin leuchten die Dotterblumen.

sonders durch Verunreinigung. Letztere erfolgt in den vergangenen Jahrzehnten in zunehmendem Maße nicht nur durch Abwässer von Haushalt und Industrie, sondern immer mehr auch durch Eintragung von Düngemitteln und Pestiziden aus benachbarten landwirtschaftlich genutzten Flächen.

Mit den Quellfluren im wahrsten Sinne des Wortes durch »fließende« Übergänge verbunden sind die Bachfluren, und diese leiten wiederum über zu den Flußauen. So breitet sich noch vor dem Gehölzsaum auf den überschwemmten, geröllreichen Ufern der Bäche und Flüsse die Pestwurz-Uferflur aus; »breitet« auch hier buchstäblich zu nehmen, denn die Pestwurzblätter können 60 cm Durchmesser erreichen.

Oft mit dem Buchenwald verzahnt sind die Eschen-Bachrinnenwälder, deren Unterwuchs mit den geringen Lichtmengen im tiefen Baumschatten auskommen muß.

Der den Bach begleitende Eschen-Schwarzerlenwald hingegen geht, soweit er nicht gerodet wurde, in den Flußauenwald über; die eigentliche Bachflur beschränkt sich daher auf einen schmalen, gehölzfreien Saum.

Auch der Lebensraum der Bachflur ist in der Gegenwart akut gefährdet. Dem mäandrierenden Bächlein im Wiesengrund mißgönnt man die paar Quadratmeter zusätzlichen Landes, es wird begradigt, seine Mäander abgeschnitten, die alten Mäander entwässert. Damit aber setzt man eine Lawine in Gang, denn der begradigte Bach gräbt sich, bedingt durch die höhere Strömungsgeschwindigkeit, alsbald ein; vor allem, wenn das Ufergehölz entfernt wurde, unterspült er seine Ufer, das Grundwasser sinkt. Immer neue, kostenspielige technische Eingriffe werden dann notwendig und das Endresultat ist der betonierte Kanal.

Hochmoore

Gleich mächtigen, wassergesättigten Schwämmen liegen die Moore in unserer Landschaft. Was verstehen wir nun eigentlich unter einem Moor? Grundsätzlich jede Pflanzengesellschaft, die Torf bildet. Torf ist unvollständig abgebaute organische Substanz, die immer dann entsteht, wenn ein durch Wassersättigung bedingter Luftabschluß und damit verbundener Sauerstoffmangel die bakterielle Zersetzung verhindert oder sehr verzögert. Im geologischen Sinne versteht man unter Moor Lagerstätten von Torf mit einer Mächtigkeit von mindestens 30 cm; ist die Torfschicht dünner, so spricht man von Anmoor.

Die verschiedenen Moortypen

Innerhalb der torfbildenden Moore gibt es zwei ganz verschiedene Vegetationsformen und zwar die Niedermoore, deren Vernässung aus dem anstehenden Grundwasser stammt, und die Hochmoore, die ausschließlich vom Regenwasser gespeist werden. Die Oberfläche der Niedermoore ist, bedingt durch das Grundwasser, mehr oder minder flach, Hochmoore hingegen sind uhrglasförmig gewölbt. Ausschließlich darauf und nicht auf das Vorkommen in verschiedenen Höhenlagen, bezieht sich das »hoch« oder »nieder« dieser beiden grundverschiedenen Vegetationseinheiten.

Dabei kommt die Wölbung der Hochmoore dadurch zustande, daß die verschiedenen Torfmoospolster konzentrisch zu wachsen beginnen und sich linsenförmig ausbreiten, so daß der älteste und innerste Teil am höchsten liegt. Niedermoore hingegen weisen mit nicht torfbildenden Sümpfen sehr viele Gemeinsamkeiten auf: Beide sind nährstoffreich und dementsprechend üppig ist ihre Vegetation, deren Leitpflanzen Sauergräser stellen. Beide entstehen durch Gewässerverlandung oder in abflußlosen Grundwasseraustritten, beide sind daher klimaunabhängig und können sich auch in Gegenden mit geringen Niederschlägen bilden, bei beiden ist die Reaktion des Grundwassers mehr oder minder neutral. Wir haben sie deshalb mit den Sümpfen zusammengefaßt.

Völlig anders in ihrer Struktur und in ihren Lebensbedingungen sind dagegen die Hochmoore: Sie beziehen ihr Wasser ausschließlich aus dem Regen und sind daher an niederschlagsreiche Gegenden gebunden; sie sind ausgesprochen nährstoffarm und artenarm, ihre Leitpflanzen sind Torfmoose, daneben noch verschiedene Zwergsträucher aus der Familie der Erikagewächse.

So verschieden typische Hochmoore und Niedermoore auch sind, zumeist sind sie doch zeitlich durch ein Übergangsstadium miteinander ver-

bunden; in der Regel bilden sich nämlich Hochmoore aus Niedermooren, wenn die Torfmoospolster über den Grundwasserhorizont hinauswachsen und damit unabhängig von der Nährstoffzufuhr aus dem Boden werden. Das geht nicht von heute auf morgen vor sich, sondern beansprucht Jahrtausende, wie wir überhaupt in großen Zeiträumen denken müssen, wenn wir uns mit der Entstehung von Mooren beschäftigen.

Im typischen Fall sind Hochmoore ein Erbe der Gletscher. Als die mächtigen Eiszeitriesen vor rund 15 000 Jahren abschmolzen, hinterließen sie nicht nur ausgeschürfte Wannen im Terrain, die von natürlichen Staumauern, den Moränen abgeschlossen wurden, sie versiegelten diese Wannen auch noch wasserdicht mit den Sedimenten der Gletschertrübe und füllten sie schließlich mit Schmelzwasser. Im klassischen Fall beginnt die Geschichte eines Moores mit solch einem See, der allmählich verlandet, dessen Ränder versumpfen, der so zum Niedermoor wird und schließlich zum Hochmoor.

Doch hat jedes Moor seine eigene Geschichte, je nach Klima, Lage, Untergrund und Nährstoffversorgung entwickeln sich die unterschiedlichsten Moortypen. Gerade in den Alpen können wir eine ganze Reihe von Sonderfällen finden, die durchaus nicht aus einer Seemulde entstanden sein müssen, sondern sich über flache Berghänge und Sättel ausbreiten oder gar auf den Schultern der Berge dort sitzen, wo das Wasser auf seinem Weg talab zögernd verweilt, bis es sich für die eine oder andere Bergseite entscheidet. Im Gegensatz zu den Beckenmooren oder den Verlandungsmooren heißen sie Hang-, Sattel- oder Plateaumoore. Reichliches Hang- und Quellwasser, verbunden mit hohen Niederschlägen, ist allerdings Voraussetzung, daß das Wasser auf den geneigten Flächen nicht einfach davonrinnt. Das Kunststück, das Wasser entgegen der Schwerkraft auf dem Hang festzuhalten, bringt das Torfmoos zustande. Auf seine Art hat es das ewige Leben erfunden, denn es stirbt wohl unten ab, bildet den wasserspeichernden Torf, aber wächst oben kontinuierlich immer weiter. So sind die Torfmoose die wasserhaltenden Substanzen des großen Schwammes Hochmoor.

Ökologie der Hochmoore

Das klassische Hochmoor ist im Idealfall baumfrei und in ein Mosaik von dauernd nassen Schlenken und relativ trockenen Bülten gegliedert. Entsprechend der verschiedenen Standortsbedingungen werden sie nicht nur von unterschiedlichen Blütenpflanzen, sondern auch von ganz verschiedenen Gruppen von Torfmoosen besiedelt. Obwohl man die 30 Torfmoosarten exakt nur mit dem Mikroskop bestimmen kann, sind einige bezeichnende Arten schon an ihren typischen Farbtönen beim bloßen Hinsehen zu erkennen. Bei allen Torfmoosarten füllen sich die charakteristischen Wasserzellen beim Austrocknen mit Luft, um nicht zu verkleben. Sie verleihen dadurch den Pflanzen eine weißlich-grüne Farbe, worauf sich auch der Gattungsname »Weißmoos« bezieht. In besonders niederschlagsreichem Klima fließt das überschüssige Regenwasser durch sogenannte Rüllen seitlich ab, sammelt sich an den flachen, leicht geneigten Rändern des Hochmoores und bildet den Randsumpf. Er kann in ein Niedermoor oder in einen Bruchwald übergehen. Schwarz-Erlen, Faulbaum, Birken und Föhren fristen hier ein kümmerliches Dasein, werden oft von den wachsenden Moorpolstern buchstäblich erstickt.

Oft findet sich auch in der Mitte des Moores ein winziger See, das Moorauge. Moorwasser ist klar, nährstoffarm, durchsichtig braun gefärbt und reagiert sauer. Bei der Vertorfung werden nämlich Humussäuren frei, die dem Moorwasser ihre charakteristische braune Farbe und die saure Reaktion verleihen.

Im Gegensatz zu anderen Feuchtbiotopen, wie Quellfluren oder Bruchwäldern, die das ganze Jahr über von einem ausgeglichenen Klima begünstigt sind, weisen Hochmoore große Temperaturunterschiede auf: Im Sommer erwärmt sich die Mooroberfläche dank der ausgeprägten Sonneneinstrahlung sehr stark, in der Nacht wird sie durch Abstrahlung wieder recht kühl. Gar im Frühling taut der wassergesättigte Boden spät auf, der Schnee bleibt im Moor deshalb mindestens zwei bis drei Wochen länger liegen, als in der Umgebung.

Hochmoore sind Extremstandorte, die so nährstoffarm sind, daß nur Hungerkünstler unter den Pflanzen dort leben können. Sie müssen sich nach der Decke strecken und bessern mit allerhand Tricks ihren Lebensunterhalt auf, wie etwa der Sonnentau oder das Fettkraut. Beides sind Vertreter der wenigen »fleischfressenden« Pflanzen unserer heimischen Flora.

Moorpflanzen sind so hochspezialisiert, daß sie auf keinem anderen Standort gedeihen können. Werden die Moore zerstört, verschwinden sie für immer. Kein Wunder, daß jede zweite Art auf der Roten Liste der vom Aussterben bedrohten Pflanzen und Tiere steht. Hochmoorpflanzen sind ferner ausgesprochen konkurrenzschwach, sozusagen Außenseiter der pflanzlichen Gesellschaft, die sich unter günstigen Bedingungen gegenüber vitaleren Arten einfach nicht behaupten können. Vielfach sind Hochmoore daher auch Rückzugsgebiete von eiszeitlichen Pflanzen, denen das baumfreie Moor noch eine Überlebenschance bietet.

Gefährdung der Moore

Unseren Vorfahren galten Moore als Unland oder Ödland, das man nach Möglichkeit entwässerte und unter den Pflug brachte. Jahrhundertelang wurde auch Torf für Heizzwecke gestochen, aber solange dies händisch mit dem Spaten geschah, hielt sich dabei die Moorzerstörung in Grenzen. Alte Torfstiche wuchsen allmählich wieder zu, abgetorfte Moore konnten sich in langen Zeiträumen wieder regenerieren. Nur wenn in Kriegs- oder Nachkriegszeiten akuter Brennstoffmangel herrschte, eskalierte auch der Torfabbau und ganze Moore wurden im wahrsten Sinne des Wortes »verheizt«.

Torf hat allerdings keinen sehr hohen Heizwert und unsere Wohlstandsgesellschaft ließ sich deshalb eine andere Verwendung dafür einfallen, die sich, zusammen mit den völlig veränderten technischen Möglichkeiten, verheerend für den Bestand der Moore auswirkte. Torf ist ein ideales Pflanzensubstrat, es lockert bindige Erde, saugt sich mit Wasser voll und kann mit den verschiedensten Mineraldüngern angereichert werden. Im Boden verrottet es und wird zu Humus. So werden für den Ziergarten und für den kleingärtnerischen Gemüseanbau Unmengen Torf verbraucht und in Blumentöpfen eingetopft. Auf diese Art ist die ehemalige Moorfläche Niedersachsens von rund 7000 km² auf rund 250 km² zusammengeschrumpft. Auch in der Schweiz, in Österreich oder in den Niederlanden sieht es nicht besser aus. Große Moorbagger erlauben auch tiefe, bis zum Mineralboden reichende Gräben zu ziehen und so das Moor wirkungsvoll zu entwässern. Dank der Mode, in städtischen Anlagen große Einheitsbeete mit exotischen Pflanzen zu ziehen, steigt der Torfverbrauch in allen westlichen Ländern steil an. Finanzielle und beschäftigungspolitische Interessen stehen der Erhaltung dieser letzten Oasen einer unberührten Natur inmitten unserer nützlichkeitshörigen Zivilisationswüste entgegen.

Zu allem Unglück reagiert das Hochmoor geradezu mimosenhaft empfindlich auf menschliche Eingriffe: Entwässerungsgräben lassen es ausbluten, Düngung verdrängt die »Hungerkünstler« aus dem Moor, Betritt von »Naturliebhabern« zerstört die Pflanzendecke.

Auch die Entnahme von Moorschlamm für Heilzwecke trägt dazu bei, immer mehr Moore zu vernichten, wobei zu der gewerblichen Entnahme großer Mengen noch die »wilden« Schlammkuhlen am Rande von Mooren und Moorteichen durch unvernünftige Touristen und Badende hinzukommen.

Moore sind aber nicht nur Refugien für seltene und vom Aussterben bedrohte Pflanzen und Tierarten, nicht nur außergewöhnliche, in sich geschlossene Ökosysteme von überragendem wissenschaftlichen Interesse. Moore sind auch Feuchtigkeitsspeicher, die bei Trockenheit das Wasser an die umgebende Luft wieder abgeben und dadurch das Klima ausgleichen, Moore speisen Quellen, die nie versiegen. Vor allem aber sind Hochmoore Archive der Vegetationsgeschichte.

Unter Luftabschluß und konserviert durch die Humussäure halten sich nämlich Pflanzenpollen jahrhunderte- und jahrtausendelang unverändert »frisch«. Moorproben aus verschiedenen, zeitlich bestimmbaren Schichten erlauben daher eine Rekonstruktion der spät- und nacheiszeitlichen Waldgeschichte, geben Aufschluß über Pflanzenwanderungen und sind daher unersetzliche Dokumente, nicht nur der Vegetationsgeschichte, sondern sogar der Kulturgeschichte: Moorfunde erzählen uns über Siedlungsformen, Hausbau, Inventar und Lebensweise, über Nahrungspflanzen, Jagdwaffen, Grabbeigaben und Schmuck unserer frühen Vorfahren, denn so wie der Blütenstaub im Moor konserviert bleibt, so bleiben auch diese Moorfunde getreulich erhalten bis hin zu den makabren Moorleichen.

Von dem großen Reichtum an Mooren, die Europa einst besaß, ist nur mehr ein spärlicher Rest übriggeblieben, die meisten wurden zerstört, bevor sie überhaupt untersucht werden konnten. Heute kämpfen Naturschützer einen verzweifelten Kampf um jeden weiteren Quadratmeter. Wie aber dem Robbenmord nur Einhalt geboten werden kann, wenn die Felle dieser Tierart nicht mehr gekauft werden, so wird es auch erst dann gelingen, den Torfraubbau zu stoppen, wenn das Produkt nicht mehr gefragt ist. Dabei kann jeder mithelfen, indem er Kompost statt Torf im eigenen Garten oder Blumentopf verwendet.

Bruchwälder

Von den hier bisher beschriebenen Feuchtgebieten unterscheiden sich die Brüche und Auen durch ihren Waldbestand. Oberflächlich betrachtet mögen diese beiden Lebensräume ähnlich erscheinen, dennoch haben sie nur wenig Gemeinsamkeiten. Da jedoch vor allem Schwarzerlenbrüche häufig im Auengebiet aus abgetrennten und verlandeten Flußarmen entstanden sind, wurden sie früher oft zu den Auen gezählt oder wenigstens mit ihnen zusammengefaßt.

Die gelegentliche, räumliche Nachbarschaft besagt jedoch wenig, denn Bruchwälder finden wir ebenso im Verlandungsbereich von Seen und Teichen. Der grundsätzliche Unterschied zwischen diesen beiden wasserliebenden Waldgesellschaften liegt in der Art des Wassers: Während Auen immer an fließendes Wasser gebunden sind und regelmäßig überflutet werden, leben Bruchwälder auf ständig vernäßten Böden, deren Grundwasser dauernd nahe an der Oberfläche steht. Wohl kommt es auch im Bruchwald zur Zeit der Schneeschmelze zu einer Überschwemmung, die jedoch sehr lange, oft den ganzen Sommer lang stehen bleibt und nur allmählich wieder versickert. Da die Überschwemmung nicht vom Fluß herangebracht wird, sondern ein über die Erdoberfläche reichender Grundwasserhochstand ist, bringt sie auch keine Ablagerung anorganischen Materials mit sich, es ist damit keine Aufhöhung und Veränderung des Standortes verbunden.

Echte Bruchwälder stocken immer auf einer mehr oder weniger mächtigen Torfschicht, die mit Wasser vollgesogen ist. Wie schon bei den Mooren beschrieben, kann sich organisches Material unter Luftabschluß nur unvollständig zersetzen: Es wird Torf gebildet. Im Bruchwald besteht er aus Holzresten, Wurzelstöcken von Schilf, Blattscheiden von Sauergräsern, Laub und Zapfen. Oberhalb des mittleren Grundwasserspiegels wird dieser Torf bei Luftzutritt rasch zersetzt.

Das im Torfkörper festgehaltene Grundwasser ist ausgesprochen sauerstoffarm, einerseits weil es stagniert, andererseits weil die im humosen Oberboden lebenden Mikroorganismen den Sauerstoff aufzehren. Die Sauerstoffversorgung im Wurzelraum wird daher zum entscheidenden Minimumfaktor für pflanzliches Leben im Bruchwald. Nur wenige Holzarten sind an diese extremen Standortsverhältnisse angepaßt. Auch die Krautschicht ist relativ artenarm, wechselt jedoch sehr mit anderen ökologischen Bedingungen, wie Kalkgehalt des Bodens oder Belichtung.

Am besten wird die Schwarz-Erle mit den eher lebensfeindlichen Bedingungen dieser dauernd vernäßten Standorte fertig. Sie bildet dort merkwürdige Stammformen aus, wobei der Hauptstamm auf einem Sockel steht, während die Wurzeln hoch am Stammfuß ansetzen. Um den Stammfuß herum drängen sich wie auf kleinen Inseln verschiedene, weniger nässeliebende krautige Pflanzen. Da der Erlenbruch, der Bruchwald schlechthin, so extrem nasse Böden besiedelt, können auf ihm kaum andere Laubwaldarten gedeihen, dementsprechend ist er auch artenarm. Für das Gedeihen der Schwarz-Erle unabdingbare Voraussetzung ist ein entsprechender Basengehalt im Boden. Ist dieser durch Zufluß von Regen- und Schmelzwasser gesichert, so erträgt sie auch völligen Stillstand des Grundwassers.

Schwarzerlenbrüche sind eine in sich geschlossene Welt, die nicht selten im krassen Gegensatz zur umgebenden Landschaft – etwa einer Getreidesteppe – steht. Der dichte Bestandesrand, der Kronenschluß, die hohe Bodenfeuchtigkeit, die feuchtigkeitsgesättigte Luft bewirken ein ausgeglichenes Bestandesklima, das von den großen klimatischen Schwankungen und Gegensätzen des umgebenden Landes weitgehend geschützt ist. Darauf ist wohl auch zurückzuführen, daß wir innerhalb Mitteleuropas keine besonderen geographischen Varianten dieser Gesellschaft finden; sie sind in ihrer Artenzusammensetzung alle überraschend einheitlich. Dabei können wir zwei Artengruppen unterscheiden, von denen die eine unmittelbar am Fuße der Erlen, auf den bereits erwähnten Sockeln wächst, die andere hingegen in den Senken, die meherere Monate im Jahr von Wasser bedeckt sind.

Die Wurzeln der Schwarz-Erle selbst sind auffallend weich und enthalten im Gewebe viel Luft. Am Stammfuß und am unteren Stammabschnitt befinden sich große Rindenporen, sogenannte Lentizellen, die mit der Außenluft in Verbindung stehen und bei Überflutung die Sauerstoffversorgung übernehmen. Bei manchen Weidenarten – im Erlenbruch kommt regelmäßig die Bruch-Weide vor – wachsen bei Überflutung an der Wasseroberfläche rasch Adventivwurzeln, die den Sauerstoff aus dem Wasser entnehmen. An der Höhe dieser später wieder vertrocknenden Adventivwurzeln kann man später die maximale Überflutungshöhe ablesen. Bruch-Weide und Schwarz-Erle sind durch diese Anpassung imstande, tief im Grundwasser zu wurzeln, und bilden nicht wie andere Holzarten, z. B. die Fichte, oberhalb des mittleren Sommerwasserstandes einen flachen Wurzelteller.

Im Gegensatz zur heiteren, lachenden Au machen die Schwarzerlenbrüche einen düsteren, beinahe unheimlichen Eindruck. Inmitten unserer menschlich stark veröderten Landschaft aber stellen sie ein Relikt einer Urlandschaft dar, das es, wie alle anderen Feuchtgebiete auch, zu erhalten gilt. Bei basenarmen Grundwasser gedeiht auch die Schwarz-Erle sehr schlecht und wird daher auf diesen Standorten von der Moor-Birke und Wald-Kiefer verdrängt. Beide Holzarten bevorzugen keineswegs diese extrem nassen, luftarmen Standorte, sondern sind wegen ihres hohen Lichtbedürfnisses konkurrenzschwach und werden so in die Grenzstandorte eines Waldvorkommens überhaupt gedrängt. Das erklärt, weshalb wir Wald-Kiefern sowohl auf besonders trockenen Felsrippen, als auch im nassen Moor finden. Obwohl Moor-Birke und Föhre überaus anspruchslose Holzarten sind, gedeihen sie auf diesen bodensauren, vernäßten Standorten auch nur kümmerlich. Säure- und nässeresistente Bäume wie Eberesche und Faulbaum gesellen sich zu ihnen, während der Boden von Preiselbeersträuchern, Heidelbeeren und Moorbeeren bedeckt ist.

Kiefern-Birken-Bruchwälder finden wir häufig im Randbereich von Waldhochmooren, gleichfalls in Verbindung mit Hochmooren stehen zumeist die Fichtenbruchwälder.

Alle Bruchwälder sind in der Gegenwart durch Entwässerungen, Mülldeponien und Rodungen bedroht.

Auen

Die weitaus größten zusammenhängenden Feuchtgebiete Mitteleuropas repräsentieren die Stromauen und die kleineren Flußauen. Sie sind von allen übrigen Wäldern so sehr verschieden, daß sogar ein eigenes Wort dafür geprägt wurde, die »Au«, das auf mittelhochdeutsch einfach Wasser bedeutet. Auwald ist demnach ein Wasserwald. So verschieden die Pflanzengesellschaften des Auwaldes auch sein mögen, sie hängen alle vom fließenden Wasser ab. Ihm verdanken sie ihre Entstehung, ihren Bestand, von ihm hängt auch ihre Zukunft ab.

An erster Stelle steht das sauerstoffreiche fließende und stark schwankende Grundwasser, das in einem breit gefächerten, unterirdischen Strom dahinfließt, in das die Wurzeln seiner Gehölze tauchen und das ihnen auch bei anhaltender Trockenheit noch üppiges Wachstum erlaubt. Dabei wirkt das ·Schwanken des Grundwassers im Boden wie eine Lunge, reichert ihn mit Sauerstoff an und verhindert so Fäulnisprozesse und Torfbildung.

Zum Grundwasser kommen die immer wiederkehrenden Überschwem-mungen, die nährstoffreiche, fruchtbare Ablagerungen hinterlassen, sandige Böden gründlich durchtränken und die Altwässer neu beleben. Die Grenzen der ursprünglichen Au decken sich mit den Grenzen der Überschwemmung. Dabei hat jeder Fluß seinen eigenen Rhythmus der Hochwässer: Bei Flüssen und Strömen, die aus dem Gebirge kommen, wo die Schneeschmelze viel später einsetzt als im Tiefland, sind auch die Spitzenhochwässer viel später, meist im Mai und Juni, als bei Flüssen der Ebene, bei denen schon im zeitigen Frühling die Hochwasserstände einsetzen. Trotzdem ist jeder Fluß ein Individuum und unberechenbar: Katastrophale Überschwemmungen kennen wir auch nach anhaltenden Regenfällen zu allen Jahreszeiten oder bei Tauwetter im Winter.

Diese zeitweilige Ungunst des Standortes wird durch andere Faktoren mehr als ausgeglichen: Der Boden, den der Fluß in Form von Schottern, Sanden und Schlamm angetragen hat, gleicht einem Acker, der durch die Überschwemmung regelmäßig gedüngt und bewässert wird. Die dicht wuchernden Sträucher des Waldrandes halten die hohe Luftfeuchtigkeit fest und schaffen so ein Treibhausklima. Optimale Wasserversorgung, Nährstoffreichtum und Luftfeuchtigkeit sind die ökologischen Faktoren, die eine beinahe tropische Vitalität, eine urwaldartige Üppigkeit des Auwaldes bewirken.

Seit Urbeginn war der Auwald einem steten Wandel unterworfen, Wasser und Land hatten keine fixen Grenzen, sondern waren ständig in Bewegung. An den Prallhängen unterspülte der Fluß seine Ufer und riß Land ab, an den Innenkurven oder alten Flußschlingen baute er es wieder auf. Ungebändigt pendelte er durch die weite Au, verlegte nach

Auwald ist Wasserwald: Überschwemmte Silberweidenau.

großen Hochwässern auch einmal gänzlich seinen Weg oder brach Altwässer auf, während das alte Flußbett allmählich wieder verlandete. Die Kraft des fließenden Wassers schuf so ständig neuen Boden für Pioniergesellschaften. Diese Dynamik des Auwaldes wurde durch die Flußregulierungen sehr eingeschränkt, wenn auch zumeist nicht gänzlich aufgehoben.

Heute noch überschneiden sich im Auwald eine Reihe ganz verschiedener Lebensräume: So grenzt der unterholzreiche, dichte Laubwald an träge fließende Arme oder stehende Tümpel, wird unterbrochen von weiten Feuchtwiesen und Sümpfen und ist oft kleinräumig verzahnt mit Trockenrasen und offenem Dornbuschgelände. Dazu kommt der ganz anders geartete Lebensraum des strömenden Flusses mit seinen langen Kontaktzonen zwischen Wasser und Land, seinen zeitweilig überronnenen Schotterbänken, seinen weidenbestandenen Inseln, seinen steinigen Ufern und stillen Buchten. Deshalb können wir in der Au mit Ausnahme der Hochmoore alle übri-

gen Feuchtgebiete antreffen: stehende und langsam fließende Gewässer, Röhricht, Sümpfe, Feuchtwiesen und – in unmittelbarer Nachbarschaft – in verlandeten Flußschlingen oftmals auch Brüche.

Die Vielgestaltigkeit des Auwaldes ist Ausdruck seiner Entwicklung: Auf den Kiesbänken inmitten des Flußbettes selbst siedeln sich andere Pioniergesellschaften an, die sich zu anderen Folgegesellschaften entwickeln, als auf den Sandbänken am Rande der langsam fließenden Arme und wieder andere besiedeln die schlammigen Ufer verlandender Auweiher und Tümpel. Immer ist das Wasser der Motor der Entwicklung, weil es durch seine Ablagerungen, und unterstützt durch die Pflanzen, welche die Strömungsgeschwindigkeit bremsen und Sand und Schlick herausfiltern, den Standort verändert.

Viele dieser Auwaldstandorte sind nicht das ganze Jahr hindurch gleichmäßig naß, sondern vielmehr wechselfeucht: Bei Überschwemmung werden sie überflutet, stehen tage-, ja wochenlang unter Wasser –

bei niedrigem Wasserstand können besonders die besonnten Kiesbänke und Ufer, aber auch die höher gelegenen Anteile ausgesprochen trocken sein. Auwaldpflanzen müssen daher nicht nur zeitweilige Überflutung ertragen, sondern auch an gelegentliche Trockenheit angepaßt sein. Es sind nicht allzuviele Holzarten dazu imstande. Tage- bis wochenlange Überflutung macht allerdings der baumförmigen Silber-Weide nichts aus, die mit ihren halbkugeligen Kronen und dem schimmernden Laub den Uferlandschaften unserer Flüsse ihr unverwechselbares Gepräge verleiht. Starke Strömung, zeitweilige Überflutung und dazwischen wieder Trockenheit vertragen aber auch die Strauchweiden, wie Purpur-Weide, Grau-Weide, Lorbeer-Weide und Mandel-Weide, recht gut, die als Pioniere die jungen Schotterbänke besiedeln. Schließlich sind auch noch Schwarz- und Silber-Pappel an die wechselfeuchten Bedingungen der Flußau angepaßt, wenn auch nicht so sehr an das Wasser gebunden wie die Weiden.

Inmitten der jahrtausendalten europäischen Kulturlandschaft, in der kaum ein Fußbreit Land von dem gestaltenden, aber auch zerstörenden Einfluß des Menschen verschont geblieben ist, lagen bis vor 100 Jahren gleich Oasen einer längst verschwundenen Urlandschaft die flußbegleitenden Auwälder. Die oft verheerenden Überschwemmungen, die das Gebiet regelmäßig heimsuchten, bewahrten sie vor Rodungen und Siedlungen, vor Straßenbau und Landwirtschaft. Erst seit der Jahrhundertwende ist ein rapider Schwund der Flußauen zu verzeichnen. Am Beginn standen die Regulierungen, die den Fluß in ein festes Bett zwangen und die Hochwässer eindämmten. Alsbald wurde das

Vegetationsentwicklung an Fließgewässern, bedingt durch zunehmende Bodengründigkeit und abnehmende Überschwemmungshöhe.

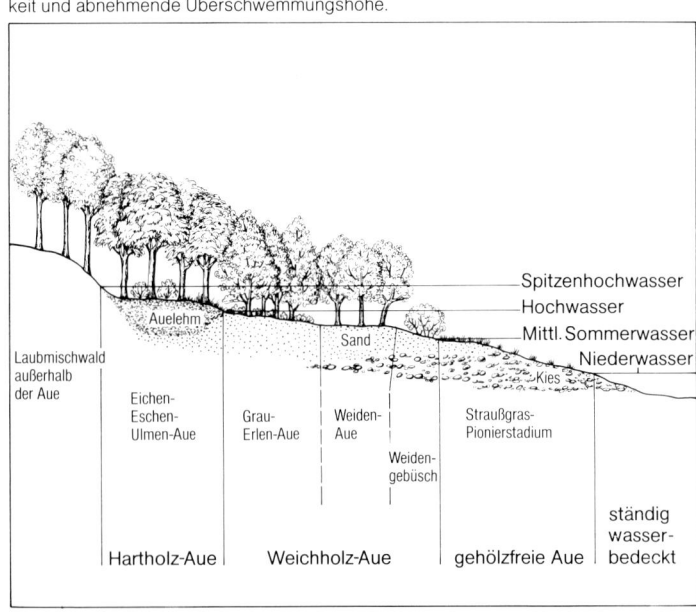

nicht mehr überschwemmte Land gerodet und in Wiesen und Felder umgewandelt. Trotzdem stellte sich im Laufe der Jahrzehnte ein neues Gleichgewicht ein. Die damaligen technischen Möglichkeiten erlaubten noch keine vollständige Abdämmung, für einen Großteil der Auen blieben daher Grundwasser und Überschwemmung – ihre wichtigsten Lebensbedingungen – erhalten. Das natürliche Ökosystem war noch groß und intakt genug, um mit der Störung fertig zu werden.

In den letzten Jahren erfolgte der zweite große Angriff auf die Aulandschaft, aber diesmal ging es, entsprechend der ins Gigantische gestiegenen technischen Möglichkeiten, an die Substanz selbst. Mit dem Ausbau der Kraftwerksketten bleibt der Auwald auf der Strecke, weil damit nicht nur durch hohe Rückstaudämme die Überschwemmung weitgehend ausgeschaltet wird, sondern auch das bisher fließende und schwankende Grundwasser in einer Mittellage zum Stehen kommt. Besonders an den österreichischen Donauauen wurden die sogenannten Umleitungskraftwerke gebaut, bei denen man quer durch die Au ein neues Strombett baggerte und den Aushub der enormen Schottermassen in der Au deponierte. Nach diesen Eingriffen – sie erfolgten an der österreichischen Donau bisher 9mal!

– kann der zerstückelte, abgedämmte und verbetonierte Rest der Landschaft wohl nicht mehr als Stromau bezeichnet werden. Nur unterhalb von Wien – bei Hainburg – ist bis jetzt ein großes, zusammenhängendes und weitgehend unberührtes Auwaldgebiet erhalten geblieben, um das Naturschützer verzweifelt kämpfen. Auch über dieses letzte Reservat einer Urlandschaft hängt das Damoklesschwert eines Monsterkraftwerkes.

Spät, fast zu spät, beginnt man sich auf die Schutzfunktionen des Auwaldes zu besinnen: Als Rückhaltebecken bei Überschwemmung, als Schutzwald für die Trinkwasserreserven, als Luftbefeuchter, als Klimafaktor, als Refugium für aussterbende und bedrohte Tier- und Pflanzenarten, als Erholungsraum, als ständig und rasch nachwachsende Rohstoffquelle.

Konrad Lorenz sagt über diese letzten ursprünglichen Donauauen: »Es ist eine Landschaft voller Wunder, vergleichbar nur den tropischen Urwäldern, ein Dschungel in unseren gemäßigten Breiten – wissen wir überhaupt, was wir im Begriff sind zu verlieren?« Die Worte des österreichischen Nobelpreisträgers gelten stellvertretend für alle Feuchtgebiete Mitteleuropas: Wissen wir überhaupt, was wir im Begriff sind zu verlieren?

Einteilung der Steckbriefe für die Arten

K = Kennzeichen
Größe, Gestalt, wichtige vegetative Merkmale an Wurzel, Sproß und Blättern ▪ Blütenbau, Blütenfarbe, Beschreibung von Früchten und Samen ▪ Blütezeit.

S = Standort
Lebensraum, Umweltansprüche (z.B. Boden).

V = Verbreitung
Weltweit, insbesondere aber in Mitteleuropa.

Gewässer

Der Lebensraum Gewässer ist sehr vielgestaltig und reicht vom See über Altwasser und Weiher bis zum Teich und Tümpel. Alles Leben dieser Erde stammt ja aus dem Wasser – allerdings nicht aus dem Süßwasser, sondern aus dem Meer! Blütenpflanzen, die diesen Lebensraum besiedeln, sind einst aus Landpflanzen hervorgegangen, die erst sekundär den Spezialstandort Süßwasser eroberten. Dazu haben sie viele Anpassungen entwickelt, die sie den wasserlebenden Algen ähnlich erscheinen lassen. Wasserlinsen gehören aber ebensowenig zu den Algen, wie Wale und Delphine zu den Fischen! Das Medium Wasser hat nur ihre äußere Erscheinung so ähnlich geprägt: Weil das Wasser sie trägt, konnte weitgehend auf festes Stützgewebe verzichtet werden, weil das Wasser sie nährt, waren oft Wurzeln überflüssig, weil das Wasser auch den Pollen an die Narben schwemmt, wird zumeist auf farbige Blüten zur Anlockung von Insekten verzichtet. Hingegen gewinnt die vegetative Form der Vermehrung an Bedeutung. Näheres zum Lebensraum Gewässer auf S. 9.

See-Brachsenkraut
Isoëtes lacustris

Brachsenkrautgewächse –
Isoëtaceae

K Grasartiger Unterwasserfarn, bis
20 cm hoch. An einer gestauchten,
kugelig-fleischigen Sproßachse sind
die binsenartigen, zugespitzten, dunkelgrünen Blätter spiralig angeordnet. Dabei stehen außen die sterilen
Blätter, in der mittleren Zone jene
Blätter, welche die großen Sporen
tragen, und im Inneren der Rosette
jene Blätter, welche die kleinen Sporen tragen. Bildet unter Wasser zusammenhängende Rasen. ■ »Blütezeit«: Juli bis September.

S Selten; am Grunde kleiner, kühler
und nährstoffarmer Seen (Heideseen). Bis zu 10 m Wassertiefe.

V In Deutschland zerstreut in klei-
nen Seen der Norddeutschen Tief-
ebene und in einzelnen Gebirgsseen
Mittel- und Süddeutschlands. In der
Tschechoslowakei im Schwarzsee
und Plöckensteinersee. Allgemein in
Nord-, Mittel- und Westeuropa ver-
breitet sowie in Kurland, Livland,
Lettland, Mittelrußland, Ural und
Nordamerika.

Das Brachsenkraut gehört – sowe-
nig es danach aussieht – zu den

Farngewächsen, deren Vegetations-
körper sich zwar ebenso wie bei den
Blütenpflanzen in Wurzel, Stamm
und Blätter gliedert, der jedoch keine
Blüten und Früchte ausbildet. In
ihrem Entwicklungsgang wechseln
2 Generationen miteinander ab: eine
ungeschlechtliche, welche die Sporen hervorbringt (Sporophyt), und
eine geschlechtliche, die in krugförmigen Organen (Antheridien und
Archegonien) die männlichen und
weiblichen Geschlechtszellen erzeugt. Sie entsprechen den Eizellen
und Pollenkörnern der Blütenpflanzen. Innerhalb der Farngewächse
gehört das Brachsenkraut zu den
Bärlappgewächsen, einer Pflanzen-
klasse, die in der Gegenwart nur
mehr mit 9 Gattungen vertreten ist,
von der wir aber über 30 fossile Gattungen kennen.

Der Name Brachsenkraut bezieht
sich auf die Brachse, einen karpfen-
artigen Fisch, mit dem dieser Wasserfarn früher oft auf den Markt gelangte. In kühlen, nährstoffarmen
Seen kann die Pflanze hektargroße
Unterwasserwiesen bilden und
wächst dann manchmal so dicht,
daß auf 1 m² 60 Rosetten gezählt
wurden. Dabei dringt sie in um so
größere Wassertiefen vor, je klarer
und lichtdurchlässiger das Wasser
ist. Gegen Einschwemmung von
Dünger ist sie sehr empfindlich. Die
von Haus aus seltene Art ist durch
die zunehmende Überdüngung der
Gewässer stark gefährdet.

Gemeines Hornkraut

Ceratophyllum demersum

Hornkrautgewächse –
Ceratophyllaceae

K Ausdauernde, wurzellose, untergetaucht lebende, bis zu 1 m lange Pflanze mit zartem, zerbrechlichen Stengel und dunkelgrünen Blättern, die in 4–12zähligen Quirlen stehen. Blätter starr, bestachelt, 2mal in borstliche Zipfel geteilt. ■ Blüten klein und unscheinbar, blattachselständig, eingeschlechtlich. Männliche Blüten mit 12, oben 3zackigen Blütenhüllblättern, weibliche Blüten mit nur 9–10 Blütenhüllblättern. Frucht 5 mm lang, eiförmig, schwarz, höckerig bis stachelig. ■ Blütezeit: April bis September.

S Ziemlich häufig; in Teichen und Weihern, in Altwässern und Gräben, in ruhigen Seebuchten; in stehenden oder langsam fließenden, sommerwarmen, nährstoffreichen Gewässern über humosen Schlammböden.

V Weltweit verbreitet.

Die Sprosse des Hornkrautes flottieren wurzellos im Wasser, besitzen jedoch wurzelähnliche Gebilde, die aus umgewandelten Sprossen entstanden sind. Diese dienen jedoch nicht der Verankerung, sondern der Nahrungsaufnahme. Der Stengel ist durch Vereinigung der Leitbündel sehr zugfest, ähnlich einem Koaxialkabel, jedoch brüchig. Die zerteilten Blätter werden an der Unterseite von großen Luftkanälen durchzogen. Die Pflanze blüht unter Wasser mit unscheinbaren, eingeschlechtlichen Blüten, wobei die männlichen Blüten sehr viel Pollen produzieren. Die Staubbeutel sind durch lufthaltiges Gewebe sehr leicht, werden als Ganzes aus den Staubblättern herausgepreßt und steigen in die Höhe. Die Pollenkörner fallen dabei heraus, verbreiten sich im Wasser und kommen mit den langen, fadenförmigen Narben in Berührung. Die stacheligen Früchte bleiben am Gefieder der Wasservögel haften und werden durch diese verbreitet.

Blüte und Frucht sind allerdings beim Hornblatt eher selten zu beobachten, viel häufiger vermehrt sich die Pflanze auf vegetativem Weg. Besonders im Frühling zerfallen die brüchigen Sprosse in kleinere Stücke und werden auch durch Boote und Tiere zerteilt; die Bruchstücke wachsen dann zu selbständigen Individuen heran. Im Spätherbst entstehen an den Sprossen durch bogiges Zusammenkrümmen der Blätter stärkereiche Endknospen, die sich loslösen und auf den Schlammgrund sinken. Im Frühling wachsen sie dann zu neuen Pflanzen aus.

Durchwachsenes Laichkraut

Potamogeton perfoliatus

Laichkrautgewächse –
Potamogetonaceae

K Ausdauernde, untergetauchte, jedoch wurzelnde Wasserpflanze mit knickig gebogener Grundachse und mit bis zu 6 m langem, geraden, stark verzweigten Stengel und bis zu 20 cm langen Stengelgliedern. Blätter rundlich-oval, am Grunde breit herzförmig, am Rande rauh gezähnelt. ■ Blütenstand ährig, Ährenstiele bis zu 5 cm lang. Blüten unscheinbar grünlich, windblütig. Früchtchen steinfruchtartig mit 1 mm langen Spitzchen. ■ Blütezeit: Juni bis August.

S Verbreitet und oft massenhaft auftretend; in Flüssen und Kanälen, in Seen, Teichen und Altwässern. In den Alpentälern bis auf 1900 m.

V Mit Ausnahme der südlichsten Mittelmeerländer in Europa, Asien, Nordamerika und in Australien.

Die Familie der Laichkräuter ist mit 80 Arten über die Erde verbreitet. Laichkräuter wachsen im stehenden ebenso wie im fließenden, im flachen wie im tiefen Wasser. Besonders in kalkreichen Gewässern werden sie oft von einer dicken Schicht kohlensaurem Kalk überkrustet, der bei der Assimilation aus dem Wasser ausgefällt wird. Beim Absterben bildet dieser schmutzig graue Überzug eine dichte Schicht auf dem Boden und trägt so zur Verlandung bei. Im Herbst sterben die Pflanzen ab und überwintern nur mit Hilfe von Winterknospen, die oft zu tausenden den Grund von Gewässern bedecken.

Die langen, flutenden Stengel vieler Laichkrautarten werden oft als »Wasserschlingpflanzen« bezeichnet, die für Schwimmer als gefährlich gelten. Schlingpflanzen gibt es jedoch im Wasser überhaupt nicht. Wenn sich Badende in einem Bestand von langen, biegsamen Stengeln verstricken, so liegt das an den kreisenden Bewegungen des Brustschwimmens, bei dem die Pflanzen um Arme und Beine gewickelt werden. Jeder Schwimmer sollte daher wissen, daß er sich bei Kontakt mit Unterwasserpflanzen nur mehr hundeartig paddelnd fortbewegen darf.

Weitere häufige Arten sind das Krause Laichkraut *(Potamogeton crispus)* mit wellig gekräuselten Blättern oder das Spiegel-Laichkraut *(Potamogeton lucens)* mit lebhaft glänzenden Blättern.

Krauses Laichkraut *(P. crispus)*

Wasserpest
Elodea canadensis

Froschbißgewächse –
Hydrocharitaceae

K Untergetauchte, schwimmende
oder kriechende Pflanze mit langem,
flutenden Stengel. Blätter meist in
Dreierquirlen, länglich bis lineal, zugespitzt, am Rande gesägt. ▪ Weibliche Blüten einzeln, mit langem fadenförmigen Stiel bis an die Wasseroberfläche reichend, klein, weiß. Blütenblätter nur 2,5 mm lang, kreisrund. ▪ Blütezeit: Mai bis August.

S In stehenden und fließenden Gewässern, Teichen, Tümpeln, Altwässern, Gräben und Kanälen; in flachen, nährstoffreichen Gewässern
aber auch bis in Wassertiefen von
3 m.

V Einheimisch in Nordamerika; eingeschleppt in einen großen Teil von
Europa, Ostindien und Australien.

Die Wasserpest ist eine zweihäusige
Pflanze, bei der männliche und weibliche Blüten auf getrennten Pflanzen
sitzen. Merkwürdigerweise gelangten bisher nur weibliche Pflanzen
nach Europa, die wohl blühen, aber
ohne Befruchtung keine Samen erzeugen können. Bei ihrer explo-
sionsartigen Verbreitung über den
Kontinent – die ersten Exemplare
wurden Mitte des vorigen Jahrhunderts in Irland beobachtet – war sie
ausschließlich auf ungeschlechtliche
Vermehrung durch abgerissene Äst-
chen und Knospen, seltener Winterknospen, angewiesen. Zur Ausbrei-
tung haben Wasservögel und Schiff-
fahrt sehr beigetragen.
Der Name Wasser»pest« bezieht
sich auf ihr anfänglich massenhaftes
Wuchern, das oft sogar die Schiffahrt
gestört hat. Inzwischen ist die Art
stellenweise wieder im Rückgang
begriffen oder es hat sich ein Gleichgewicht eingependelt. Nach dem

Volksglauben soll sie alle 7 Jahre
weiterziehen.
Wenn sie nicht zu stark wuchert, ist
sie für die Fischerei sogar günstig:
Sie erzeugt viel Sauerstoff und ihre
dichten Bestände beherbergen viele
Fischnährtierchen. Neuere Untersuchungen haben ergeben, daß sie ra-
dioaktives Kobalt speichert, so daß
man durch Entfernen des Pflanzen-
bestandes die Gewässer entseu-
chen kann. Wegen ihres hohen
Nährwertes – die Trockensubstanz
enthält 18% Eiweiß, 42% Stärke und
2,5% Fett – wurde sie früher auch als
Viehfutter empfohlen.

Ähriges Tausendblatt

Myriophyllum spicatum

Tausendblattgewächse –
Haloragidaceae

K Ausdauernde, untergetauchte Wasserpflanze mit flutendem, meist rötlich überlaufenen Stengel und Beiwurzeln an den Stengelknoten. Laubblätter kammartig fiederspaltig, in 4zähligen Quirlen. Blütenstand ährig, über die Wasseroberfläche hinausragend. ■ Blüten klein, in 4zähligen Quirlen, zwittrig, nahe dem Wasser (basal) meist rein weiblich, an der Ährenspitze auch rein männlich. Zwitterblüte becherförmig mit 4 dreieckigen Kelchzipfeln und 4 löffelförmigen, rötlichen Kronblättern. Narben 4köpfig, fedrig, papillös. Früchte kugelig-kantig. Keine Winterknospen. ■ Blütezeit: April bis September.

S Ziemlich häufig; in stehenden und langsam fließenden, nährstoffreichen, meist kalkreichen Gewässern in 1–5 m Tiefe. Von der Ebene bis ins Gebirge.

V Ganz Europa, Nord-, West- und Zentralasien. Vorderindien, China, Japan, Nordamerika, Kapland.

Quirliges Tausendblatt *(M. verticillatum)*.

Der Name »Tausend«blatt, bezieht sich auf die fein zerschlissenen Blätter, die »tausend« Blätter vortäuschen und eine vollendete Anpassung an das Leben unter Wasser darstellen. Die rötlich flutenden Stengel mit den weichen Blattbüscheln, die sich dem Wellenspiel geschmeidig anschmiegen, erreichen eine Länge von 3 m. Zusammen mit dem Hornkraut, der Wasserpest und verschiedenen Laichkräutern bilden sie manchmal unentwirrbare Unterwasserdickichte, die für den Schwimmer sehr lästig sind, jedoch den Fischen guten Unterschlupf und reichlich Futterplätze bescheren.

Die kleinen, blattwinkelständigen Blüten erzeugen in ihren Staubblättern sehr viel und leicht verstäubbaren Pollen, der mit Hilfe des Windes auf die vier großen, fedrig-höckrigen Narben gelangt. Die Früchte sind schwimmfähig und werden durch das Wasser, durch Enten und auch durch das Eis, in dem sie einfrieren, verbreitet. Durch losgelöste Sprosse kommt es auch noch zu reichlicher vegetativer Vermehrung.

Eine nahe verwandte und sehr ähnliche Art ist das Quirlige Tausendblatt, *(Myriophyllum verticillatum),* das sich durch 5zählige Blattquirle und die Bildung von Winterknospen (Turionen) unterscheidet und saures Wasser bevorzugt.

Frühlings-Wasserstern

Callitriche palustris

Wassersterngewächse –
Callitrichaceae

K Ausdauernde, untergetaucht lebende Wasserpflanze mit Schwimmblattrosetten oder einjährige, im
Schlamm kriechende, bis zu 40 cm
lange Landform. Tauchblätter lineal,
hellgrün, rosettige Schwimmblätter
spatelförmig. ■ Blüten winzig, ohne
Blütenhülle; Staubblätter 5 mm lang,
anfangs aufrecht, später herabgeschlagen; Narben 2 mm lang, fädlich,
lange erhalten bleibend. Frucht
höchstens 1 mm lang, herz-eiförmig,
gefurcht. ■ Blütezeit: April bis September.

S In kleinen Gruppen, seltener herdenweise in stehenden und langsam
fließenden Gewässern wie Teichen,
Seen, Tümpeln, Gräben; in Moorsti-
chen, auf Schlammböden. Von der
Ebene bis in die alpine Stufe.

V Ganz Europa, Nordafrika, gemäßigtes Asien, Nordamerika.

Der Wasserstern ist mit seinen Wurzeln am Grunde der Gewässer verankert, die Nahrungsaufnahme erfolgt jedoch unmittelbar durch Stengel und Blätter, wobei nur die Landformen und die Schwimmblätter
auch Spaltöffnungen aufweisen. Der
Übergang von der völlig untergetauchten Wasserform, über die flutende, bis zur Landform erfolgt sehr
leicht und fließend und ist auch rück-
läufig ohne Schwierigkeiten möglich.
Dabei ändert sich laufend die Gestalt
der Blätter, von denen vor allem die
Schwimmblätter beim Erreichen der
Wasseroberfläche die typischen,
sternförmigen Rosetten ausbilden.
Während die Tauchblätter schmal-
lineal und durchsichtig zart sind,
werden die Landblätter derber und
legen sich dicht gedrängt dem Stengel an. Sinkt dieser zu Boden, so bewurzeln sich die ältesten Stengelteile, die Zwischenstücke sterben ab,
es entstehen selbständige Pflanzen.
Da die Art mit Vorliebe seichte, bis zu
30 cm tiefe Gewässer besiedelt, die
oft austrocknen, ist die Anpassung
daran lebensnotwendig.

Die unscheinbaren, winzigen Blüten
werden durch den Wind bestäubt.
Obwohl die Früchte nicht direkt
schwimmfähig sind, werden sie wegen ihrer Kleinheit durch Wasser-
und Schwimmvögel verbreitet.

Außer dem Frühlings-Wasserstern
gibt es noch eine Reihe von ähnlichen Arten, die nur an der Gestalt
der Früchtchen sicher unterschieden
werden können. Teilweise besiedeln
sie auch tieferes Wasser und können
unter Wasser blühen und fruchten.

Großes Nixenkraut

Najas marina

Nixenkrautgewächse – *Najadaceae*

K 10–50 cm hohe, einjährige, kräftige, am Grunde von Gewässern lebende Pflanze mit steifem, gabelspaltigen, zerbrechlichen Stengel; untere Stengelglieder länger als die oberen, an den Knoten wurzelnd. Blätter gegenständig, lineal, grob gewellt und stachelig gezähnt. ■ Männliche und weibliche Blüten unscheinbar, grünlich-rötlich, auf verschiedenen Pflanzen sitzend. Frucht länglich, am Grunde gekielt. ■ Blütezeit: Juni bis September.

S Selten; in stehenden oder langsam fließenden Gewässern (Altwässern), bis zu einer Wassertiefe von 3 m; auch im Brackwasser. Fehlt in Deutschland auf weiten Strecken.

V Weltweit verbreitet in den subtropischen und gemäßigten Zonen vor allem der nördlichen Halbkugel: Europa, Asien, afrikanische Inseln, Australien, Polynesien, Amerika.

Der wissenschaftliche Name *Najas* bezieht sich auf die griechischen Quellnymphen, die Najaden. Die aparte Pflanze ist ganz dem Unterwasserleben angepaßt. Da ihre Blüten unter Wasser keine Insekten anzulocken brauchen, sind sie auf das Wesentliche reduziert: Die nur 3–4 mm lange männliche Blüte besteht aus einem einzigen Staubblatt, das von einer durchscheinenden, krugförmigen Außenhülle umschlossen ist. Die 3–8 mm lange weibliche Blüte besteht nur aus dem Fruchtblatt und ist völlig nackt.

Die Bestäubung erfolgt unter Wasser, wobei die Pollenkörner oft schon bei geöffnetem Staubbeutel auskeimen und als frei schwimmende Stäbchen zu den Narben gelangen. Der dichte Pflanzenbestand der Nixenkräuter, die ganze Unterwasserwiesen bilden können, verhindert dabei, daß die Pollenkörner abgetrieben werden. Die Früchte fallen auf den Schlammboden, wo sie von gründelnden Wildenten aufgenommen und im Gefieder oder auch im Verdauungstrakt (ohne Verlust der Keimfähigkeit) vertragen werden.

Die Familie der Nixenkräuter besteht aus der einzigen Gattung Nixenkraut mit nur 3 einheimischen Arten. Alle Nixenkräuter sind Bewohner des Süßwassers, nur das Große Nixenkraut wächst auch in der Ostsee (jedoch nicht in der Nordsee), in Schweden und Dänemark auch im Brackwasser. Fossil wurden Früchte des Großen Nixenkrautes in Dryas-Tonen gefunden, die man anfänglich für Fichtensamen hielt. Aus den fossilen Funden geht hervor, daß die wärmeliebende Art in der Zwischeneiszeit und in der warmen Nacheiszeit wesentlich weiter verbreitet war als heute.

Flutender Hahnenfuß

Ranunculus fluitans

Hahnenfußgewächse – _Ranunculaceae_

K Ausdauernde, 1–6 m lange, hellgrüne Wasserpflanze mit unterge-
tauchtem, im Wasser flutenden, stielrunden Stengel. Stengelglieder bis
35 cm lang; Laubblätter fast stets
alle gleichgestaltet, untergetaucht,
schlaff, 7–16 cm lang, stets länger als
die Stengelglieder, doppelt 3teilig,
mit borstenförmigen, mehrfach geteilten, übereinanderliegenden Zipfeln. ■ Blüten langgestielt, über die
Wasserfläche emporragend, weiß,
duftend. Hüllblätter grün, eiförmig,
kürzer als die 5–12 weißen Honigblätter mit gelbem Saftmal und offe-
ner Honiggrube. Staubblätter wenig
zahlreich; Fruchtköpfchen so lang
wie die Staubblätter; Früchtchen
eiförmig, kurz geschnäbelt. ■ Blütezeit: April bis August.

S Ziemlich häufig; in flutenden
Wasserpflanzengesellschaften, in
Bächen und Flüssen; in strömen-
dem, sauerstoffreichen, kühlen Wasser über meist sandigem oder
schlammigem Grund; in seichtem
Wasser, aber auch bis zu 3 m Tiefe.
Von der Ebene bis in mittlere Gebirgslagen.

V Süd- und Mitteleuropa, Nordafrika, gemäßigtes Nordamerika.

Die an die 300 Arten zählende Gattung Hahnenfuß hat auch einige Vertreter ins Wasser entsendet, die sich
durch stark geteilte Wasserblätter
und weiße Blüten auszeichnen. Einige von ihnen besitzen neben diesen
Tauchblättern auch noch 3lappige
Schwimmblätter, der Flutende Hahnenfuß jedoch nur sehr selten. Allen
gemeinsam sind die Anpassungen
an schwankende Wasserstände, die
so weit gehen, daß sie beim Austrocknen des Gewässers auch
Landformen entwickeln können.

Hebt man einen Sproß des Flutenden Hahnenfußes aus dem Wasser
heraus, so fallen seine fein zerteilten
Blätter pinselartig zusammen. Anders bei dem sehr ähnlichen, nahe
verwandten Spreizenden Hahnenfuß
(Ranunculus circinatus), der in langsam fließenden Gewässern oft ganze Unterwasserwiesen erzeugt: Seine im Umriß kreisrunden, gleichfalls
fein zerteilten Blätter sind starr und
fallen außerhalb des Wassers nicht
zusammen. Hingegen bildet der Gemeine Wasser-Hahnenfuß (Ranunculus aquatilis) neben den ebenfalls
fein zerteilten Tauchblättern auch
noch nierenförmige, 3–5spaltige
Schwimmblätter aus.

Gemeiner Wasser-Hahnenfuß (Ranunculus aquatilis)

Gemeiner Wasserschlauch

Utricularia vulgaris

Wasserschlauchgewächse –
Lentibulariaceae

Fangblase
im
Längsschnitt

K Wurzellose, untergetaucht flutende Wasserpflanze, die nur zur Blütezeit auftaucht. Sprosse bis 60 cm
lang, mit 2zeiligen, aber nach allen
Seiten abstehenden Blättern besetzt.
Wasserblätter 1–8 cm lang, in feine
Zipfel zerteilt, mit zahlreichen bla-
senförmigen Anhängseln. Blütenschaft senkrecht, 16–35 cm hoch. ■
Blüten in lockeren, 4–15blütigen
Trauben, 2lippig, goldgelb, röhrig-
glockig, in einen gekrümmten Sporn
endigend. Oberlippe kaum länger
als der 2lappige Gaumen, Unterlippe

kurzer als der Gaumen, sattelför-
mig gekrümmt. ■ Blütezeit: April bis
August.
S Zerstreut; in stehenden oder
langsam fließenden Gewässern, in
Teichen, Sümpfen und Gräben, in
Altwässern von Flüssen. Vorwiegend
im Tiefland, vereinzelt bis 1000 m
hoch steigend.
V Fast ganz Europa, gemäßigtes
Nordasien, Nordamerika.

Der Wasserschlauch ist eine
»fleischfressende« Pflanze, die mit
Hilfe ihrer vielen Fangbläschen, den
»Schläuchen« oder »Ampullen«,
kleine Wassertierchen fängt und verdaut. Die Schläuche bestehen aus
einer Blase und einem federnden
Deckel, der sich gegen den Eingang
legt. Widerlager verhindern, daß er
nach innen aufgeht. Im Inneren der
Blase herrscht Unterdruck, so daß
sich die Blasenwände einwärts wölben. Vom Deckel wird Zucker-
schleim abgesondert, der kleine
Krebschen, Mückenlarven usw. anlockt. Stößt nun ein Tierchen gegen
die Klappe, so läßt die Saftspannung
der Widerlagerzellen plötzlich nach,
die »Tür« geht auf, die Blasenwände
wölben sich nach außen und der ein-
schießende Wasserstrom reißt das
Opfer mit. Dabei ist die Strömung so
stark, daß etwa schlanke Mückenlarven eingerollt werden und auf diese
Art Tiere gefangen werden, die viel
länger als die Blase sind. Darauf
springt die Klappe sogleich in ihre
Ausgangsstellung zurück, die »Tür«
schließt sich und für die Beute gibt
es kein Entkommen.
Im Inneren der Fangblase befinden
sich köpfchen- und strahlenförmige
Haare, die ein eiweißverdauendes
Ferment absondern und den kleinen
Gefangenen in kürzester Zeit verdau-
en. Danach wird die Blase leerge-
pumpt und ist sogleich wieder fang-

bereit. Eine Blase kann auf diese Art bis zu 100mal in einem Tag Beute machen.

Hebt man eine Wasserschlauch- pflanze aus dem Wasser heraus ge- gen das Licht, so erkennt man an der bläulich bis speckig grauen Farbe die erfolgreichen Fangbläschen, an der rötlichen Farbe die noch leeren. Im Sommer sind die meisten voll, mit abnehmender Temperatur und spär- licher werdendem Kleintierleben mehren sich die leeren Fallen. Da an einer einzigen Pflanze viele tausend Fangbläschen sitzen können, ist die Zahl der gefangenen Kleinsttiere be- achtlich. Man hat deshalb auch schon versucht, diese fleischfres- sende Wasserpflanze zur biolo- gischen Stechmückenbekämpfung einzusetzen. Das funktioniert aber nur bei der Gattung *Culex*, die in ständig wasserführenden Gewäs- sern, wie Teichen, Regentonnen usw., »brütet«. Die viel unangeneh- meren Arten der Gattung *Aedes* (zu deutsch die Schamlose) aber »brü- ten« in nur vorübergehend über- schwemmten Wiesen, Radspuren und Vertiefungen, auf Standorten al- so, auf denen die Wasserpflanze nicht gedeihen kann. Bevölkerungs- explosionen von Stechmücken nach Überschwemmungen, wie sie vor al- lem die Augebiete heimsuchen, ist mit dem Wasserschlauch nicht bei- zukommen.

Die schönen, goldgelben Blüten des Wasserschlauchs, die sich von der dunklen Wasserfläche leuchtend ab- heben, werden namentlich von Schwebfliegen besucht. In der lö- wenmäulchenähnlichen Blüte trägt die Unterlippe den dicken, nektarfüh- renden Sporn, die Oberlippe schützt die Staubblätter und die Narbe. Setzt sich nun ein Insekt auf die Unterlip- pe, die als Anflugstelle funktioniert, so klappt diese nach unten und gibt den Weg ins Blüteninnere frei. Um zum Nektar zu gelangen, muß nun das Insekt mit Kopf und Rücken an Staubbeutel und Narbe vorbeistrei- fen, wobei steife Haare an der Nar- be den Pollen regelrecht heraus- kämmen.

Die einfächrige Fruchtkapsel enthält zahlreiche rundliche Samen. Häufi- ger als durch Samen vermehrt sich der Wasserschlauch aber unge- schlechtlich mit Hilfe seiner Winter- knospen. Diese sind eiförmig, 3–18 mm lang, 3–13 mm dick, dun- kelgrün und fühlen sich schleimig an. Die kleinen Blätter, die sich zu der Knospe zusammenschließen, sind unverzweigt. Im Herbst werden die Winterknospen nach dem Verfaulen der Mutterpflanze völlig frei, überwin- tern im Schlamm und treiben im Frühling zu neuen Pflanzen aus.

Nur selten blüht der Wasserschlauch.

Wasserfeder

Hottonia palustris

Primelgewächse – *Primulaceae*

K Ausdauernde Pflanze mit 20–60 cm langer, oft am Grunde verzweigter, walzlicher, meist im Wasser schwebenden Hauptachse, die an den Knoten beblättert und mit zahlreichen langen, fadenförmigen, weißen Wurzeln im Schlamm befestigt ist. Ganze Pflanze dicht rötlichdrüsig behaart. Laubblätter alle untergetaucht, spiralig stehend oder zu unregelmäßigen Quirlen vereint, kammförmig, fiederteilig. Nahe der Wasseroberfläche teilt sich der Stengel in einen Quirl steriler Äste, aus dessen Mitte der 30–50 cm lange Blütenschaft erscheint, über das Wasser hinausragt und die unterbrochene Blütentraube zur Schau stellt. ■ Blüten in 3–6blütigen, entfernt stehenden Quirlen, gestielt. Kelch tief eingeschnitten, mit 5 spitzen Zipfeln. Blüten weiß oder blaßrosa, mit gelbem Schlund und 5 stumpfen, ausgerandeten Lappen. Fruchtkapsel kürzer als der Kelch. ■ Blütezeit: Mai bis Juli.

S Selten, aber gesellig; in seichten, stehenden, mäßig nährstoffreichen Gewässern, wie Altwässern, Gräben, Tümpeln, Moorseen; über torfigen Schlammböden. Schattenertragend. Vorwiegend in der Ebene.

V Gemäßigtes Europa, Sibirien bis zum Ural, Kleinasien.

Von den ca. 600 verschiedenen Primelgewächsen, die über die ganze Erde verbreitet sind, hat sich allein die Gattung Wasserfeder auf das Wasserleben spezialisiert. Die zierliche Pflanze, deren zarte Primelblüten sich im Mai unvermutet über dem dunklen Wasserspiegel emporheben, gehört zu den schönsten und geheimnisvollsten Erscheinungen unserer Stillgewässer. Obwohl ausgeprägt an das Wasser angepaßt, überlebt sie auch ein Austrocknen des Tümpels und bedeckt dann mit schwellend dunkelgrünen Rasen den feuchten Schlammboden. Ohne die auffallenden Blüten wird diese seltene Art leicht übersehen.

Krebsschere

Stratiotes aloides

Froschbißgewächse –
Hydrocharitaceae

K Ausdauernde, halb untergetauchte oder frei schwimmende Wasserpflanze mit bis zu 40 cm langen und 4 cm breiten, ledrig derben, am Rande stachelig gesägten Blättern, die an der kurzen Hauptachse eine dichte, trichterförmige Rosette bilden. Nach unten treibt sie dichte Büschel langer, unverzweigter Wasserwurzeln, in den Blattachseln entspringen die Ausläufer. Zweihäusige Pflanze, deren ansehnliche Blüten von einem Hochblatt umgeben sind und meist einzeln oder zu zweit in den Blattachseln sitzen. ■ Blüten mit 3 grünen Kelchblättern und 3 weißen Blütenblättern. Frucht eiförmig, 6kantig, bis zu 3,5 cm lang. ■ Blütezeit: Mai bis Juli.

S Meist gesellig; in stehenden, nährstoffreichen, jedoch nicht verschmutzten Gewässern; in Altwässern, Teichen, Tümpeln und Gräben, in windgeschützten Uferbuchten. Wärmeliebend.

V Verbreitet in Mittel- und Osteuropa, seltener dagegen in Nord- und Südeuropa.

Die Krebsschere – der Name bezieht sich auf die gesägten Blätter – tritt stellenweise so häufig auf, daß sie Gräben und Tümpel ganz ausfüllt und dann sehr zur Verlandung beiträgt. Als zweihäusige Pflanze kommt sie über weite Strecken oft nur in männlichen oder weiblichen Individuen vor, die alle von einer einzigen Mutterpflanze abstammen. Die Vermehrung erfolgt dann ungeschlechtlich mittels Ausläufern, die sich aber von der Mutterpflanze nicht lösen und so ganze Wasserscheren-Teppiche bilden. Die weiblichen Blüten setzen oft auch ohne Bestäubung Früchte an, die zwar taub bleiben, dessen ungeachtet aber vegetativ auskeimen können.

Im Herbst werden auch echte Winterknospen gebildet, die sich leicht loslösen und im Frühling oft in großer Zahl im Wasser schweben, bis sie sich im Schlamm festsetzen.

Gleichfalls im Herbst sterben auch die äußeren und ältesten Blätter ab, während die restliche Rosette zu Boden sinkt und im Schlamm überwintert. Wenn sich im Frühling das Gewässer erwärmt, steigt sie wieder empor und streckt die auffallend wei-

ße Blüte zur Sonne. In sehr tiefen Gewässern bleibt die Pflanze auch das ganze Jahr untergetaucht am Grunde. Die Unterwasserblätter sind dann schlaffer, hellgrün und werden bis zu 1 m lang.

Die Art ist empfindlich gegenüber starken Wasserstandschwankungen und Verunreinigungen.

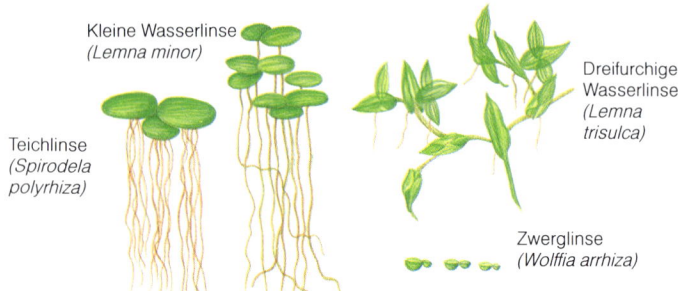

Kleine Wasserlinse
(Lemna minor)

Teichlinse
(Spirodela
polyrhiza)

Dreifurchige
Wasserlinse
(Lemna
trisulca)

Zwerglinse
(Wolffia arrhiza)

Kleine Wasserlinse

Lemna minor

Wasserlinsengewächse –
Lemnaceae

K Kleine, an der Wasseroberfläche schwimmende Pflanze, die nur aus einem blättchenartigen Körper besteht, an dessen Unterseite eine einzige Wurzel entspringt. Sproßglieder (»Blättchen«) oval, einzeln oder 2–6 zusammenhängend, 2–4 mm lang und 1–3 mm breit, flach, hellgrün. ■ Blüten einhäusig, winzig, die männlichen nur aus einem Staubblatt, die weiblichen aus einem Stempel bestehend. Selten blühend. ■ Blütezeit: Juli, August.

S Auf stehenden oder schwach strömenden Gewässern, vor allem Kleingewässern; oft geschlossene Schwimmdecken bildend. In Dorfteichen, Tümpeln, Gräben, mit mäßig nährstoffreichem Wasser. Recht unempfindlich gegenüber Wasserverschmutzung, anspruchslos hinsichtlich Wärme und Nährstoffgehalt. Auch in sehr kalten Quelltümpeln und extrem nährstoffarmen Gewässern. In den Alpen bis auf 1800 m steigend.

V In allen Erdteilen, jedoch vorwiegend in den kühl bis warm gemäßig-

Wasserlinsen können manchmal die gesamte Wasseroberfläche abdecken.

ten Gebieten der nördlichen Halbkugel.

Die Familie der Wasserlinsengewächse umfaßt insgesamt etwa 30 Arten, die sich auf die Gattungen Teichlinse *(Spirodela)*, Wasserlinse *(Lemna)* und Zwerglinse *(Wolffia)* verteilen. Alle Wasserlinsen sind dermaßen stark abgeleitete Blütenpflanzen, daß sie diesen Namen kaum mehr verdienen. In Anpassung an das Wasserleben haben sie Stengel, Blatt und Blüte extrem rückgebildet, so daß sie genaugenommen nur mehr aus ein paar Chlorophyllkörnern bestehen, die in ein schwimmendes Pölsterchen verpackt sind! Während es die Teichlinse immerhin noch auf ein paar Würzelchen bringt, besitzt die Wasserlinse nur mehr eine einzige und gar die winzige Zwerglinse verzichtet ganz darauf und ist von einem Algenkügelchen kaum mehr zu unterscheiden. In unseren Breiten hat sie auch noch nie jemand blühen gesehen.

Die größeren Wasserlinsen blühen hingegen manchmal, vor allem, wenn sich durch starke Besonnung das Wasser erwärmt. Dabei schiebt sich aus einer umhüllenden Tasche der Griffel und krümmt sich über die Wasseroberfläche. Insekten, aber auch Wind- und Wellengang vollziehen die Bestäubung. Die Samen bleiben auch nach Austrocknung noch keimfähig. Im Spätherbst wird in den linsenförmigen Sprossen reichlich Stärke gespeichert; sie werden dadurch schwerer und sinken zu Boden, wo sie im Schlamm überwintern. Bei unverhofft eintretendem Frost überleben Wasserlinsen aber auch ohne Schaden in einer Eisdecke eingefroren.

Parallel zur Rückbildung der Blüte geht eine Zunahme der vegetativen Vermehrung: Wasserlinsen vermehren sich geradezu massenhaft durch Teilung und Sprossung! Sie werden auch hauptsächlich als ganze Pflanzen im Gefieder von Wasservögeln verbreitet.

Vielfach kommen die verschiedenen Wasserlinsen in einer gemeinsamen Wasserlinsendecke vor. In schattigen Altwässern finden wir hingegen oft nur die Dreifurchige Wasserlinse *(Lemna trisulca)*, die untergetaucht lebt und als einzige Art auch starke Beschattung erträgt.

Alle Arten sind überaus nährstoffreich und besitzen einen beträchtlichen Futterwert: Ihre Trockensubstanz ist rohfaserarm und enthält

Kleine Wasserlinse *(Lemna minor)*.

reichlich Eiweiß und Stärke. Sie werden von Wasservögeln, Fischen, Hausenten und Gänsen gerne gefressen. In manchen Gegenden erntet man sie als Viehfutter regelrecht ab und verwendet sie frisch oder auch getrocknet und sogar gesäuert für Geflügel und Schweine. Durch das Abfischen von Wasserlinsen ist es möglich, verschmutzte Teiche zu reinigen, weil die Pflanzen organische und anorganische Substanzen aus dem Wasser aufnehmen. In Fischteichen können sie die Entwicklung des Planktons fördern, bei Massenentwicklung erschwert die dicke Pflanzendecke jedoch den Sauerstoffaustausch und fördert damit die Faulschlammbildung.

Kleefarn

Marsilea quadrifolia

Kleefarne – *Marsileaceae*

K Ausdauernde, kriechende Wasser- und Sumpfpflanze. Stengel 50–100 cm lang, wenig verzweigt, auf der Rückseite 2zeilig beblättert, auf der Bauchseite verzweigte Wurzeln treibend. Blätter 4zählig, Teilblättchen breit und keilförmig, kahl. Sporenhülle bohnenförmig, filzig behaart. ■ »Blütezeit«: September, Oktober.
S Selten; in Sümpfen und Teichen, in Gräben und Baggerseen; überwiegend auf zeitweilig trockenfallenden Standorten.

Algenfarn (Azolla filiculoides).

V In Deutschland selten bis ausgerottet; früher bei Karlsruhe, Rosenheim, Rheinpfalz. In Österreich bei Klagenfurt, in Oberösterreich und Steiermark, in Jugoslawien bei Pettau. In der Schweiz vereinzelt in den Kantonen Waadt und Bern. Allgemein von Japan über China durch Asien bis Mitteleuropa verbreitet.

Der Kleefarn trägt seinen Namen zu Recht, ähnelt er doch viel mehr einem vierblättrigen Klee, denn einem Farn. Sogar die Schlafstellung hat er mit dem echten Klee gemeinsam:

Bei Dunkelheit klappt er die Fiederpaare in den Gelenken hoch.

Auch sonst gehört der Kleefarn zu den Merkwürdigkeiten, die Farngewächse hervorgebracht haben. Seine Sporenfrüchte entspringen am Grunde der Blattstiele und sind in der Art eines zusammengeklappten Fieders gebaut, in dessen Inneren sich die zahlreichen Sori mit den Makro- und Mikrosporen befinden. Die Außenwand der Sporenfrüchte wird steinhart, das Innere quillt jedoch bei Wasserzutritt, sprengt die Wand und setzt die Sporen frei, die jedoch nur in warmen, trockenen Sommern zur Reife kommen. Der Kleefarn kann völlig untergetaucht leben – dann durchwachsen seine Blätter die Wasserschicht an langen Stielen und schwimmen schließlich an der Oberfläche.

Der von Haus aus nicht häufige, hochspezialisierte Wasserfarn ist derzeit überall im Verschwinden begriffen, weil die ihm zusagenden Standorte in unserer überzivilisierten Landschaft ausgeräumt werden.

Nicht heimisch wie der seltene Kleefarn, jedoch vielfach verwildert ist der aus Nordamerika stammende Algenfarn (Azolla filiculoides), dessen zarte kleinen, moosähnlichen, reich verzweigten Pflanzen auf der Wasseroberfläche eine schwimmende Decke bilden können. Ebenso wie der Kleefarn wird er vorwiegend durch Wasservögel verbreitet.

Schwimmfarn

Salvinia natans

Schwimmfarne – *Salviniaceae*

K Einjährige, horizontal auf dem Wasser schwimmende, wurzellose Wasserpflanze. Stengel bis zu 20 cm lang, waagrecht; Blätter in 3zähligen Quirlen: die beiden laubblattähnlichen Schwimmblätter nach oben gekehrt, kurz gestielt, ungeteilt, mit behaarten Warzen bestetzt; das Wasserblatt wurzelartig zerteilt, im Wasser hängend. Sporangienbehälter kugelig, 3–8 geknäuelt beieinander, behaart. Im Inneren der Sporangienbehälter die Makrosporangien und die Mikrosporangien.

S Zerstreut; in stehenden oder langsam fließenden Gewässern, oft zwischen Floßholz, auch in Altwässern; wärmeliebend, nährstoffbedürftig. Gerne in der Wasserlinsengesellschaft.

V Fehlt in Österreich und der Schweiz; kommt vor in Deutschland in Schlesien, Brandenburg, Mittelsachsen, Pommern, in der Oberrheinebene von Karlsruhe bis Offenbach, in Bayern selten.

Den merkwürdigen Schwimmfarn kann man im Aquarium wohl mehrjährig kultivieren, im Freien stirbt er jedoch im Herbst ab und nur die befruchteten Makrosporen überwintern im Schlammgrund. Daraus keimen im Frühling neue Pflanzen, steigen zur Wasseroberfläche, verzweigen sich reichlich und schließen zu dichten Teppichen zusammen. Ungeschlechtlich vermehrt sich die Art durch Teilung: Die älteren Stengel sind brüchig und werden durch Wasservögel und Boote sehr leicht zerstückelt.

Die Blätter sind an das Wasserleben ausgezeichnet angepaßt: Dank ihrer beidseitigen steifen Behaarung sind die Schwimmblätter unbenetzbar; werden sie durch Wellengang untergetaucht, so sind sie von einem silbrigen Luftmantel umgeben und tauchen sofort wieder auf. Im Inneren der Schwimmblätter befinden sich große Luftkammern, die stockwerkartig übereinanderliegen. Diese lufterfüllten Hohlräume, einem Schiffsrumpf mit Schotten vergleichbar, bewirken die große Leichtigkeit der Blätter. Da sie auch unterseits behaart sind, liegen sie nicht einmal direkt dem Wasserspiegel auf, sondern »schweben« darüber. Nur die Sprosse und das dritte, wurzelähnliche Wasserblatt sind untergetaucht. Letzteres nimmt mit seiner fein zerteilten Oberfläche anstelle der fehlenden Wurzeln die gelösten Nährsalze aus dem Wasser auf. Die Art bleibt in kalten Jahren aus.

Weiße Seerose

Nymphaea alba

Seerosengewächse –
Nymphaeaceae

K Ausdauernde Pflanze mit sehr starkem, dicht mit Blattnarben und Wurzeln besetztem Wurzelstock, aus dem die sehr langen Blatt- und Blütenstiele treiben. Laubblätter eirundlich, lederartig, flach auf dem Wasser ausgebreitet. ■ Blüten sehr groß, 9–12 cm im Durchmesser, mit 4 zuletzt abfallenden, außen grünen Kelchblättern und zahlreichen, spiralig angeordneten, weißen Kronblättern, die allmählich in die gleichfalls zahlreichen Staubblätter übergehen. Frucht halbkugelig bis eiförmig. ■ Blütezeit: Juni bis September.

S Zerstreut; in ruhigen Seebuchten, in Teichen und Altwässern von Flüssen; in stehenden oder träge fließenden Gewässern, über humosen Schlammböden, bis ca. 3 m Wassertiefe (optimal 1,5 m). Von der Ebene bis in die Bergregion, vor allem in Augebieten.

V Fast ganz Europa, östlich bis zum Ural.

Die Weiße Seerose ist eine ganz typische Vertreterin der Schwimmblattpflanzen, nach der sogar die Verlandungszone als Seerosenzone bezeichnet wird. Die schwermütig schönen, weißen Blüten mit den goldenen Staubblättern verströmen einen zarten Wohlgeruch, enthalten jedoch keinen Nektar, sondern produzieren nur sehr viel Pollen. Fliegen und metallisch glänzende, rote, grüne, blaue und goldene Schilfkäfer, die in den großen Blüten »wohnen«, tun sich daran gütlich und vollziehen die Bestäubung. Die langen Blatt- und Blütenstiele sind sehr elastisch und mit großen Lufträumen versehen.
Die schwimmfähigen Samen werden durch Wasservögel verbreitet.
Eine sehr ähnliche Art ist die Kleine Seerose (*Nymphaea candida*), die in allen Teilen etwas kleiner gebildet ist. Sie unterscheidet sich von der Weißen Seerose durch hochrote Narben und kürzere Kelchblätter als Kronblätter. Als seltenes Eiszeitrelikt wächst die hübsche Art vereinzelt in Moorseen.

Gelbe Teichrose, Mummel

Nuphar lutea

Seerosengewächse –
Nymphaeaceae

K Ausdauernde Pflanze mit sehr dickem, bis zu 3 m langen Wurzelstock, der an der Oberseite mit höckrigen Blattnarben, an der Unterseite mit zahlreichen Wurzeln besetzt ist. An der Spitze des Wurzelstockes entwickeln sich zuerst Unterwasserblätter, später die langgestielten, am Grunde herzförmigen, ledrigen Schwimmblätter und schließlich die gleichfalls langgestielten, duftenden, gelben Blüten. ■ Blüten recht groß, 3–5 cm im Durchmesser; Kelchblätter gelb, bleibend; Kronblätter zahlreich, spatelförmig, kürzer als die Kelchblätter. Staubblätter zahlreich, Narben trichterförmig, Frucht flaschenförmig. ■ Blütezeit: April bis September.

S Ziemlich häufig; in stehenden und langsam fließenden, tiefen, kühlen Gewässern (bis zu Wassertiefen von 4 m). Oft zusammen mit der Weißen Seerose in stillen Buchten von Seen, in Weihern, Teichen, in Altwässern von Flüssen; auf humosen Schlammböden.

V Fast ganz Europa, Orient, Transkaukasien, Persien, Zentralasien, Sibirien.

Die Gelbe Teichrose liegt mit armdicken Wurzelstöcken auf dem Grund der Gewässer. Im Frühjahr treibt sie zuerst sonderbare, dünne, hellgrüne, wellig gekräuselte, salatartige Unterwasserblätter; erst später folgen die langgestielten Schwimmblätter und die gleichfalls langgestielten Blüten. Die von zahlreichen weiten Luftkanälen durchzogenen Stiele sind im Querschnitt 3eckig, im Gegensatz zu denen der Weißen Seerose mit rundem Querschnitt. Die Seitennerven der Blätter gabeln sich unter spitzem Winkel nahe dem Blattrand, während sie sich bei der Weißen Seerose mehr netzförmig unter flacherem Winkel verzweigen.

Die Schwimmblätter verrotten im Spätherbst, die salatartigen Unterwasserblätter jedoch überwintern grün. Häufiger Hochwasserstand oder Wellenschlag von Schiffen kann die Ausbildung von Schwimmblättern überhaupt hintanhalten. Zwischen den verzweigten Wurzelstökken lagert sich viel organisches Material ab, wodurch die Verlandung sehr gefördert wird.

Die intensiv duftenden Blüten werden von Blumenkäfern, Schilfkäfern und Fliegen bestäubt. Die Früchte zerfallen bei der Reife in mehrere weiße, schwammige Lamellen, die neben den Samen zahlreiche Luftblasen enthalten und dadurch längere Zeit schwimmfähig bleiben.

Seekanne

Nymphoides peltata

Enziangewächse – *Gentianaceae*

K Ausdauernde Wasserpflanze mit langkriechender, verzweigter Grundachse, aus der lange, peitschenförmige Stengel treiben. Laubblätter wechselständig, schwimmend, kahl, lederartig, fast kreisrund, oberseits dunkelgrün glänzend, unterseits graugrün bis rötlich. ■ Blüten groß, trichterförmig; auf langen, flutenden Stielen, in einer von 2 Hochblättern gestützten Doldenrispe vereinigt. Kelchblätter lanzettlich; Krone tief 5teilig, goldgelb, mit am Rande gewimperten Zipfeln. Fruchtkapsel ei-

förmig zugespitzt. ■ Blütezeit: Juli bis September.

S Ziemlich selten, aber gesellig; in stehenden oder träge fließenden, seichten, sommerwarmen, nährstoffreichen Gewässern über Schlammböden. Vorwiegend in Altwässern. Nur in der Ebene.

V Süd- und Mitteleuropa, gemäßigtes Asien.

Ohne Blüten könnte man die kreisrunden Blätter der Seekanne für etwas zu klein geratene Seerosenblätter halten. Die Ähnlichkeit täuscht je-

doch, gehört doch die Seekanne zu den verwandtschaftlich weit entfernten Enziangewächsen. Die unterseits rötlichen Schwimmblätter sind dicht mit kleinen Pünktchen bedeckt, den sogenannten Hydropoten oder auch »Wassertrinkern«. Es sind dies in der Oberhaut befindliche Zellgruppen, die befähigt sind Wasser und darin gelöste Nährsalze aufzunehmen.

In den zarten, sternförmig ausgebreiteten Blüten wird der Nektar am Grunde des Fruchtknotens von 5 zwischen den Staubblättern liegenden Drüsen abgesondert und von einem Kranz ausgefranster Schüppchen geschützt. Honigbienen und Hummeln fungieren als Bestäuber. Ähnlich wie bei Primelgewächsen werden auch bei der Seekanne zweierlei Blüten ausgebildet, nämlich langgriffelige und kurzgriffelige, womit die Fremdbestäubung begünstigt wird.

Die grüne, zugespitzt eiförmige Fruchtkapsel reift unter Wasser aus. Bei der Reife entläßt sie die breitovalen, strahlig gewimperten Samen, die unbenetzbar und dank ihrer Luftkammern auch lange Zeit schwimmfähig sind. Sie werden sowohl durch das Wasser, als vor allem auch im Gefieder von Wasservögeln weit vertragen, was das Vorkommen der Pflanze an vielen, voneinander weit entfernten Standorten erklärt.

Wassernuß

Trapa natans

Wassernußgewächse – *Trapaceae*

Frucht

K Einjährige, wurzelnde Wasserpflanze mit quirlständigen Nebenwurzeln. Laubsprosse in Schwimmblattrosetten; untergetauchte Laubblätter lineal, vergänglich. Schwimmblätter mit aufgeblasenem, luftgefülltem Stiel, rautenförmig, 15–45 cm lang wie breit, ledrig-fleischig. ▪ Blüte unscheinbar; Kronblätter ca. 8 mm breit, weiß, abfallend; Kelchblätter schmal, nach der Blüte zu hakig gekrümmten, starren Dornen auswachsend, welche die Steinfrucht umschließen. Kern im Geschmack der Edelkastanie ähnlich. ▪ Blütezeit: Juni bis September.

S In kalkarmen aber nährstoffreichen, sommerwarmen Altwässern, Humusschlammseen und Teichen. Nur in klimatisch begünstigten Gegenden. In weiten Gebieten verschwunden. Fast nur im Tiefland. Wärmeliebend.

V Mittelmeergebiet, Mittel- und Osteuropa, Mittel- und Südasien, Formosa, Japan, Mittelafrika.

Die merkwürdige Wassernuß ist eine der ältesten Nahrungspflanzen, die schon den jüngeren Steinzeitmenschen nachweislich zur Speise diente. Moorfunde in der Schweiz, am Federsee in Deutschland und in Südschweden zeigen bei Pfahlbauten ganze Haufen aufgebrochener Schalen von Wassernüssen.
Heute ist sie in vielen Gegenden, z.B. auch am Federsee wieder verschwunden. Neupflanzungen mißlingen, weil die Früchte nicht mehr zur Reife gelangen. Das Aussterben der Art an vielen Orten hängt mit dem zu Beginn der Eisenzeit kühler werdenden Klima zusammen. Immerhin beschreibt der berühmte Arzt und Botaniker Andreas Mattiolus noch im 16. Jahrhundert, daß Wassernüsse in Mengen auf den venezianischen Markt kamen und gar in Villach wurden die wohlschmeckenden Samen noch bis zum 1. Weltkrieg zum Verkauf angeboten. Heute werden Wassernüsse noch im Donaudelta von den dort einheimischen Lipowanern gegessen. Die Samen werden wie Kartoffel gekocht oder gebacken.
Die seltsam geformten »Ankerklettfrüchte« sinken bei der Reife zu Boden, die Samen fallen heraus und keimen im Schlamm, während die leeren Schalen an das Ufer geschwemmt werden.

Schwimmendes Laichkraut

Potamogeton natans

Laichkrautgewächse –
Potamogetonaceae

K Ausdauernde Pflanze mit langem, kriechenden, oft reichlich verzweigten Wurzelstock. Stengel bis über 1 m lang; unterste, untergetauchte Blätter stielrund, ohne Spreite, zur Blütezeit meist schon abgestorben. Schwimmende Blätter derb, lederartig, oval, 5,5 cm breit und bis zu 12 cm lang, an der Oberseite unbenetzbar und glänzend. ■ Blütenstand ährig, endständig, vielblütig, zur Zeit der Bestäubung aus dem Wasser ragend, windblütig. Früchtchen steinfruchtartig. ■ Blütezeit: Mai bis August.

S Häufig; in Teichen und Seen, gerne in stillen, vor Wellenschlag geschützten Buchten; in langsam fließenden Gräben. Von der Ebene bis in die Alpentäler.

V Weit verbreitet in der gemäßigten und subtropischen Zone beider Erdhälften.

Von den etwa 20 heimischen, oft schwer zu unterscheidenden Laichkräutern ist allein das Schwimmende Laichkraut durch seine an der Wasseroberfläche schwimmenden Blätter gekennzeichnet. Ihr spiegelnder Fettglanz und ihre schwere Benetzbarkeit werden dabei durch kleine farblose, in der Oberhaut eingelagerte Öltröpfchen verursacht. Die Spaltöffnungen befinden sich verständlicherweise ausschließlich an der Blattoberseite. Die Blüten sämtlicher Laichkräuter sind grünlich, unscheinbar; beim Schwimmenden Laichkraut sitzen viele Blütchen ährig gehäuft an einem Sproß und verwandeln ihn in einen dicken, steiflichen Bolzen. Nach der Bestäubung wird der Blütenstand ins Wasser zurückgezogen, die Fruchtreife erfolgt dann unter Wasser. Die schweren Steinfrüchte werden erst im Spätherbst, beim Auflösen der Gewebe, entlassen. Sie werden von Wasservögeln an deren Gefieder vertragen oder auch von ihnen gefressen, wobei sie die Verdauung keimfähig überstehen und aus den Exkrementen wieder auskeimen.

Das Schwimmende Laichkraut ist an Schwankungen des Wasserspiegels bestens angepaßt und verträgt langfristige Phasen als Sumpfpflanze, ja überlebt sogar kurzfristig im feuchten Schlamm. Die Anpassungsfähigkeit erstreckt sich auch auf die Art des Wassers – es wächst im sauren wie im alkalischen Bereich, in stehenden und fließenden Gewässern, in Mitteleuropa und hoch im Norden.

Wasser-Knöterich

Polygonum amphibium

Knöterichgewächse – *Polygonaceae*

[K] Ausdauernde Pflanze mit langer, im Schlamm kriechender Grundachse, die kurze Ausläufer treibt. Stengel bis zu 3 m lang, flutend, rötlich überlaufen, an den Knoten wurzelnd. Blätter schwimmend, 5–15 cm lang, länglich-eiförmig, zugespitzt. ▪ Blüten in endständigen, aufrecht-walzlichen, dichtblütigen, 4 cm langen, rosaroten Scheinquirlen. Selten fruchtend. Nüsse braunschwarz, scharfkantig. ▪ Blütezeit: Juni bis September.

[S] Nicht häufig; in ruhigen Buchten von stehenden oder langsam fließenden Gewässern, in Gräben, toten Flußarmen, in Fischteichen; in mäßig nährstoffreichem, neutralem bis saurem Wasser, auf schlammigen Sand-, Lehm- oder Tonböden. In der Landform auch im Spülsaum der Gewässer, im Röhricht oder sogar als Unkraut auf vernäßten Äckern. Von der Ebene bis in die Alpentäler.

[V] Nördlich gemäßigte Zone, Ostindien, Südafrika, Mexiko.

Der Wasser-Knöterich ist in seinem Habitus je nach den Standortverhältnissen sehr variabel: Bei der typischen Wasserform ist der Stengel schlaff und von großen Luftkanälen durchzogen; die Blätter sind langgestielt, glänzend, kahl und schwimmen auf der Wasseroberfläche, ganz ähnlich den Blättern des Schwimmenden Laichkrautes. Bei der Landform hingegen wird der Stengel durch Einlagerung von mechanischen Zellen ausgesteift und erhebt sich aufrecht; die Blätter sind kurz gestielt, schmäler, zugespitzt und behaart und stellen sich schräg zum Lichteinfall ein. Drüsenhaare sondern eine klebrige Flüssigkeit ab, die unerwünschte Insekten abhalten

soll. Trocknet das Wasser der Tümpel und Gräben aus, so kann eine Form ohne Schwierigkeit in die andere übergehen; die Pflanze ist daher hervorragend an stark schwankende Wasserstände beispielsweise von Stauseen angepaßt.

Die rosaroten, duftenden Blüten werden wohl von verschiedenen Insekten bestäubt, bleiben jedoch oft unfruchtbar. In höheren Lagen gelangen auch die selten gebildeten Früchte nicht mehr zur Reife. Die braunschwarzen Nüsse sind unbenetzbar und können sich deshalb lange an der Wasseroberfläche halten, wo sie am Gefieder der Wasservögel haften bleiben und so verbreitet werden. Die Pflanze kann sich auch vegetativ durch Stocksprosse vermehren.

Gemeiner Froschbiß

Hydrocharis morsus-ranae

Froschbißgewächse –
Hydrocharitaceae

K Ausdauernde Wasserpflanze mit frei auf dem Wasser treibenden Schwimmblattrosetten; ausläufertreibend. Alle Blätter schwimmend, fast kreisrund, mit tief herzförmigem Grund und 2 großen Nebenblättern; Blätter 2–7 cm im Durchmesser, oberseits glänzend, hell bräunlichgrün, unterseits oft rötlich. ■ Blüten einhäusig, die größeren männlichen und die kleineren weiblichen an verschiedenen Achsen. Blüten 3zählig,

weiß, von einem Hochblatt umgeben; männliche zu 3 in einem gestielten Blütenstand, weibliche sitzend und einzeln. Frucht kugelig, grün, bis 1 cm im Durchmesser. ■ Blütezeit: Mai bis August.

S Zerstreut; in stehenden und langsam fließenden, meist kalkarmen Gewässern, in windgeschützten, stillen Buchten, Altwässern, Gräben, Torfstichen und Tümpeln, auch zwischen lockerem Röhricht schwimmend. Oft auf weite Strecken gänzlich fehlend.

V Europa, Sibirien, Dsungarei.

Der Froschbiß ist eine Schwimmblattpflanze, die zwar im Boden nicht wurzelt, jedoch mit Hilfe eines Bü-

schels unverzweigter Wasserwurzeln die Nährsalze aus dem Wasser aufnimmt. Während des Sommers werden ständig neue, 5–20 cm lange Ausläufer getrieben, die an ihren Enden stets neue Rosetten bilden. Da sie sich nicht von der Mutterpflanze lösen, entstehen so zusammenhängende Teppiche.

Im Herbst endigen die Ausläufer in einer 1–1,2 cm langen, zwiebelartigen, stärkereichen Winterknospe, die außen von einer hornartig festen Schicht umgeben ist. Auch im Zentrum der Blattrosette können derartige Winterknospen entstehen, die sich zuletzt alle ablösen und auf den Grund der Gewässer sinken, um im Schlamm zu überwintern. Im Frühling strecken sich die festen Winterknospen, verringern dadurch ihr spezifisches Gewicht, steigen zur Wasseroberfläche auf und wachsen zu neuen Pflanzen aus. Gegenüber der vegetativen Vermehrung durch Ableger und Winterknospen tritt beim Froschbiß die geschlechtliche Vermehrung durch Samen zurück.

Die runde Blattform, wie wir sie außer beim Froschbiß noch bei einer ganzen Reihe nicht miteinander verwandter Wasserpflanzen finden, erhöht die Randfestigkeit der Blätter, hat doch der Kreis bei gleicher Fläche den kleinsten Umfang. Da die Blätter von schwimmenden Wasserpflanzen durch Wind und Wellengang immer einrißgefährdet sind, bedeutet dies einen deutlichen Vorteil.

Gemeiner Tannenwedel

Hippuris vulgaris

Tannenwedelgewächse –
Hippuridaceae

K Ausdauernde, 10–40 cm hohe (bei der Wasserform bis 2 m lange) Pflanze mit waagrecht im Schlamm kriechendem Wurzelstock, der an den Knoten wurzelt und zahlreiche hohle, unverzweigte, teilweise über das Wasser hinausragende Stengel treibt. Laubblätter schmal-lineal, dunkelgrün; außerhalb des Wassers steif waagrecht abstehend, unter Wasser schlaff herabhängend, dünn, weich und bandartig. ■ Blüten einzeln in den Blattachseln sitzend, klein und unscheinbar, zwittrig; auf 1 Staubblatt und 1 Stempel reduziert. Frucht eine längliche, 1samige Schließfrucht mit starker Steinschale und dünnem Fleisch. ■ Blütezeit: Mai bis August.

S Zerstreut, aber meist gesellig; in stehenden oder langsam fließenden, nährstoffreichen, vorwiegend kalkhaltigen, sommerwarmen Gewässern bis 2 m Wassertiefe, über humosen Schlammböden.

V Europa, Westasien, Nordamerika, Grönland, antarktisches Amerika, Australien.

Der Tannenwedel, dessen hübscher deutscher Name auf die Ähnlichkeit mit einer wedelförmigen, kleinen Tanne hinweist, ist eine sehr veränderliche Pflanze, die sich ungemein plastisch an verschiedene Standortverhältnisse anpassen kann. Die typische Form wächst halb untergetaucht, halb über Wasser, wobei die Wasserblätter wesentlich länger, schmäler, weicher und bräunlicher grün sind als die kurzen, starren und grasgrünen Luftblätter. Mit dem Eintritt in den Luftraum meint man es mit einer anderen Pflanze zu tun zu ha-

ben. Daneben gibt es ganz untergetauchte Tiefwasserformen, völlig auf dem »Trockenen« lebende Landformen und dazwischen noch Übergänge und Abweichungen.

Die unscheinbaren, zwittrigen Blüten, die vom Wind bestäubt werden, finden sich nur auf den Luftsprossen und Landformen. Die reifen, steinfruchtartigen Nüßchen sind nicht schwimmfähig, sie fallen im Herbst zu Boden und werden durch Wasservögel verbreitet. Ähnlich wie beim Tausendblatt frieren die Früchtchen auch in der Eisdecke ein und werden dann beim Abschmelzen mit den Eisbruchstücken verfrachtet.

Röhricht

Zwischen freier Wasserfläche und festem Land liegt als Übergangszone ein hochwüchsiger Halmwald, das Röhricht. In der Vegetationsabfolge liegt es zwischen der Zone der Schwimmblattpflanzen und dem Sumpf. Hauptvertreter ist das Schilf, das in einem wenige Meter bis einige Kilometer breitem Gürtel die Randzone stehender Gewässer einnimmt. Bei einer mittleren Wassertiefe von 1,2 m ist es so konkurrenzkräftig, daß sich nur wenige andere Pflanzen neben ihm behaupten können. Erst in den Randbereichen, gegen das Land zu, wo es dem Schilf allmählich zu trocken wird, es niedriger bleibt und oft nicht mehr zur Blüte kommt, dringen auch andere Arten in den Rohrwald ein. Im tiefen Wasser, vor allem in windstillen Buchten, ist dem Schilf ein Pioniertrupp von Teichbinsen vorgelagert, deren Stengel – im Gegensatz zum Schilf – unter Wasser assimilieren können. Näheres zum Lebensraum Röhricht auf S. 14.

Flechtbinse, Teichbinse

Schoenoplectus lacustris

Sauergräser – *Cyperaceae*

K Ausdauernde Pflanze mit unterirdisch kriechendem Wurzelstock. Stengel aufrecht, zur Fruchtreife oft übergeneigt, 80–300 cm hoch, stielrund, markerfüllt, blattlos, am Grunde von 4–5 Blättern umgeben, grün oder blaugrün. ■ Blütenstand eine aus zahlreichen Ährchen bestehende Spirre. Ährchen eiförmig, sitzend. Frucht undeutlich 3kantig, linsenförmig. ■ Blütezeit: Juni bis August.

S Verbreitet und gesellig im Röhricht stehender oder langsam fließender Gewässer, auf nährstoff-

reichen, humosen Schlammböden. Von der Ebene bis in die Bergstufe aufsteigend.

V Weltweit verbreitet. In Mitteleuropa durch 2 Unterarten vertreten.

Ähnlich wie das Schilf vermag die Flechtbinse im Wasser, Sumpf und an Land zu leben. Im Gegensatz zum Schilf kann sie auch unter Wasser assimilieren und bildet dann untergetauchte Bandblätter aus. Sie verträgt auch Wasserstandsschwankungen gut. Schon im Keimling werden im Stengel Luftröhren angelegt, die sich mit Gas füllen, sobald die Pflanze zu assimilieren beginnt. Der bei der Assimilation freiwerdende Sauerstoff wird nämlich gar nicht erst an die Luft abgegeben, sondern gleich im Pflanzeninneren behalten. Ritzt man einen Stengel unter Wasser an, so sieht man sofort die Bläschen des dann austretenden Sauerstoffes.

Dank dieses inneren Luftgewebes sind die Halme der Flechtbinse sehr leicht; sie wurden und werden deshalb zum Bau von tragfähigen Flößen und Booten verwendet. Uralt ist die Verwendung der Binse als Werkstoff: Moorfunde belegen, daß schon die Steinzeitmenschen Matten und Körbe aus Binsen herstellten. Die alten Ägypter flochten daraus Siebe und Moses soll in einem Binsenkorb den Nil hinabgetriftet sein . . .

Auf der ganzen Welt werden Binsen zum Decken von Dächern verwendet, die besonders isolierend wirken. Aus den Kathedralen von England und Frankreich sind kunstvolle Binsenstühle bekannt. Die modernste Art der Binsennutzung ist ihr Anbau in biologischen Kläranlagen.

Breitblättriger Rohrkolben

Typha latifolia

Rohrkolbengewächse – *Typhaceae*

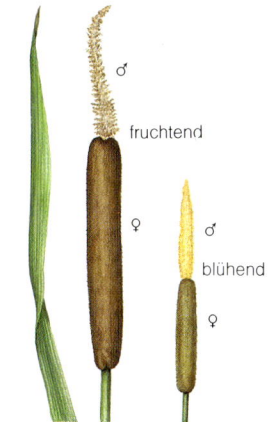

fruchtend

♀ ♂

blühend

♀

K 1–2,5 m hoch; mit dicker, kriechender Grundachse und 10–20 cm breiten, linealischen, 2zeilig gestellten Blättern. ■ Blütenstengel steif aufrecht, kolbenförmig, in einen oberen, männlichen und einen unteren, weiblichen Teil gegliedert. Männlicher Blütenstand dünner, grünlich, unterbrochen, zur Blütezeit mit goldgelbem Pollen bepudert; weiblicher Blütenstand zuerst glänzend grün, zur Fruchtreife braunschwarz. Beide Blütenstände je 10–20 cm lang, einander meist berührend, Teile des männlichen nach der Blüte oft abbrechend. ■ Blütezeit: Juli bis August.

S In Sümpfen, Wassergräben, im Röhricht, am Rande von Teichen und Seen. Typische Verlandungspflanze ab einer Wassertiefe von 2 m aufwärts.

V Weit verbreitet in der nördlich gemäßigten Zone; in Australien und Polynesien; fehlt im mittleren und südlichen Afrika.

Beim Rohrkolben quellen nach der Bestäubung aus dem Grunde jedes Blütchens dichte helle Haare hervor; gleichzeitig wachsen auch die Narben aus, überragen die »Unterwolle« und verleihen dem Kolben die charakteristische braune, plüschartige Oberfläche. Später löst sich der Kolben in viele einzelne, winzige Nüßchen auf, die an den langen Haarschöpfen einzeln im Winde davonschweben.

Die attraktive Pflanze wird häufig zu Trockengestecken verarbeitet. Ihre Blätter werden zum Dichten der Fugen in den Fässern verwendet (Binderrohr), ihre Stengel dienten früher zum Decken von Dächern. Die weiche Fruchtwolle gebrauchte man zum Stopfen von Betten und anstelle von Watte. Die Samenhaare wurden in Schweden der Schafwolle zugesetzt und damit Hüte erzeugt. Der stärkereiche Wurzelstock wurde gekocht gegessen, gebrannt diente er als Kaffeesurrogat. Die Blattfasern der Pflanze eignen sich als Ersatz für Jute und als Streckmittel für Hanf und Flachs.

Mit dem Breitblättrigen Rohrkolben leicht zu verwechseln ist der Schmalblättrige Rohrkolben *(Typha angustifolia)* mit schmäleren Blättern, der auf ähnlichen Standorten wächst.

Schilfrohr

Phragmites australis

Gräser – *Poaceae*

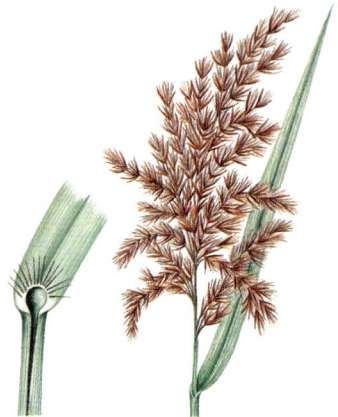

K Ausdauerndes, hochwüchsiges (1–4 m hohes) Rohrgras mit dicker, weit kriechender Grundachse und langen oberirdischen und unterirdischen Ausläufern. Stengel steif aufrecht, glatt, kahl; Blätter 40–50 cm lang, 2–2,5 cm breit, graugrün, am Rande rauh. Blattscheiden mit Haarkranz. ■ Blütenrispen groß, vielblütig, nickend, oft purpurn überlaufen. Rispenäste spiralig, am Grunde weißseidig behaart. Ährchen 2–7blütig; Frucht klein, funktioniert durch Haarbesatz als Schopfflieger. ■ Blütezeit: Juli bis September.

S Im Uferröhricht stehender und fließender Gewässer, am Rande von Seen, Teichen, Altwässern und Weihern, in Sumpfwiesen und tiefen Sümpfen, auf feuchten Äckern und in Kiesgruben.

V Weltweit über die ganze Erde verbreitet, jedoch nicht in der Antarktis und Arktis.

Das Schilfrohr ist mit seinem bis zu 4 m hohen Stengel der Riese unter den einheimischen Gräsern und zugleich der Prototyp eines Sumpfgrases. Obwohl es in Wassertiefen bis zu 2 m vordringen kann, ist es doch darauf angewiesen, seine Blätter und Blüten ausschließlich im Luftraum zu entfalten. Es braucht zum optimalen Gedeihen beide Lebensräume. Seine im Schlamm kriechende Grundachse versorgt es mit Hilfe der lufterfüllten hohlen Halme so reichlich mit Sauerstoff, daß davon noch an die Umgebung abgegeben wird. Zahlreiche Mikroorganismen, die im luftarmen Schlamm sonst nicht leben könnten, profitieren davon und tragen zur Mineralisation des reichlich anfallenden organischen Materials bei. Darüber hinaus sondert die

Schilfpflanze keimtötende Stoffe ab, die speziell krankheitserregende Bakterien abtöten. Schilf wirkt daher, wie andere hochwüchsige Sumpfpflanzen, besonders auch die Flechtbinse, deutlich wasserreinigend und wird ganz gezielt bei biologischen Kläranlagen eingesetzt.

An das Leben im Wasser ist es hervorragend angepaßt: Mit seiner unterirdischen Grundachse wühlt es sich durch den Schlamm, wobei die zusammengerollten, steifen Blattscheiden als Bohrorgane fungieren. An den Knoten bildet es sowohl Blätter, als auch einen Filz von Wurzeln. Die Blätter bestehen aus einer langen, dünnen Scheide, die in Form einer engen Röhre den Halm umfaßt. Am oberen Teil der Scheide entspringt die fahnenförmige Blattspreite. Anstelle des Blatthäutchens tritt ein mehrreihiger Haarkranz aus kurzen, steifen Haaren, der das Eindringen von Wasser in die Blattscheide verhindert. Dieser Haarkranz ist übrigens wichtigstes Unterscheidungsmerkmal gegenüber dem steril sehr ähnlichen Rohrglanzgras, das oft mit dem Schilf zusammen wächst, jedoch ein deutliches Blatthäutchen besitzt.

Erst im Spätsommer wächst aus der obersten Blatthülse der eisenblaue bis braunviolette, schimmernde Blütenwedel heraus. Trotz der massenhaften Blüte ist der Fruchtansatz eher spärlich: Im Gegensatz zur ausgiebigen vegetativen Vermehrung werden nur relativ wenig keimfähige Samen erzeugt, die erst im Jänner reifen und von den Winterstürmen vertragen werden. Da um diese Jahreszeit Niederwasserstand herrscht, finden sie am ehesten ein Keimbett auf den nackten, unbewachsenen Schlammbänken, denn im ständig vom Wasser bedeckten Boden kann das Schilf nicht keimen; hier ist es allein auf die vegetative Vermehrung angewiesen.

Außer den unterirdischen Ausläufern entwickelt es gelegentlich noch die sogenannten Leghalme, die nicht wie üblich senkrecht in die Höhe wachsen, sondern sich bogenförmig auf das Wasser legen. Manche winden sich auch schlangengleich auf dem Wasser fort, wobei sie an den Knoten sowohl Wasserwurzeln, als auch aufrechte Halme erzeugen. Diese Leghalme können bis zu 11 m lang werden und dienen gleichzeitig als Vermehrungs- als auch als »Fortbewegungsorgan«, mit denen das Schilf in den See hinauswandert und neue Standorte erobert.

Der lateinische Name *Phragmites* leitet sich vom griechischen Wort »phragma« ab, und bedeutet dienen. Tatsächlich dient das Schilf dem Menschen von alters her zu den verschiedensten Zwecken: Früher vor allem zum Decken von Hütten und Häusern, zum Flechten von Matten und Rohrstühlen, wo Holzmangel herrschte, auch zu Heizzwecken. Heute wird es am Neusiedlersee planmäßig geerntet und daraus vor allem Stukkaturrohr für die Bauindustrie erzeugt, es wird aber auch in der Plattenindustrie verwendet und für Heizbriketts gebraucht.

Eine richtige Schilfindustrie ist im Donaudelta entstanden, wo es gelungen ist, die Kieselsäure zu entfernen und den hohen Zellulosegehalt des Schilfes für Papiererzeugung zu nutzen. Ferner werden dort Hemizellulose, Lignin und Pektin aus Schilf zur Herstellung von Futterhefe verwendet. Aus den Grundachsen werden außerdem Alkohol und Bierhefe gewonnen. Schilfasche wird ferner als mineralstoffreicher Dünger verwendet.

Die Halme des vorjährigen Schilfs überragen den heurigen Nachwuchs.

Schneidebinse, Schneidried

Cladium mariscus

Sauergräser – *Cyperaceae*

K Ausdauernde, stattliche Pflanze mit dickem, unterirdisch kriechenden Wurzelstock. Stengel kräftig, 80–200 cm lang, hohl und stielrund, oben 3kantig. Blattscheiden gelblich, zuletzt schwärzlich. Blattspreiten 7–12 mm breit, flach, steif, am Rande und unterseits dornig gesägt, scharf schneidend, graugrün. ■ Blütenstand zusammengesetzt, 30–50 cm lang, aus einer endständigen und 3–7 seitlichen, langgestielten, köpfchenartigen Spirren bestehend. Ährchen zu 3–10 in kopfigen Knäueln, länglich. Frucht eiförmig zugespitzt, glänzend dunkelbraun, zerbrechlich. ■ Blütezeit: Juni, Juli.

S Zerstreut bis selten, aber dann meist bestandsbildend; in der Verlandungszone von Teichen und Seen, teilweise hinter dem Schilfgürtel, auch an Quellen und in kalkreichen Sümpfen; auf meist sehr nassen, aber auch zeitweise trockenfallenden, mild humosen Torf- und Schlickböden. Wärmeliebend. In den Alpen bis auf 800 m steigend.

V Weit verbreitet in den Tropen der ganzen Erde, im gemäßigten Asien, Afrika, Nordamerika; in Europa nordwärts bis England und Südskandinavien. In Deutschland streckenweise fehlend. Häufig im Bodenseegebiet, in der Schweiz zerstreut; in Österreich, den Italienischen Alpen und in Slowenien häufig.

Wer jemals versucht hat, ein Blatt der Schneidebinse abzureißen und sich dabei einen tiefen blutenden Schnitt zugezogen hat, der weiß, warum die Pflanze »Schneide«binse heißt. Messerscharfe Blattränder sind auch bei anderen Sauergräsern häufig anzutreffen, bei der Schneidebinse aber sind sie noch durch winzige, nach vorne gerichtete Zähne verschärft, die in die Haut richtig hineinsäbeln.

Die wärmeliebende Art ist in ganz Mitteleuropa im Rückgang begriffen. Die Ursache dafür dürfte in einer Klimaverschlechterung seit der Mittleren Wärmezeit vor etwa 500 Jahren liegen. Dadurch wurde die Schneidebinse aus ihren nördlichen und kühleren Verbreitungsgebieten nach Süden abgedrängt.

Ästiger Igelkolben

Sparganium erectum

Igelkolbengewächse –
Sparganiaceae

K 30–60 cm hoch; Grundachse kriechend, Ausläufer treibend; Blätter 3–15 mm breit, unten 3kantig, an der Spitze gekielt. ■ Blütenstand aufrecht, starr, zur Fruchtreife überneigend, rispig verzweigt; Blüten zu kugeligen Köpfchen vereinigt, untere Köpfchen weiblich, obere männlich. ■ Blütezeit: Juni bis August.
S Verbreitet; in Sümpfen der Ebenen, am Rande von Teichen, an Seeufern und am Rande von Wasserläufen.
V In der gemäßigten Zone der alten Welt bis zum Polarkreis verbreitet, südlich bis Nordafrika, östlich bis Japan.

Der Name Igelkolben bezieht sich auf den runden, stacheligen Fruchtstand. Die 5 heimischen Arten der Gattung sind sämtlich ausdauernde Sumpf- und Wasserpflanzen. Im Blütenstand des Igelkolbens reifen die männlichen Köpfchen zuerst; werden danach auch die darunter liegenden, weiblichen Köpfchen bestäubungsbereit, kommt es häufig zur Selbstbefruchtung, die reichlich Früchte liefern kann. Der Ästige Igelkolben bildet Schwimmfrüchte, die durch das Wasser verbreitet werden. Ihre Schwimmfähigkeit verdanken sie einem korkartigen Ring, der die Samenschale wie ein Rettungsring umgürtet.
Bei den Wurzeln des Igelkolbens finden wir eine merkwürdige Arbeitsteilung: Von der Grundachse gehen einerseits strangartige Haftwurzeln aus, mit denen sich die Pflanze im Boden verankert, und federartige, büschelförmige, mit feinen Haaren besetzten Wasserwurzeln, die als Nährwurzeln dienen.

Der Ästige Igelkolben gedeiht am besten in einer Wassertiefe von 30–60 cm, bei höherem Wasserstand löst er sich vom Grunde ab. Beim Sinken des Wasserspiegels bildet er lange Ausläufer und gewinnt dadurch rasch neuen Raum.
Die langen luftreichen Bandblätter der Art werden gelegentlich zum Decken von Dächern verwendet. Prähistorische Reste des Ästigen Igelkolbens wurden schon bei Pfahlbauten gefunden. Die unteren, saftigen Stengelteile werden von Kindern gern roh gegessen, liefern aber auch ein schmackhaftes Wildgemüse.

Kalmus

Acorus calamus

Aronstabgewächse – *Araceae*

K Ausdauernde, 60–150 cm hohe Staude mit fingerdickem, kriechenden Wurzelstock. Stengel 2zeilig beblättert, am Grunde rötlich, 3kantig. Blätter schwertförmig, glatt, glänzend grün, an der einseitigen Wellung des Randes leicht kenntlich. ■ Der Blütenkolben mit den unscheinbaren grünen Blütchen erscheint seitenständig, weil ihm das laubblattähnliche Hüllblatt überragt und zur Seite drängt. Blüten zwittrig, dicht auf dem ca. 8 cm langen Kolben sitzend. Die Frucht ist eine rote Beere, die bei uns niemals zur Entwicklung gelangt.

Die ganze Pflanze, insbesonders der Wurzelstock, duftet aromatisch. ■ Blütezeit: Juni, Juli.
S An Ufern von Seen, Teichen und Tümpeln, in Gräben; auf nährstoffreichen, schlammigen Böden. In den Alpen bis auf 1150 m steigend.
V Heimisch im tropischen und subtropischen Ostasien, im größten Teil von Europa eingebürgert. Durch Zuschütten von Tümpeln heute schon wieder im Rückzug begriffen.

Die bekannte Medizinalpflanze gelangte erst im 16. Jahrhundert aus ihrem Ursprungsland Indien über Konstantinopel nach Europa. Nach einer anderen Version sollen ihn mongolische Reitertruppen auf ihren Raubzügen nach dem Westen gebracht haben, weil sie ihn an ihren Pferdetränken zur Reinigung und Desinfektion des Wassers anpflanzten. Mangels reifer Früchte vermehrt er sich bei uns rein vegetativ durch Verzweigung seiner Grundachsen.
Der Wurzelstock enthält eine Reihe von Bitterstoffen und ätherische Öle, darunter auch Kampfer. In der Medizin wird er vor allem als appetitanregendes und entzündungshemmendes Mittel bei Erkrankungen des Magens verwendet. Äußerlich nimmt man ihn zu stärkenden und beruhigenden Bädern sowie bei Zahnfleischentzündungen. Kleinen Kindern soll die Wurzel das Zahnen erleichtern. Das Kalmusöl wird häufig Zahnpulvern, Likören und Parfüms zugesetzt. Die Wurzel wird zu Schnaps gebrannt. In der Volksmedizin schreibt man der am Johannistag zwischen 11 und 12 Uhr schweigend gegrabenen Wurzel zu, vor jeder ansteckenden Krankheit zu schützen. Im Orient ist die Kalmuswurzel ein recht beliebtes Aphrodisiakum.

Pfeilblatt

Sagittaria sagittifolia

Froschlöffelgewächse –
Alismataceae

K 20–100 cm hohe, sehr veränderliche Pflanze mit verschiedenen Blattformen: bandförmigen Unterwasserblättern, ovalen Schwimmblättern und gestielten Luftblättern mit charakteristischer Pfeilform. ■ Der endständige, 3kantige Blütenschaft trägt die 3gliedrigen Blütenquirle: unten die rein weißen, kleineren weiblichen Blüten, oben die größeren, länger gestielten, männlichen Blüten mit purpurrotem Gaumenfleck. Früchtchen zahlreich, schief-eiförmig und geflügelt. Winterknospen eichelförmig, stärkereich. ■ Blütezeit: Juni bis August.

S Seichtwasserpflanze. An Ufern kalk- und nährstoffreicher Gewässer, in ruhigen Seebuchten, langsam fließenden Gräben und Kanälen, in Altwässern, Teichen sowie Tümpeln. Nicht über 500 m steigend.

V In großen Teilen Eurasiens, nicht im Gebirge und in der Arktis; östlich bis zum Baikalsee.

Sowohl der deutsche als auch der lateinische Name der Art bezieht sich auf die pfeilförmige Gestalt der Blätter (»sagitta« = Pfeil). Dabei sind nur die Luftblätter wirklich pfeilförmig. Tatsächlich bildet die Pflanze sehr verschiedene Blattformen aus: Wasser-, Schwimm- und Luftblätter mit Übergangsformen dazwischen. Die Pflanze treibt im Frühjahr zuerst bandförmige, flutende Wasserblätter, später kommen solche mit einer spatelförmigen, schwimmenden Verbreiterung hinzu, dann folgen die langgestielten, ovalen Schwimmblätter, die allmählich breit pfeilförmig werden. Erst zuletzt, wenn sie senkrecht in die Luft ragen, werden die charakteristischen Pfeilblätter mit den schmalen, fast linealen Spreitenteilen ausgebildet.

Auf sehr sonnigen Standorten nehmen die Luftblätter die Nord-Süd-Richtung ein (Kompaßpflanze). Das Pfeilblatt ist sehr anpassungsfähig und verträgt dank seiner verschiedenen Blattformen relativ große Wasserstandsschwankungen. Untergetaucht im tiefen Wasser kommt es allerdings nicht zur Blüte.

Die stärkereichen, sehr nahrhaften Knollen wurden früher gerne gegessen und schmecken frisch nußartig, gekocht wie Erbsen.

Froschlöffel

Alisma plantago

Froschlöffelgewächse –
Alismataceae

K 10–70 cm hohe, aufrecht aus
dem Wasser ragende Pflanze mit
einer knollig verdickten Grundachse,
bandförmig flutenden Wasserblättern und langgestielten, löffelförmigen Luftblättern. ■ Blütenstand aufrecht, länger als die Blätter, pyrami-
dal-stockwerkartig gegliedert. Blüten
3zählig, weiß bis rosa; Früchtchen
gefurcht. ■ Blütezeit: Juni bis September.

S Häufig; an Ufern von Seen, Teichen und langsam fließenden Gewässern, in Altwässern und Tümpeln; auf nährstoffreichen, schlammigen Böden.

V Weltweit verbreitet.

Der Froschlöffel – der Name bezieht
sich einerseits auf die löffelförmige
Gestalt der Blätter, andererseits auf
die Standorte – hat ein Optimum im
seichten Wasser, wo die Luftblätter
seine wichtigsten Assimilationsorga-
ne darstellen. Diesen gehen als Vor-

läufer untergetauchte, blattstielartige
Primärblätter voraus, dann folgen
meist einige Schwimmblätter, denen
schließlich die langgestielten Luftblätter folgen. Trocknet der Sumpf
aus und muß die Pflanze allmählich
zum Landleben übergehen, so reduziert sie alle Teile, treibt aber mehr
Spreitenblätter als sonst. Steigt der
Wasserstand, so werden die Spreitenblätter immer schmäler und länger, die Pflanze geht wieder zu
Schwimmblättern über und kann bei
weiterem Steigen des Wasserstandes zu den linearen, zarten Unterwasserblättern zurückkehren. Man
hat früher die Pflanzen mit verschiedenen Blattformen für eigene Varietäten gehalten, tatsächlich sind sie
aber nicht erblich fixiert und können
an ein und derselben Pflanze wieder
rückgängig gemacht werden. Das
gelingt an Keimpflanzen allerdings
leichter, als an älteren Exempla-
ren.

Die Blätter und der Wurzelstock des
Froschlöffels sind frisch giftig und
schmecken scharf. In Rußland wurde er gegen Tollwut verwendet. In
Schwaben tränkte man Leinentücher
mit dem Saft der Pflanze und band
sie gegen Kopfschmerzen auf die
Stirne. Blätter und Wurzelstock waren früher als Abführmittel offizinell
(Herba et radix Alismatis).

Sumpf-Schwertlilie

Iris pseudacorus

Schwertliliengewächse – *Iridaceae*

K Ausdauernde, 50–100 cm hohe Pflanze mit verdickter, verzweigter Grundachse und aufrechtem, zusammengedrückt-rundem Stengel. Grundständige Laubblätter lineal-schwertförmig, grasgrün, 1–3 cm breit, fast so lang wie der mehrblütige Stengel. ▪ Blüten langgestielt, geruchlos. Blumenkrone hellgelb; äußere Blumenkronblätter eiförmig, abstehend, in der Mitte dunkelgelb mit purpurbraunen, netzigen Adern; innere Blumenkronblätter schmal-linealisch, aufrecht, kürzer als die Narben. Fruchtkapsel walzig, stumpfdreikantig, hängend, bis 5 cm lang; Samen zahlreich, hellbraun, glatt, zusammengedrückt, 6–8 mm breit. ▪ Blütezeit: Mai, Juni.

S Ziemlich häufig im Verlandungsröhricht, in Wald- und Wiesensümpfen, an Gräben und Ufern; auf nassen, zeitweise überschwemmten, nährstoffreichen Sumpfhumusböden. Nässezeiger, etwas wärmeliebend. Fast nur in der Ebene.

V Europa, Kaukasus, Vorderasien, Nordafrika.

Die Sumpf- oder Wasser-Schwertlilie zeigt den Habitus der typischen Sumpfpflanze: Der lange, derbe Stengel hebt die Blüte über den Wasserspiegel empor ins Sonnenlicht, die gleichfalls langen, hochragenden Blätter können Veränderungen des Wasserstandes leicht ausgleichen; große Lufträume innerhalb der Blätter dienen dabei der Sauerstoffversorgung, da die Pflanze ja im luftarmen Schlamm wurzelt. Auch in den Samen befinden sich große, lufterfüllte Hohlräume, wodurch die Samen schwimmfähig werden.
Die Wasser-Schwertlilie ist die »Sumpfblüte« schlechthin! Geheimnisvoll leuchtet sie aus dem Röhricht oder hebt sich vom dunklen Wasserspiegel ab. Ihre großen, gelben, geruchlosen und nur kurzlebigen Blüten tragen auf den äußeren Blumenkronblättern ein großes, dunkelbraunes Saftmal, das in das Blüteninnere leitet. Der Nektar wird am Grunde der Blumenkrone abgesondert und sammelt sich in einem Hohlraum zwischen Griffel und Blumenkronröhre.
Der Wurzelstock der Art wurde früher in der Volksmedizin als Magenmittel gebraucht.

Schwanenblume

Butomus umbellatus

Schwanenblumengewächse –
Butomaceae

K Ausdauernde, stattliche, bis 150 cm hohe Sumpfpflanze mit horizontaler, manchmal mit Brutknöllchen besetzter Grundachse. Blätter zahlreich in grundständiger Rosette, lineal, am Grunde scheidig verbreitert, nach oben verschmälert, spitz, 3kantig, dunkelgrün. ▪ Blütenschaft rund, länger als die Blätter; Blütenstand doldig; Einzelblüten 3zählig, an 5–10 cm langen, zarten Blütenstielen sitzend. Blütenblätter hellrosa, dunkel geädert, mit den dunkelroten Staubblättern kontrastierend. ▪ Blütezeit: Juni bis August.

S An Ufern stehender und langsam fließender, nährstoffreicher Gewässer; an Seen, Altwässern, Tümpeln und Gräben; im flachen Wasser, auf humosen Schlammböden. Wärmeliebend. Nicht über 1000 m aufsteigend.

V Weit verbreitet im gemäßigten Europa und Asien; nicht im Mittelmeergebiet; meidet Gebirge.

Die attraktive Schwanenblume oder Wasserviole, wie sie auch noch heißt, gehört zu den schönsten bei uns heimischen Sumpfpflanzen. Im Schlamm wurzelnd, teilweise vom Wasser bedeckt, streckt sie ihre Blätter und die doldig gehäuften rosaroten Blüten zur Sonne. Der Nektar wird in 6 einzelnen Tröpfchen zwischen je 2 Fruchtblättern abgesondert. Bleibt der erhoffte Insektenbesuch aus, so erfolgt auch Selbstbestäubung. Mit den Brutknospen, die sich im Herbst ablösen, davontreiben und im Schlamm Wurzeln schlagen, kann sich die Pflanze auch vegetativ vermehren.

Der Wurzelstock wird besonders in Rußland gerne gegessen. Kalmükken und Jakuten backen ihn in der Asche und verzehren ihn zum Speck anstelle von Brot. Auch bei uns wurde er in Kriegs- und Notzeiten gegessen. Den Stengel verwendete man zum Flechten von Körben. Wie die meisten Feuchtpflanzen befindet sich die Schwanenblume im Rückzug und ist heute schon viel zu selten für jede Art der Nutzung geworden.

Wurzelstock und Samen waren früher offizinell und wurden äußerlich als auflösendes und erweichendes Mittel, innerlich gegen Wassersucht verwendet.

Fluß-Ampfer

Rumex hydrolapathum

Knöterichgewächse – *Polygonaceae*

[K] Ausdauernde, stattliche, bis zu 2,5 m hohe Sumpfpflanze mit rüben- förmigem, mehrköpfigen, fleischigen Wurzelstock, der von dicken Faser- wurzeln besetzt ist. Stengel aufrecht, ästig, kantig gefurcht, meist purpur- braun. Grundständige Blätter starr aufrecht, langgestielt, bis 1 m lang, graugrün, derb, länglich-oval und lang zugespitzt; stengelständige Blätter schmäler, die obersten lan- zettlich, alle am Rande leicht wel- lig. ▪ Blüten windblütig, in dicken Scheintrauben, zu einer Rispe zu- sammengesetzt. Blütenhülle in 2– 3zähligen Wirteln, die äußeren anlie- gend, die inneren rautenförmig bis 3eckig, rötlich; alle eine große, läng- liche Schwiele tragend. Nüsse beid- seitig zugespitzt, 3kantig. ▪ Blüte- zeit: Juli, August.

[S] In der Verlandungszone von Seen und Altwässern, an stehenden und langsam fließenden Gewässern, in Gräben; auf flach überschwemm- ten, zeitweilig auch trockenfallenden, humosen Schlammböden. Verlan- dungspflanze, Stromtalpflanze, wär- meliebend. Im Tiefland verbreitet, in den höheren Mittelgebirgen und Al- pentälern fehlend.

[V] Süd- und Mitteleuropa.

Die Gattung Ampfer umfaßt über 100 Arten, die zum Teil nur schwer zu unterscheiden sind, benötigt man doch zum genauen Bestimmen so- wohl Blüten als auch Früchte und grundständige Laubblätter. Auch der auffallend großblättrige und hoch- wüchsige Fluß-Ampfer hat einen sehr ähnlichen Doppelgänger, den Wasser-Ampfer *(Rumex aquaticus),* der zudem auf den gleichen Stand- orten wächst. Dieser unterscheidet sich vom Fluß-Ampfer vor allem durch das Fehlen der Schwielen an den Blumenkronblättern und steigt, im Gegensatz zur erstgenannten Art, auch in die Bergregion hinauf.

Früher waren Kraut und Wurzel des Fluß-Ampfers als »Radix et herba ru- micis aquatici Hydrolapathi« offizinell und auch heute noch wird vor allem die Wurzel in der Volksmedizin als blutreinigendes, abführendes Mittel verwendet. Neben Gerbstoffen und Antrachinon-Derivaten enthält die fri- sche Pflanze reichlich Vitamin C und Kaliumoxalat. Eine nahe verwandte Art ist der bekannte Rhabarber.

Sumpf-Greiskraut

Senecio paludosus

Korbblütler – *Asteraceae*

K 50–200 cm hohe Pflanze mit walzlich kriechendem Wurzelstock; Stengel steif aufrecht, hohl, rinnig. Unterste Blätter schuppig, zur Blütezeit vertrocknet; mittlere und obere Blätter sitzend, schmal-lanzettlich, scharf gesägt, oberseits kahl, unterseits kahl oder filzig behaart. ■ Blütenköpfchen in einem Ebenstrauß stehend, 8–25blütig, 3–4 cm breit. Hülle glockig, Hüllblätter an den Spitzen bräunlich und etwas bebärtet. Blüten hell goldgelb, Randblüten 10–20, Pappus haarig. ■ Blütezeit: Juni bis August.

S Zerstreut; in Röhrichtbeständen, auch in lichten Weidenauen; auf nassen, zeitweise überschwemmten,

nährstoffreichen, mild humosen Tonböden; in sommerwarmer Klimalage. Von der Ebene bis in die Bergstufe aufsteigend.

V Europa: Nördlich bis England, Holland, Südschweden, Estland, Nordrußland; südlich bis Spanien, Südfrankreich, Norditalien, Balkan, Südrußland, Nordasien.

Die Gattung Greiskraut ist mit ca. 1300 Arten über die ganze Erde verbreitet und zählt damit zu den artenreichsten Gattungen der Blütenpflanzen. Zu ihr gehören baumförmige Riesen-Greiskräuter, sonderbare Federbuschbäume, wie sie in den ostafrikanischen Gebirgen wachsen, ebenso wie die beliebten Topfpflanzen (Cinerarien), die von den Kanarischen Inseln stammen und in großer Farbenfülle bei uns gezogen werden.

Der deutsche Name Greiskraut ist eine Übersetzung des lateinischen *Senecio* (»senex« = Greis) und bezieht sich angeblich auf die frühzeitig hervortretenden Pappushaare der Blütenköpfchen, die dadurch einem graubehaarten Kopf ähneln sollen. Einer anderen Deutung zufolge sollen die halbkugeligen, kahlen Blütenböden des Gemeinen Greiskrautes nach dem Ausfallen der Früchte »Glatzköpfen« ähneln.

Das Sumpf-Greiskraut ist von den vielen anderen heimischen Arten allein durch seinen Riesenwuchs, der 2 m überschreiten kann, und an seinem hohlen Stengel gut zu unterscheiden.

Großer Hahnenfuß

Ranunculus lingua

Hahnenfußgewächse –
Ranunculaceae

K Ausdauernde, 60–120 cm hohe Pflanze mit dicker, röhriger Grundachse und unterirdischen, hohlen, bis 80 cm langen Ausläufern. Blätter kurz gestielt, lineal-lanzettlich, spitz, ganzrandig bis schwach gezähnt, graugrün. Stengel kräftig, hohl, oben stark verzweigt, vielblütig. ▪ Blüten 3–4 cm im Durchmesser, fettig glänzend, goldgelb. Blumenkronblätter 5, breit-eiförmig, abstehend, halb so lang wie die eiförmigen, genagelten Honigblätter. Fruchtstand kugelig; Früchte zahlreich, eiförmig zusammengedrückt, mit kurzem, dicken, gebogenen Schnabel. ▪ Blütezeit: Juni bis August.

S Ziemlich selten; im Röhricht, auch in Großseggen-Beständen, an Ufern von Teichen, in Gräben; auf flachen und nur zeitweise überschwemmten, nährstoffreichen, humosen Schlammböden. Wärmeliebend. Vorwiegend in der Ebene, in den Alpen nur in den Haupttälern, im Alpenvorland bis auf ca. 800 m.

V Europa, Sibirien, Kaukasus, Westhimalaya.

Der Große oder Zungen-Hahnenfuß ist äußerst anpassungsfähig und kommt in einer Landform, einer Wasserform und einer Seichtwasserform vor. Bei der Landform werden schon im Herbst oder auch im Frühjahr grundständige, langgestielte Erstblätter gebildet, mit länglich-eiförmiger, oberwärts schwer benetzbarer Spreite. Die späteren Stengelblätter sind sitzend, breit-lanzettlich, beidseitig zugespitzt. Die Wasserform entspricht den Erstblättern der Landform: An den 80 cm langen Ausläufern werden an den bewurzelten Knoten zuerst Schuppenblätter ge-

bildet, die nach oben in die langgestielten, löffelartigen, oft sehr langen Wasserblätter übergehen.

Mit seinen ungeteilten Blättern fällt der Große Hahnenfuß etwas aus der Reihe der »Hahnenfüße«, die ihren Namen nach den vogelfußartig geteilten Blättern tragen. Der lateinische Name *Ranunculus* wiederum ist die Verkleinerungsform von »rana« = Frosch und bezieht sich auf den Standort, weil viele Arten nahe am Wasser wachsen. Der Artname *lingua* bedeutet schließlich Zunge, nach den zungenförmigen Laubblättern des Großen Hahnenfußes.

Blut-Weiderich

Lythrum salicaria

Weiderichgewächse – *Lythraceae*

K Ausdauernde, 30–200 cm hohe Staude mit dickem, holzigen Erdstock und aufrechtem oberwärts ästigen, behaarten Stengel. Laubblätter sitzend, mit abgerundetem Grund, schmal-lanzettlich bis oval; die unteren in 3zähligen Quirlen, die oberen wechselständig. ■ Blütenstand ährig; Kelch ein röhriger, doppelreihig gezähnter Achsenbecher; die 6 Kronblätter frei, purpurrot; Staubblätter 12, zweireihig. Frucht eine 2klappig aufspringende Kapsel. ■ Blütezeit: April bis September.

S Häufig und verbreitet; im Röhricht und in Sümpfen, im Verlandungsbereich von Seen, an Ufern von Teichen, Bächen und Flüssen, vor allem in tieferen Lagen; auf nassen oder wechselfeuchten, oft zeitweise überschwemmten, nährstoffreichen Sumpfhumusböden. Etwas wärmeliebend. Von der Ebene bis in die Bergstufe.

V Europa, Asien, Nordamerika, Südwestaustralien.

Der Blut-Weiderich (Name nach den weidenartigen Blättern und der blutroten Blütenfarbe) ist eine häufige und typische Sumpfpflanze von recht großer ökologischer Breite: Neben ziemlich seltenen, untergetaucht lebenden Wasserformen besiedelt die Art vor allem das Übergangsgebiet zwischen Wasser und Land, kommt aber auch noch auf relativ trockenen Standorten vor.

Mit seinem kräftigen Luftgewebe, das den untergetauchten Teil des Stengels mit einem locker schwammigen Mantel umgibt, ist der Blut-Weiderich an den sauerstoffarmen Schlammboden gut angepaßt. Seine Samen sind mit Schleimhaaren ausgestattet, die sich an Schnäbel und Füße von Wasservögeln heften und auf diese Art verbreitet werden.

Die Pflanze wurde wegen ihres hohen Gerbstoffgehaltes schon im 16. Jahrhundert zum Gerben von Leder verwendet. Blüten und Wurzeln enthalten neben Gerbsäure auch noch Pektin und etwas ätherisches Öl. In der Volksmedizin werden sie gegen Durchfall, Blutfluß und Ruhr gebraucht. Die jungen Sprosse, Laubblätter und die innen weiße Grundachse ergeben ein wohlschmeckendes Wildgemüse. Die Art enthält ferner einen roten Farbstoff, mit dem man früher Zucker färbte.

Ufer-Winde

Calystegia sepium

Windengewächse – *Convolvulaceae*

K Ausdauernde, 1–3 m lange, windende, kahle Pflanze mit kriechendem, ästigen, fleischigen Erdstock und kletterndem, hohlen, im unteren Teil ausläufertreibenden, im oberen Teil ästigen Stengel. Laubblätter langgestielt, groß, pfeilförmig-dreieckig. ■ Blüten langgestielt in den Achseln der Laubblätter. Vorblätter groß, eiförmig, den Kelch teilweise verdeckend, bleibend. Kelch 5zählig, frei; Blumenkrone groß, bis 6 cm lang, trichterförmig, mit 5eckigem Saum, weiß, selten rosa oder rot gestreift. Die 5 Staubblätter am Grunde der Kronröhre entspringend, an der Basis verdickt, kürzer als der Griffel mit der 2lappigen Narbe. Fruchtkapsel kugelig, meist 4samig. ■ Blütezeit: Juni bis September.

S Im Röhricht, an Ufern, im Saum von Auwäldern und Augebüsch, an Zäunen; auf feuchten oder frischen, nährstoffreichen humosen oder roh sandigen Ton- und Lehmböden. Von der Ebene bis in mittlere Gebirgslagen.

V Europa, Westasien, Sibirien, Nordafrika; gemäßigtes Nord- und Südamerika, Australien, Java, Neuseeland.

Die große Ufer-Winde ist ebenso licht- wie feuchtigkeitsliebend, bedarf jedoch immer einer Stütze, an der sie sich emporwinden kann. Wir finden sie am Saum von Auwäldern und Gebüschen, weil es im Inneren des Bestandes für sie zu dunkel ist. Besonders üppig gedeiht sie jedoch in den wenig schattenden Schilfbeständen, dessen gerade, schmale Halme eine ideale Stütze für ihre windenden Stengel bedeuten und die sie oft zu schwer zu durchdringende Dickichte verwickelt. Der Windevorgang beruht auf aktiven Bewegungen der Triebspitzen, die in weniger als 2 Stunden eine volle Kreisbahn durchlaufen.

In den großen Trichterblüten wird der Nektar von einem scheibenförmigen Wall am Grunde des Fruchtknotens ausgeschieden. Die Blüten schließen sich bei trübem Wetter, öffnen sich jedoch häufig in mondhellen Nächten und werden dann vom Windenschwärmer bestäubt. Pflanze und Insekt sind so aneinander angepaßt, daß sich ihre Verbreitungsgebiete weitgehend decken. Bei Tag beuten auch Bienen, Hummeln und Schwebfliegen die Nektarquelle aus. Bei Schlechtwetter suchen winzige Fliegen gerne Zuflucht in den großen Trichterblüten.

Sümpfe

Unter »Sümpfe« fassen wir die verschiedensten Sauergrasbestände im Verlandungsbereich stehender Gewässer zusammen. Sie liegen in der Zonation zwischen dem Röhricht und der Feuchtwiese. Sumpfpflanzen steht ein reichliches, jedoch schwankendes Angebot an Wasser, meist gute Nährstoffversorgung und optimaler Lichtgenuß zur Verfügung. Sie sind daher meist hochwüchsige, üppige Pflanzen, denen man es ansieht, daß sie so richtig aus dem Vollen schöpfen können. Einen gravierenden Nachteil des Standortes, den Sauerstoffmangel im Boden, begegnen sie durch verschiedene Anpassungen, wie Luftkammern im Wurzelstock, hohlen Stengeln, inneren Luftgewebe usw. Sie müssen aber auch starke Wasserstandsschwankungen ertragen, da Überflutung sowie Trockenfallen jahreszeitlich wechseln können.

Erst in jüngster Zeit wurde wissenschaftlich nachgewiesen, daß manche Sumpfpflanzen wesentlich zur Reinhaltung der Gewässer beitragen. Man ist dabei, diese Fähigkeit in biologischen Kläranlagen zu nutzen. Näheres zum Lebensraum Sümpfe auf S. 16.

Teich-Schachtelhalm

Equisetum fluviatile

Schachtelhalmgewächse –
Equisetaceae

K Von einer weitkriechenden Grundachse entspringen die gleichgestalteten 20–150 cm hohen, fruchtbaren und unfruchtbaren Sprosse. Stengel ziemlich dick, glatt, weißgestreift, einfach verzweigt oder auch ganz unverzweigt; zentraler Luftgang auffallend weit. Scheiden 15–20, eng anliegend, glänzend, bis 1 cm lang. Zähne ⅓ so lang wie die Scheide, schwarz mit weißem Hautrand. ▪ Sporangienähre 1–3 cm lang und stumpf. ▪ Sporenreife: Mai, Juni.
S Ziemlich häufig, auf nährstoffreichen Sumpf- und Torfschlammböden, in Flachmooren, Torfstichen, Altwässern, an Ufern von Teichen und langsam fließenden Gewässern. In schlammigen Seebuchten mitunter

ein eigenes Röhricht bildend. Bis auf 1800 m steigend.
V In ganz Europa, Nordasien, Nordamerika.

Von den 9 heimischen Schachtelhalmarten ist der Teich-Schachtelhalm am besten an das Wasser und an das Leben im sauerstoffarmen Schlamm angepaßt. Die Zwischenstücke seines Stengels sind von einem Durchlüftungssystem durchzogen, das jeweils in den Knoten endet. Es besteht aus lufterfüllten, zentralen Markhöhlen – die bei vorliegender Art besonders groß sind – und zwei Ringen mit senkrechten »Luftschächten«. Diese Höhlen sind schon mit Lupenvergrößerung zu erkennen.

Obwohl die Schachtelhalme feuchte Standorte besiedeln, werden ihre Sporen durch die Luft verbreitet. Jede Spore trägt kreuzweise 4 Bänder, die bei Feuchtigkeit spiralig um sie gelegt sind; bei Trockenheit wickeln sie sich auf, verhaken sich und werden so gruppenweise vertragen. Betrachtet man trockene Sporen im Mikroskop, so genügt schon ein Anhauchen, damit sich die Bänder blitzschnell spiralig um die Spore rollen.

Der Teich-Schachtelhalm spielt bei der Verlandung stehender Gewässer eine wichtige Rolle. Da er in winterkalten Lagen häufiger auftritt als in warmen Lagen, steigt er auch im Gebirge höher als das Schilf hinauf und ist dort Pionier des innersten Verlandungsgürtels. Die Art ist sehr veränderlich, neben stark verzweigten finden wir auch völlig unverzweigte Formen.

Flatter-Binse

Juncus effusus

Binsengewächse – *Juncaceae*

K Ausdauernde, lebhaft grüne, dicht rasige Pflanze mit kurzer, kriechender Grundachse. Stengel 30–75 cm hoch, aufrecht, glatt, mit durchgehendem Mark. Grundständige Blattscheiden rotbraun, die obersten mit kurzer Spreite. Unterstes Tragblatt den Blütenstand des Stengels scheinbar fortsetzend, zugespitzt. Blütenstand dadurch zur Seite gedrängt, vielblütig; Spirre locker mit verlängerten Ästen. ■ Blütenhüllblätter grünlich, breit hautrandig, lang zugespitzt. Staubblätter 3, Griffel kurz, Kapsel verkehrt-eiförmig bis kugelig. Samen hellbraun. ■ Blütezeit. Juli bis August.

S In Flachmooren und Quellfluren, in Sümpfen, Naßwiesen, auf vernäßten Kahlschlägen und Waldwegen; auf sauren, kalkfreien, nährstoffreichen, tonigen Böden mit hohem Grundwasserstand. Von der Ebene bis in die Alpen.

V Weit verbreitet: Europa, West- und Zentralasien, Malaysien, Afrika, gemäßigtes Nordamerika.

Im Zentrum der großen Sippe der Einkeimblättrigen stehen die Liliengewächse. Von ihnen leiten sich sowohl prächtige Familien wie die Schwertlilien, Narzissengewächse und Orchideen ab, aber auch die Simsen, Binsen und Gräser. Von der Art der Bestäubung hängt es ja allein ab, ob eine Pflanze bunte, prächtige Blüten hervorbringt oder sich mit unauffälligen Fortpflanzungsorganen begnügt. So schwindet bei den windblütigen Gewächsen alsbald die Farbenpracht und an ihre Stelle treten grünliche oder trockenhäutige Schuppen, und auch der Duft erübrigt sich; dafür wird der Pollen staubförmig, nimmt zu an Masse, um über weite Entfernungen verweht zu werden.

Innerhalb der echten Gräser und der Sauergräser ist die Entwicklung verschieden weit vorgeschritten: Am weitesten abgeleitet erscheinen die Seggen, bei denen die Blüte nur mehr aus Staubblättern und Stempel besteht, während bei den echten Gräsern immerhin noch ein paar trockenhäutige Schuppen die Blütenhülle andeuten. Die Binsenblüte hingegen ist sozusagen ein Mittelding zwischen »Blume« und Gras, bei der beim genauen Hinsehen noch der klassische Blumenstern der Lilienblüte zu erkennen ist.

Steife Segge

Carex elata

Sauergräser – *Cyperaceae*

K Ausdauernd; mächtige, feste, oft stockwerkartig aufgebaute Horste (sogenannte Bülten) bildend. Ausläufer fehlen. Stengel steif aufrecht, 20-100 cm lang, scharf 3kantig, oberwärts an den Kanten rauh, am Grunde beblättert. Grundständige Blattscheiden hellbraun, glänzend, netzig zerfasernd. Blätter meist etwas kürzer als der Stengel, 1-3,5 cm breit, gekielt, steif, graugrün, im trockenen Zustand mit nach unten gerollten Rändern. ■ Blütenstand 10-20 cm lang, aus 1-2 männlichen und 2-4 weiblichen, aufrechten Ährchen bestehend. Fruchtschläuche elipsoidisch, dicht dachziegelartig übereinanderliegend, frühzeitig abfallend. ■ Blütezeit: April bis Mai, manchmal nochmals im Herbst.

S Stellenweise bestandesbildend; hinter dem Röhricht an See-Ufern und Altwässern, auf Sumpfwiesen, in Flachmooren und Gräben, in alten Flutmulden mit stark schwankendem Wasserspiegel, in abflußlosen Senken und Tümpeln; auf staunassen, nährstoff- und basenreichen, torfigsandigen Ton- und Schlickböden.

V Fast ganz Europa (fehlt im Norden und teilweise im Mittelmeergebiet), Nordafrika, Kaukasus. In Osteuropa und Asien wird sie durch eine andere Unterart ersetzt.

Die Steife Segge gehört zu den wenigen Arten dieser Gattung, die auch der Laie und selbst im sterilen Zustand auf den ersten Blick erkennen kann. Besonders im Wasser – ihrem optimalen Standort – erzeugt sie einzelne, große Bülten, die ungemein fest sind, bis 90 cm hoch werden und einen Durchmesser bis zu 1 m erreichen können.

Einzelne Vorposten stoßen weit ins Wasser vor, sind Pioniere der Verlandung. Zwischen den Bülten lagert sich Schlamm und verfaulende Pflanzenteile an, so daß die Bodenbildung sehr gefördert wird. Ihr charakteristisches Aussehen verdanken die Bülten den abgestorbenen, vorjährigen Blättern, die eine Länge von 1-1,5 m erreichen können und zuletzt braun und verwittert »wie die struppigen Haare eines Giganten« über den Stock herabhängen.

Die Horste der Steifen Segge ragen bei hohem Wasserstand zumeist noch etwas über die Wasseroberfläche, vertragen aber auch völliges Trockenfallen und totale Überflutung ausgezeichnet. Ausgedehnte Bulten-Seggen-Sümpfe findet man heute nur mehr selten.

Sumpf-Knabenkraut

Orchis palustris

Orchideengewächse – *Orchidaceae*

K 30–50 cm hohe, ausdauernde Pflanze mit kugeligen bis länglichen Knollen. Stengel aufrecht, stielrund, hohl, hellgrün, oberwärts rötlich überlaufen, am Grunde mit einigen Scheidenblättern. Laubblätter lineal-lanzettlich, bis 1 cm breit, am Rande eingerollt, rinnig. ■ Ähren locker, walzlich. Blüten groß, violett bis purpurn, selten rosa oder weiß. Tragblätter lineal-lanzettlich; Blumenkronblätter frei, die äußeren 3 am Grunde verbreitert, die inneren zusammenneigend. Lippe verkehrt-eiförmig, mit dunkelvioletten Punkten. Sporn kürzer als der Fruchtknoten, dick-zylindrisch, abstehend und aufsteigend. ■ Blütezeit: Mai, Juni.

S Nicht häufig; in Sumpfwiesen und Flachmooren; auf nassen oder wechselnassen, kalkhaltigen Sumpfhumusböden. Licht- und wärmeliebend. Auch salzertragend. Nur im Tiefland.

V Südliches, westliches und mittleres Europa (nördlich bis zur Insel Gotland, fehlt in Rußland); Vorderasien, Kaukasusländer, Nordafrika.

Die Gattung Knabenkraut ist mit ca. 80 Arten in Europa, dem gemäßigten Asien, in Nordafrika und Nordamerika verbreitet. Sowohl der griechische Name »orchis« = Hode, als auch der deutsche »Knaben«kraut, bezieht sich auf die kugelige Gestalt der paarigen Wurzelknollen. Alljährlich wird nämlich in der Achsel eines Niederblattes eine neue Knolle angelegt, während die alte abstirbt. Zur Blütezeit finden wir daher zweierlei Knollen vor: eine ältere, dunkle, schlaffere, die den Blütenstengel trägt, und daneben eine helle, straffe, kräftige mit der Knospe für das nächste Jahr.

Die Gestalt der Knollen gab der Pflanze aber nicht nur den Namen, sondern war als »signaturum rerum« auch Anlaß dafür, daß sie in der Volkserotik eine gewisse Rolle als Aphrodisiakum spielte: Dies hat seinen Niederschlag in Volksnamen wie Liebeswürze, Nachlaufwurzen oder Frauenblume gefunden.

Die Samen aller Orchideenarten sind winzig klein, leicht und werden durch den Wind verbreitet. Sie besitzen fast keine Reservestoffe, können aber, vermöge eines Fettgehaltes, jahrelang am Boden liegenbleiben, ohne zu faulen. Daraus erklärt sich, daß auf verloren geglaubten Standorten nach Jahren Orchideen wieder auftreten.

Sumpf-Stendelwurz

Epipactis palustris

Orchideengewächse – *Orchidaceae*

K Ausdauernde, 30–50 cm hohe Pflanze mit kriechendem Wurzelstock, aus dem die fadenförmigen Wurzeln und die Ausläufer entspringen. Stengel aufrecht, bis über die Mitte beblättert, am Grunde von oft hellvioletten Scheidenblättern umgeben. Laubblätter abstehend, graugrün, kahl, längsrinnig, die unteren länglich-eiförmig, die oberen lanzettlich und spitz. ■ Blütenstand eine anfangs nickende, lockere, einseitswendige Traube. Einzelblüten ziemlich groß, hellfarben; äußere Blumenkronblätter gleichgestaltet, anfangs glockig zusammenneigend, rötlichgrün; innere weiß und rot geädert. Lippe 10–12 mm lang, rundlich, mit beweglichem Abschnitt. ■ Blütezeit: Juni bis August.

S Nicht häufig; auf Sumpfwiesen, an Seeufern, an nassen Waldplätzen; auf sickerfeuchten, wechselnassen, mild-humosen Sumpfhumusböden. Von der Ebene bis in die Voralpen.

V Fast ganz Europa, gemäßigtes Asien, Nordafrika.

Unsere heimischen Orchideen können es an Blütengröße und Farbenpracht mit ihren tropischen Verwandten nicht aufnehmen. Man muß sie schon sehr genau betrachten, will man an ihnen den gleichen Bauplan wiedererkennen, den sie, mannigfaltig abgewandelt, ebenso erfüllen wie ihre prächtigen Vertreter in aller Welt. Wer sich aber einzufühlen versteht in den komplizierten Bau ihrer Blüten und den seltsamen Einrichtungen ihrer Bestäubung, wer in den kleinen Blüten die bizarren Formen der Exoten wiederfindet und das sinnvolle Zusammenspiel zwischen Blume und Bestäuber erkennt, den wird diese faszinierende Pflanzenfamilie nicht mehr loslassen.

So ist bei der Sumpf-Stendelwurz etwa die Blütenlippe in zwei Abschnitte geteilt, wobei der vordere Teil elastisch beweglich ist und als Anflugplatz für besuchende Insekten dient. Der hintere Abschnitt ist seitlich aufgewölbt wie eine Schale und füllt sich mit Nektar, der von dem verdickten Mittelstreifen der Lippe abgesondert wird. Als Bestäuber kommen Wespen, Fliegen, Grabwespen, Bienen zu den Blüten. Die Frucht ist eine ovale, hängende Kapsel, die beim Aufspringen die winzigen, staubfeinen Samen entläßt.

Brennender Hahnenfuß

Ranunculus flammula

Hahnenfußgewächse –
Ranunculaceae

K Ausdauernde, 20–50 cm hohe
Pflanze mit kurzem Wurzelstock und
fasrigen Seitenwurzeln. Ohne Ausläufer. Oft an den unteren Stengelknoten Wurzeln treibend. Grundständige Laubblätter langgestielt,
herz-eiförmig, ganzrandig; Stengelblätter sitzend, schmal-lanzettlich mit
breiter, häutiger Scheide. Stengel
aufrecht oder aufsteigend, seltener
liegend oder im Wasser flutend, oft
wellig gebogen. ■ Blüten klein, zahlreich; Blumenkronblätter zurückgeschlagen, kürzer als die breit-eiförmi-
gen goldgelben, fettig glänzenden,
mit Honiggrube versehenen Honigblätter. Früchte kurz geschnäbelt. Die
ganze Pflanze ist giftig. ■ Blütezeit:
Juni bis Oktober.

S In Sümpfen und Tümpeln, an flachen Ufern von Seen, Teichen und
Gräben; auf wechselfeuchten, zeitweilig überschwemmten, im Sommer trockenfallenden, vorzugsweise
sauren Sand-, Torf- und Schlammböden. Vielfach als Erstbesiedler
und Kriechpionier auf nassen
Sumpfhumusböden. Von der Ebene
bis in die alpine Region.

V Europa, gemäßigtes Asien.

Der Brennende Hahnenfuß kommt in
einer Landform, einer Schwimmblatt-
form und in einer untergetaucht lebenden Wasserform vor, wobei die
Formen genetisch nicht fixiert sind,
sondern je nach Wasserstand ineinander übergehen können.
Schwimmblattformen bilden sich vor
allem im Frühling bei Überschwemmungen, wobei sich die Blattstiele
stark verlängern und die auf der
Wasseroberfläche liegenden Blattspreiten vergrößern. Bei der Wasserform hingegen werden die Blätter reduziert und die Blüten verkümmern
oder bleiben überhaupt aus.
Der Name »Brennender« Hahnenfuß
(lateinisch »flammula«) bezieht sich
auf den giftigen Saft der Pflanze, der
einen beißenden, scharfen, die
Schleimhaut von Mund und Rachen
stark reizenden Stoff enthält. Es handelt sich dabei um Anemonol, das
auch in Anemonen vorkommt und
sehr giftig ist, jedoch beim Trocknen
und Kochen in das ungiftige Anemo-
nin umgewandelt wird. In der Volksmedizin werden die frischen Blätter
zu blasenziehenden Einreibungen
gegen Gicht verwendet (daher Namen wie Gichtkrut oder Gichtblätter).
Ein alkoholischer Auszug der Pflanze
wird heute noch in der Homöopathie
verwendet.

Sumpf-Blutauge

Potentilla palustris

Rosengewächse – *Rosaceae*

K Ausdauernde, fast halbstrauch-artige Sumpfpflanze mit bis zu 1 m langem, im Schlamm kriechenden, verholzten Wurzelstock, von dem die blühenden und nichtblühenden Sproßachsen ausgehen. Stengel 15–30 cm hoch, beblättert, weiter oben verzweigt. Blätter mit 5–7 einander genäherten Fiedern, daher gefingert erscheinend. Blättchen fast sitzend, lanzettlich, grob gesägt, bläulich-grün, wie der Stengel oft rötlich überlaufen. ■ Blütenstand locker trugdoldig. Blüten groß, dunkel-

V Von Grönland, Island, Fennoskandien und Sibirien bis Spanien, Alpen, Serbien, Bulgarien, Südarmenien; Nordamerika.

purpurn; Kronblätter schmäler und wesentlich kürzer als die gleichfalls purpurn gefärbten Kelchblätter; der Außenkelch zur Fruchtreife bleibend. Früchtchen zahlreich, glatt, glänzend. ■ Blütezeit: Juni bis August.
S Zerstreut; in Sümpfen, Flach- und Zwischenmooren, Schlenken und Gräben; auf nassen, zeitweise auch flach überfluteten, mäßig sauren Torf- und Schlammböden. Von der Ebene bis ins Gebirge.

Das Sumpf-Blutauge besiedelt mit Vorliebe offene Schlammstellen im Zwischen- und Übergangsmoor, wo ihm die lockeren Rasen der verschiedenen Moospolster Raum lassen, mit seinem langen Wurzelstock durch den Schlamm zu kriechen. Auch im Schwingrasen findet es sich ein, wo es sich vom Rande her oft gegen das Wasser vorschiebt und gelegentlich einen schwankenden Teppich über die Wasseroberfläche legt. In Torfstichen gehört es zu den Erstbesiedlern unter den höheren Pflanzen. Die Pflanze bevorzugt sichtlich offene Standorte, die ihr genug Freiraum geben. Das deutet auf eine gewisse Konkurrenzschwäche hin, wie wir sie bei Spezialisten oft vorfinden, die auf ungünstige Standorte abgedrängt werden.
In der Blüte wird der Nektar von einer scheibenförmigen Honigdrüse zwischen Staubblättern und Fruchtboden ausgeschieden und von Fliegen, Bienen und Hummeln ausgebeutet. Der Wurzelstock enthält sehr viel Gerbstoffe und einen roten Farbstoff. Er wurde früher gegen Durchfall, zum Gerben und Rotfärben der Wolle verwendet.

Sumpf-Wolfsmilch

Euphorbia palustris

Wolfsmilchgewächse –
Euphorbiaceae

K Sehr kräftige, ausdauernde, weidenähnliche Pflanze mit verzweigtem kriechenden Wurzelstock und einem bis zu 1 m tief reichenden Wurzelsystem. Stengel aufrecht, 70–130 cm hoch, kahl, am Grunde rot überlaufen, hohl, oben ästig; Stengelblätter wechselständig, lanzettlich, sitzend, 20–30 cm lang und 3–15 mm breit, ganzrandig oder gezähnt, oberseits dunkelgrün, unterseits blaugrün, mit purpurner Herbstfärbung. ■ Gesamtblütenstand doldenartig; Hüllchenblätter gelblich, Hüllbecher mit ovalen, gelben Drüsen. Samen eiförmig. Ganze Pflanze Milchsaft führend. ■ Blütezeit: Mai bis Juni.
S In Sümpfen und Gräben, in Niederungsauen am Saum von Weidengebüschen; auf meist staunassen oder wechselnassen, humosen oder torfigen Schlickböden. Stromtalpflanze.
V Fast ganz Europa, Ural, Sibirien, Altai.

Bei der Gattung Wolfsmilch sind die äußerst einfachen Einzelblüten zu merkwürdigen Scheinblüten vereinigt. Jede solcher Scheinblüten besteht aus einer langgestielten, hüllenlosen, nach unten gewendeten weiblichen Gipfelblüte, die von 5 Gruppen gleichfalls hüllenloser männlicher Blüten umgeben ist. Jede dieser männlichen Blüten besteht nur aus einem einzigen Staubblatt. Der ganze Blütenstand wird blumenkronartig von gelblich gefärbten Hochblättern umschlossen, zwischen denen die gleichfalls gelblichen Nektardrüsen sitzen. Diese Scheinblüten sind nun ihrerseits wieder zu trugdoldenartigen Gesamtblütenständen vereinigt.

Alle Wolfsmilcharten sind stark giftig. Das Gift ist in dem weißen Milchsaft enthalten, der bei Verletzungen aus allen Teilen der Pflanze quillt. Auf der Haut wirkt er blasenziehend und ätzend, ins Auge gebracht kann er sogar zur Erblindung führen. Seit alters her verwendete man verschiedene Wolfsmilcharten als Fischgift. Im Mittelalter wurde die Rinde einzelner Arten medizinisch als drastisches Abführmittel gebraucht.
Die Sumpf-Wolfsmilch ist die größte heimische Art dieser Gattung, die ohne Blüten mit einer Strauchweide verwechselt werden könnte.

Sumpf-Veilchen

Viola palustris

Veilchengewächse – *Violaceae*

K Niedrige, 2achsige Rosettenstaude mit kriechendem, dünne Bodenausläufer treibenden Wurzelstock. Blätter grundständig, gestielt, rosettig vereinigt, rundlich-nierenförmig, dünn, schwach gekerbt, glänzend, kahl. Nebenblätter länglich, häutig. ■ Blüten 4–10 cm lang gestielt, relativ klein (12–15 mm groß), geruchlos. Kelchblätter eiförmig, mit rundem Anhängsel; Kronblätter verkehrt-eiförmig, blaß rötlich-lila, das untere violett geädert. Sporn stumpf. Narbenkopf tellerförmig verbreitert. ■ Blütezeit: April, Mai, im Gebirge auch noch Juni, Juli.

S Ziemlich häufig und meist gesellig; in sauren Flachmooren, Hoch- und Zwischenmooren, in Verlandungssümpfen; auf meist staunassen, nährstoffarmen, kalkarmen, sauren Sumpfhumusböden. Humuswurzler. Von der Ebene bis in die alpine Stufe steigend. In größeren Kalkgebieten auf weiten Strecken fehlend.

V Im größten Teil von Europa; in Asien fehlend; Nordamerika.

Die Gattung Veilchen ist mit ca. 500 Arten über die Gebirge Südamerikas und der nördlich gemäßigten Zone verbreitet. Während unsere heimischen Veilchen durchwegs ein- bis mehrjährige Kräuter sind, wachsen im westlichen Mediterrangebiet schon halbstrauchförmige Veilchen und gar in den Tropen gibt es baumförmige Vertreter aus der Familie der Veilchengewächse. Im Gebiet kommen immerhin an die 30, teilweise recht schwierig zu unterscheidende Arten vor.

Das Sumpf-Veilchen, das mit seiner dünnen, langgliedrigen Grundachse gerne Torfmoospolster durchspinnt und dank seiner zahlreichen Ausläufer oft größere Flecken bedeckt, erleichtert uns vom Standort her seine Zuordnung. In der Blüte wird der Nektar von zwei Saftdrüsen in den Sporn abgesondert und zumeist von Fliegen, aber auch Bienen ausgebeutet. Die Frucht ist eine Kapsel, die bei der Reife eintrocknet, sich zusammenzieht, in 3 Klappen aufreißt und die Samen fortschleudert. Außer den normalen Blüten werden auch noch sogenannte kleistogame Blüten ausgebildet, die sich nicht öffnen, aber schon in der Knospenanlage selbst bestäuben und ebenfalls Samen bilden.

Sumpf-Weidenröschen

Epilobium palustre

Nachtkerzengewächse –
Onagraceae

K Samenpflanze einfach bewurzelt, Erneuerungssproßpflanze mit kurzem Wurzelstock. Ausläufer bis 10 cm lang, fadenförmig, mit wenigen rötlichen Niederblättern besetzt, im Herbst in einer etwa haselnußgroßen Winterknospe endigend. Stengel 10–70 cm hoch, einfach oder wenig verzweigt; Laubblätter länglich-lanzettlich, mit keiligem Grund sitzend. ▪ Blüten klein, 3–8 mm lang; Knospen eiförmig, nickend. Kelchblätter 4; Kronblätter 4, breit ausgerandet, fleischfarben bis rosa; Narbe keulig. Fruchtkapsel lang, schmal, anfangs flaumig behaart, später verkahlend. Samen lineal, warzig, mit Haarschopf. Windverbreitung. ▪ Blütezeit: Juli bis September.

S Häufig; in Flach- und Quellmooren, in Sümpfen und Gräben; auf sickernassen, nährstoffreichen, meist kalkarmen Sumpfhumusböden. Humuswurzler. Von der Ebene bis ins Gebirge.

V Ganz Europa, Asien bis Kleinasien, Nordpersien, östliches Indien, Mongolei, Kamtschatka. Nördliches Nordamerika.

Alle Weidenröschen zeichnen sich durch zweierlei Pflanzen aus: nämlich normale Samenpflanzen und vegetativ entstandene Erneuerungssproßpflanzen. Im Herbst werden beim Sumpf-Weidenröschen am Ende der unterirdischen Sprosse Winterknospen ausgebildet, die hauptsächlich durch das Wasser verbreitet werden. Schwimmfähig sind diese Knospen durch einen luftgefüllten Hohlraum zwischen der von Niederblättern bedeckten »Rinde« und dem Inneren der Knospe. Im zeitigen Frühjahr strecken sich dann die haselnußförmigen Gebilde, treiben aus dem unteren Teil die Grundachse, aus dem oberen Teil den Stengel. Diese rein vegetativ entstandenen Sproßpflanzen sind in der Regel kräftiger, höher und stärker verzweigt als die Samenpflanzen.

Die Samen aller Weidenröschenarten tragen an der Spitze einen Haarschopf, der bei Aufspringen der schotenförmigen Kapsel nach zwei Seiten auseinandergezogen wird. Sie werden vom leisesten Lufthauch vertragen. Sprosse und Winterknospen können als Wildgemüse gegessen werden.

Giftiger Wasserschierling

Cicuta virosa

Doldenblütler – *Apiaceae*

K Ausdauernde, kahle, 1–1,5 m hohe Pflanze mit knollig verdicktem, eiförmigen, gekammerten Wurzelstock. Stengel aufrecht, röhrig, feingerillt, am Grunde oft im Wasser stehend, oberwärts ästig. Laubblätter groß, grasgrün, 3fach gefiedert und mit lanzettlichen, spitz zulaufenden, mehr oder minder stark gesägten Zipfeln. ■ Blütendolden end- oder achselständig, gestielt. Hülle meist fehlend; Hüllchen vielblättrig. Hauptdolde 8–18strahlig, Döldchen viel-

blütig. Kronblätter weiß; Frucht breiteiförmig, Teilfrüchtchen schwer zu trennen. Ganze Pflanzen aromatisch duftend und stark giftig! ■ Blütezeit: Juli bis September.

S Zerstreut; in Sümpfen, in Verlandungsbeständen, an Ufern von Altwässern, Tümpeln und Teichen, auch in Erlenbrüchen.

V Nord- und Mitteleuropa, gemäßigtes Asien.

Der Wasserschierling ist eine der gefährlichsten heimischen Giftpflanzen: Besonders gefährlich noch durch den Umstand, daß er einen würzig-aromatischen, sellerieartigen Geruch verströmt, petersilartig schmeckt und auch dem Aussehen nach mit anderen eßbaren Doldenblütlern wie Sellerie, Kerbel, Pastinak usw. verwechselt werden kann. Vor allem der gekammerte Wurzelstock, der beim Anschneiden einen harzig-aromatischen Saft austreten läßt, ist äußerst giftig. Nach dem Genuß treten zuerst rauschartige Zustände, Schläfrigkeit und Schwindel, später epilepsieähnliche Krämpfe, Lähmungen und der Tod auf. Da die Wurzelknollen durch den Wellengang auch ans Ufer geschwemmt werden und so Kindern leicht in die Hände fallen, kamen früher Vergiftungen relativ häufig vor. Die ganze Pflanze enthält die beiden Giftstoffe Cicutoxin und Cicutol. Sie wurde früher auch als Heilmittel zu schmerzstillenden Umschlägen und Salben bei Rheuma und Gicht, bei verhärteten Drüsen und Skrofulose gebraucht. Heute wird ein alkoholischer Auszug der Pflanze nur mehr in der Homöopathie gegen Epilepsie, Genickstarre und Krampfanfälle verwendet – nach dem Prinzip »Ähnliches heilt Ähnliches« (»similia similibus curantur«).

Wasserfenchel

Oenanthe aquatica

Doldenblütler – *Apiaceae*

K Ein- bis zweijährige Pflanze, nach
einmaliger Fruchtreife absterbend.
Grundachse schwammig, möhren-
förmig; Stengel aufrecht, 30–150 cm
hoch, hohl, stielrund, fein gerillt und
meist stark verzweigt, reichlich blühend. Laubblätter 2–5fach fiederteilig, grasgrün, im Umriß 3eckig; untergetauchte Wasserblätter in zahlreiche haarförmige Zipfel zerteilt. Fiederchen der Luftblätter im Umriß eiförmig, tief eingeschnitten, mit lanzettlichen, ganzrandigen Zipfeln. ■
Blütendolde mittelgroß, 8–12strahlig;
die Blüten der Hauptachse werden
von den Dolden der Nebenachsen
überragt und zur Seite gedrängt.
Hüllblätter meist fehlend, Hüllchenblätter pfriemlich, ganzrandig. Blüten
eines Döldchens meist gleichartig,
alle gestielt; Kronblätter weiß. Die
ganze Pflanze unangenehm scharf
aromatisch riechend und schmek-
kend. Giftverdächtig! ■ Blütezeit: Juli
bis August.

S Zerstreut; in Verlandungssümpfen von Altwässern, Tümpeln und
Gräben, im stehenden, seichten,
20–100 cm tiefen Wasser; auf flach
überschwemmten, zeitweise trok-
kenfallenden, nährstoff- und kalkreichen Schlickböden mit stark
schwankendem Wasserstand.

V Fast ganz Europa, Westasien.
Verschleppt in Nordamerika.

Der Wasserfenchel ist eine typische
Sumpfpflanze, die bevorzugt im
seichten Wasser mit luftarmem,
schlammigen Boden wächst. In
langsam fließenden Altarmen und
Gräben kann er gelegentlich sogar
massenhaft in lockeren Herden auftreten. An das Wasser- wie an das
Landleben ist er durch verschieden-
artige Blätter angepaßt. Meist entsteht die Wasserform im Frühling bei
Hochwasserstand, geht dann über in
die typische Seichtwasserform und
schließt mit der blühenden Landform
ab. Dabei entwickelt sich die Seichtwasserform mit Höhen bis zu 1,80 m
und unter Wasser armdick ange-
schwollenem Stengel am stattlich-
sten.

Die reifen Samen enthalten ein gifti-
ges, ätherisches Öl und wurden in
der Volksmedizin als schleimlösendes und harntreibendes Mittel verwendet. Eine Tinktur wird heute noch
in der Homöopathie verschrieben.

Mehl-Primel

Primula farinosa

Primelgewächse – *Primulaceae*

K 30–50 cm hoch. Blätter in Knospenlage nach hinten eingerollt, oberseits schwach runzelig, verkehrteiförmig bis länglich; auf der Unterseite mit stark mehligem Überzug. ▪ Dolden reichblütig; Einzelblüten relativ klein; Krone rotlila bis hellpurpurn, selten weiß, mit intensiv gelbem Schlund. ▪ Blütezeit: April bis Juni.

S Selten; in Flachmooren und Naßwiesen des Alpenvorlandes; auf

wo sie, bedingt durch eiszeitliche und nacheiszeitliche Wanderungen, ihre Verbreitungsgebiete bedeutend vergrößern konnte. In Europa hat sie ein nordisches Areal, das von Skandinavien und der Ostseeküste bis Mecklenburg, Pommern und Memel reicht und ein alpines Areal. Zwischen diesen beiden geschlossenen Gebieten liegen nur ganz wenige, isolierte Vorkommen.

Da die Pflanzen der Tieflandstandorte seit vielen Jahrtausenden von den alpinen Pflanzen getrennt leben, haben sie sich verschieden weiterentwickelt und variieren beträchtlich. In Anpassung an die verschiedenen Bestäuber haben beide Formen ganz unterschiedliche Blütentypen entwickelt: Die Tieflandformen, die von Bienen und Hummeln besucht werden, besitzen kleinere, blassere Blüten mit weiter Blumenkronröhre; die alpinen Formen hingegen, die von Faltern bestäubt werden, sind intensiver gefärbt und haben eine enge Blumenkronröhre.

Alle Primeln – in den Alpen kommen immerhin 17 Arten vor – sind ausdauernde Pflanzen mit blattlosem Blütenschaft und bodenständiger Blattrosette. Viele besitzen charakteristische Drüsenhaare, die aus einem Fuß, einer Trägerzelle und einem Köpfchen bestehen. Letzteres sondert ein hautreizendes Sekret ab, das bei empfindlichen Personen lästige und langwierige Hautentzündungen hervorruft.

feuchten, nassen, mageren, kalkhaltigen, modrig-humosen Torf- und Sumpfhumusböden. Verbreitet in den Alpen am Fuß der Berge in alpinen Rasen.

V Gemäßigte und subarktische Gebiete der nördlichen Halbkugel; südliche Anden und subarktisches Südamerika.

Die Mehl-Primel ist die am weitesten verbreitete Art dieser Gattung, wobei ihr großes Areal auffallend geteilt ist. Ihr Entstehungsherd wird in den asiatischen Gebirgen vermutet, von

Fieberklee

Menyanthes trifoliata

Enziangewächse – *Gentianaceae*

K Ausdauernde, 15–30 cm hohe, kahle Pflanze mit walzlichem, bis zu 2 m lang kriechenden, verzweigten Wurzelstock, der mit schuppenförmigen Niederblättern besetzt ist, von dem die aufsteigenden Stengel entspringen. Laubblätter 3zählig, kleeartig, grundständig, mit langem, am Grunde verbreiterten Stiel. ■ Blüten strahlig, zwittrig, in einer aufrechten, endständigen, dichten, kegelförmigen Traube vereinigt. Kelch 5zipfelig; Blumenkrone außen zartrosa, innen blasser bis weiß, mit 5 ausgebreiteten und weißbärtigen Zipfeln, etwa 15 mm breit, breit glockig. Fruchtkapsel kugelig, 2klappig; Samen zahlreich, abgeflacht, ellipsoid. ■ Blütezeit: Mai bis Juni.

S Zerstreut; in Verlandungssümpfen und Moorschlenken, in Schwingrasen, in Flach- und Quellmooren; auf nassen, oft zeitweise überschwemmten, meist kalkarmen Torfschlammböden. Von der Ebene bis in die alpine Stufe. In Kalkgebieten oft fehlend.

V Ganz Europa, gemäßigtes Asien, nördliches Nordamerika.

Die prächtige Pflanze tritt stellenweise in fast reinen Kolonien auf, wobei sie hinsichtlich des Standortes sehr anpassungsfähig ist: Von nassen Wiesen über Schwingrasen und Moore bis in eine Wassertiefe von 2 m reicht ihre ökologische Breite, wobei sie auf dem jeweiligen Standort in einer Land-, Seichtwasser- und Unterwasserform auftritt; letztere bildet keine Früchte mehr aus. Als typische Sumpfpflanze bevorzugt sie die Verlandungszone und trägt mit ihren langen, fingerdicken, verzweigten Grundachsen selbst zur Verlandung bei.

In den auffallenden Blüten wird der Nektar von einem bewimperten Drüsenring am Grunde des Fruchtknotens abgesondert und von Hummeln ausgebeutet. Die zahlreichen Fransen an der Innenseite der Kronzipfel werden als Sperre gegen das Einkriechen unerwünschter kleiner Insekten gedeutet.

Wie fast alle Enziangewächse ist die Art reich an Bitterstoffen und findet in der Volksmedizin seit langem Verwendung als magenstärkendes und appetitanregendes Mittel sowie gegen Kolik, Migräne und Fieber (Name!).

Sumpf-Helmkraut

Scutellaria galericulata

Lippenblütler – *Lamiaceae*

K Ausdauernde, 10–40 cm hohe Pflanze, die mit dünnen, verzweigten Ausläufern über den Boden kriecht. Sprosse aufsteigend, einfach oder wenigästig; Stengel scharf 4kantig, an den Kanten rauh behaart. ■ Blüten in den Blattachsen in 1–4 einseitswendigen Paaren, aufrecht, abstehend. Kelch glockig, nach der Blüte sich vergrößernd, in einen unteren, bleibenden und einen oberen, abfallenden Teil gegliedert. Letzterer mit einem helmförmigen Schildchen. Blumenkrone mit enger, vor den kurzen Lippen erweiterter, aufwärts gebogener Röhre; blauviolett, selten weiß. Unterlippe länger als die Oberlippe, mit weißem Fleck und violetten Streifen. ■ Blütezeit: Juni bis September.

S Ziemlich häufig; in Verlandungssümpfen und Röhricht, in Gräben und an Ufern; auf nassen, zeitweise überschwemmten, nährstoffreichen, modrig-humosen Ton- und Torfböden.

V Fast über die ganze Nordhalbkugel verbreitet; vereinzelt noch in Nordafrika.

Die Pflanze zeichnet sich durch eine merkwürdige Methode der Samenverbreitung aus: Sie gehört zu den sogenannten »Regenballisten«. Dabei kommt dem Kelch eine wichtige Funktion zu. Die beiden gestutzten Kelchlippen schließen sich nach dem Abfallen der Blumenkrone wieder bis zur Samenreife. Prallen dann Regentropfen auf das Schildchen des oberen Kelchteils, das wie die Schaufel einer Turbine geformt ist, so springt der Kelchteil plötzlich ab und wirft die Nüßchen aus. Die Wucht der fallenden Regentropfen wird dabei umgesetzt in den Schleudermechanismus, wobei der federnde Fruchtstiel noch als Verstärker wirkt. Die Samen sind dank eines Luftgewebes schwimmfähig.

In den hübschen blauen Blüten sind für die verschiedenen Besucher 2 Eingänge reserviert: Die beiden Seitenlappen der Oberlippe neigen so zusammen, daß über und unter ihnen je 1 Öffnung entsteht. Während langrüsselige Hummeln, Bienen, Fliegen und Schwebfliegen den unteren Eingang benützen, tauchen Schmetterlinge, vor allem der Zitronenfalter, ihre Rüssel auch in den oberen.

Das Kraut wurde früher in der Volksmedizin gegen Malaria, besonders gegen die Tertiana verwendet und war unter dem Namen »Herba Tertianariae« sogar offizinell.

Sumpf-Ziest

Stachys palustris

Lippenblütler – *Lamiaceae*

[K] Ausdauernde Pflanze mit langen Ausläufern, an denen im Herbst weißliche Knollen anschwellen. Sprosse locker mit Seidenhaaren besetzt. Stengel aufrecht oder aufsteigend, 30–100 cm hoch, einfach oder ästig, derb, 4kantig, an den Kanten abstehend behaart. Laubblätter sitzend, länglich-lanzettlich, 3–12 cm lang und 1–3 cm breit, lang zugespitzt, meist stengelumfassend und scharf gesägt, beiderseits behaart. ■ Blüten fast sitzend, in meist 6blütigen Scheinquirlen, von denen 10–20 übereinander stehen, die oberen zu dichten Scheinähren vereinigt. Kelch röhrig-glockig, 5zähnig, stechend begrannt. Blumenkrone trüb rotviolett, 2lippig, mit gerader, am Grunde erweiterter Röhre. Oberlippe schwach gewölbt und kurz behaart; Unterlippe doppelt so lang wie die Oberlippe, herabgeschlagen, 3lappig mit dunkler Zeichnung. Frucht ein glänzendes, dunkelbraunes Nüßchen. ■ Blütezeit: Juni bis September.

[S] In Wiesensümpfen, Streuwiesen, Flußauen, auch auf feuchten Äckern und Wegen; auf nassen bzw. wechselnassen oder auch zeitweise überschwemmten, nährstoffreichen, meist kalkarmen, humosen, sandig-kiesigen oder tonigen Lehmböden. Von der Ebene bis in mittlere Gebirgslagen.

[V] Fast über die ganze Nordhalbkugel verbreitet; südlich bis zum Mittelmeer.

Beim Sumpf-Ziest schwellen im Herbst an den Ausläufern tonnenförmige, weißliche, glatte, bis zu 11 cm dicke Knollen an, die reichlich Reservestoffe speichern. Vom Frühjahrshochwasser werden sie dann verschwemmt und wachsen zu neuen Pflanzen aus. Diese Knollen entsprechen nach Art und Bildung ganz den Kartoffelknollen und sind auch ebenso <u>eßbar</u>, ja sie stellen wie Spargel zubereitet eine ausgesprochene Delikatesse dar, die besonders in England gerne als Wildgemüse gegessen wird. Im 17. Jahrhundert wurde der Sumpf-Ziest in Norddeutschland sogar feldmäßig angebaut.

Die herbriechende Art enthält große Mengen Gerbstoffe und Bitterstoffe. Sie wurde früher in der Volksmedizin gegen Gicht und als schleimlösendes Mittel verwendet.

Wasser-Minze

Mentha aquatica

Lippenblütler – *Lamiaceae*

K Ausdauernde, 20–50 cm hohe Pflanze mit ziemlich dünnem, langgliedrigen Wurzelstock, der sowohl im Wasser, als auch unter der Erde Ausläufer treibt. Stengel meist aus aufsteigendem Grund aufrecht, einfach oder etwas verzweigt, von Luftkanälen durchzogen. Laubblätter gestielt, gekreuzt gegenständig, eiförmig, gesägt oder gekerbt. ■ Blüten in halbkugeligen Scheinquirlen, die unteren blattachselständig, die oberen oder auch alle zu einem endständigen, kugeligen Köpfchen vereinigt. Kelch röhrig, mit 5 langen Zähnen;

Blumenkrone lebhaft hellviolett; Schlund mit Haarring. Die 4 Nüßchen eiförmig, feinwarzig, hellbraun. Ganze Pflanze aromatisch duftend. ■ Blütezeit: Juli bis Oktober.

S Häufig; in Sümpfen und Röhricht, an fließenden und stehenden Gewässern, an Ufern und Gräben; auf nassen, zeitweise überschwemmten, nährstoffreichen, modrig-humosen, sandigen Tonböden.

V Fast ganz Europa, West- und Nordasien, Nord- und Südafrika, auf Madeira.

Obwohl in Mitteleuropa nur etwa 5–6 »gute« Arten der Gattung Minze vorkommen, spalten diese in zahllose Unterarten auf und kreuzen so wild durcheinander, daß eine Zuordnung dieser Bastarde, die sich meist nur vegetativ vermehren, sehr schwer fällt. Minzen werden seit dem Altertum als Gewürz- und Heilpflanzen kultiviert. Schwierigkeiten mit ihnen hatte schon im 9. Jahrhundert der kräuterkundige Reichenauer Mönch Walafried Strabus, der schrieb: »Wer alle Kräfte, Arten und Namen der Minzen nennen kann, ebensogut sagen könnte, wieviele Fische im Roten Meer schwimmen.«
Allen Minzen gemeinsam ist ihr Gehalt an ätherischen Ölen. Das der Wasser-Minze enthält, im Gegensatz zur Pfefferminze, kein Menthol. Wächst die Pflanze direkt in Quellen, so teilt sich ihr würziger und erfrischender Geruch und Geschmack dem Wasser mit.
In der Volksheilkunde wird ein Aufguß aus frischen Blättern als krampflösendes Mittel, die alkoholische Tinktur zur Anregung von Herz und Nerven verwendet.
Die sterile Wasserform der Art kann noch in einer Wassertiefe von 2 m wachsen. Sie treibt dann lange, grün überwinternde Ausläufer.

Geflügelte Braunwurz

Scrophularia umbrosa

Rachenblütler – *Scrophulariaceae*

K Ausdauernde, 40–100 cm hohe Pflanze mit walzlichem Wurzelstock und aufrechtem, kahlen, 4kantigen, durch die herablaufenden Blattränder an den Kanten breit geflügelten Stengel. Blätter gegenständig, gestielt, kahl, lichtgrün, eilänglich bis spitz, scharf gesägt. ■ Blüten zweiseitig symmetrisch, klein; in lockeren, endständigen, rispigen Trugdolden. Blumenkrone bauchig, unterseits gelbgrün, oberseits und innen purpurbraun. Oberlippe gerade vorgestreckt, länger als die Unterlippe. Staubblätter 4, etwas aus der Blüte herausragend. Fruchtkapsel kugelig, bespitzt. ■ Blütezeit: Juni bis August.

S In Verlandungssümpfen, an Ufern von stehenden und fließenden Gewässern; auf nassen, meist überschwemmten, nährstoffreichen, vorwiegend kalkhaltigen und humosen Schlamm-, Ton- und Sandböden. Etwas wärmeliebend. Von der Ebene bis in die Bergstufe.

V Fast ganz Europa, West- und Mittelasien bis Westtibet und zum Altai.

Der Gattungsname *Scrophularia* leitet sich vom lateinischen »scrophula« = Halsgeschwür ab, weil das Kraut und die Wurzel der Pflanze früher als Heilmittel gegen Scrophulose, aber auch gegen Hämorrhoiden verwendet wurden. Hingegen sollte der frische Preßsaft des wasserreichen, fleischigen Stengels, mit Honig vermischt, Grind und Räude heilen und Wunden verschließen. Ein alkoholischer Auszug der frischen Pflanze wird heute noch in der Homöopathie verwendet.

Die ganze Pflanze verströmt beim Verreiben einen aufdringlich-unangenehmen Geruch, an dem sie auch im sterilen Zustand leicht zu erkennen ist.

Die kleinen, purpurbraunen Blüten sind vor allem auf den Besuch von Wespen eingestellt, die eine Vorliebe für diese trüb-dunkle Blütenfarbe zeigen. Der Nektar wird am Grunde des Fruchtknotens von einer ringförmigen Honigdrüse abgesondert.

Eine nahe verwandte, ähnliche Art ist die Knotige Braunwurz *(Scrophularia nodosa)*, die häufig in Auwäldern wächst und sich durch ihren ungeflügelten Stengel unterscheidet.

Sumpf-Läusekraut

Pedicularis palustris

Rachenblütler – *Scrophulariaceae*

K Zweijährige, 4–50 cm hohe Halbschmarotzerpflanze mit spindeliger Wurzel und aufrechtem, meist kahlen Stengel. Blätter gestielt, fiederteilig. ■ Blüten einzeln in den Blattwinkeln zu einer beblätterten Ähre vereinigt. Kelch eiförmig, zuletzt aufgeblasen, 2lippig; Blumenkrone 2seitig symmetrisch, helmförmig, abgestutzt; Unterlippe 3lappig, bewimpert. Staubblätter 4, die beiden längeren bebärtet. Fruchtkapsel länger als der Kelch, eiförmig, schief bespitzt. ■ Blütezeit: Mai bis Juli.

S Ziemlich häufig in Wiesensümpfen, in Flach- und Zwischenmooren; auf staunassen, z.T. auch zeitweilig überfluteten Sumpfhumusböden.

V Fast ganz Europa; fehlt im Mittelmeerraum.

Die Gattung Läusekraut hat sowohl ihren deutschen, als auch ihren lateinischen Namen (»pediculus« = Laus) nach der Verwendung des Sumpf-Läusekrautes als Lausmittel. Die Art ist giftig, enthält Aucubin und wirkt insektizid.

Das Sumpf-Läusekraut ist die bei weitem häufigste Art der Läusekräuter und leuchtet mit seinen auffallenden rosenroten Blüten aus Naßwiesen und Mooren, steigt sogar im Gebirge bis über die Baumgrenze hinauf. Alle Läusekräuter sind Halbschmarotzer, die sich mit speziellen Saugorganen an Wirtspflanzen festsaugen und diesen Wasser und Nährsalze entziehen. Als Halbschmarotzer werden sie deshalb bezeichnet, weil sie mit ihren grünen Blättern auch selbst assimilieren.

In ihrem Blütenbau sind sie ganz an Hummeln angepaßt: Während die Hummel den Kopf in den Blütenschlund hineinsteckt, wird ihr Rücken mit Pollen bepudert, den sie bei der nächsten Blüte an der herausragenden Narbe abstreift.

Kleiner Baldrian

Valeriana dioica

Baldriangewächse – _Valerianaceae_

K Ausdauernde, 15–25 cm hohe Pflanze mit kurzem, schiefen Wurzelstock, von dem kriechende, beblätterte Ausläufer ausgehen. Stengel aufrecht, unverzweigt, gefurcht, beblättert. Untere Stengelblätter gestielt, eiförmig, spitz; mittlere und obere Stengelblätter sitzend und fiederteilig, mit länglichen Abschnitten. ■ Blüten in 3teiligen, schirmförmigen Trugdolden, fast immer zweihäusig. Weibliche Blüten sehr klein (1 mm lang), weiß; männliche Blüten größer (3 mm lang), rosa bis fleischrot. Früchte 2,5 mm lang, mit fedrigen Kelchstrahlen. Duftend. ■ Blütezeit: Mai, Juni.

S Verbreitet; in Sümpfen und nassen Wiesen, in Flach- und Quellmooren und an Gräben; auf staunassen oder sickernassen Sumpfhumus- oder Torfböden. Von der Ebene bis ins Gebirge.

V Fast ganz Europa.

Beim Kleinen Baldrian befinden sich männliche und weibliche Blüten nicht nur auf verschiedenen Pflanzen (zweihäusig), sondern sie sehen auch so verschieden aus, daß man sie für 2 Arten halten könnte. Blütenbesucher – es handelt sich meist um Schwirrfliegen, Bienen und kleine Käfer – fliegen in der Regel zuerst die auffallenden rosa männlichen Blüten an, behaften sich mit dem Pollen und übertragen ihn mit den Beinen auf die weiblichen Blüten. Die 5 Kelchzipfel wachsen bei der Fruchtreife zu fedrig behaarten Strahlen aus, welche die einsamige Schließfrucht krönen und der Windverbreitung dienen.

Alle Baldrianarten enthalten in allen Teilen, besonders aber in der Wurzel, ein <u>ätherisches Öl</u>, das in starker Verdünnung angenehm duftet, konzentriert aber unangenehm durchdringend riecht. Besonders der Wurzelstock des <u>Gemeinen Baldrian</u> _(Valeriana officinalis),_ der in Auen und auf feuchten Wiesen, aber auch auf sonnigen Abhängen wächst, ist reich an Baldrianöl. Vom Kleinen Baldrian unterscheidet er sich durch höheren Wuchs, das Fehlen von Ausläufern und durch fiederteilige Grundblätter. Seine Heilkraft wurde schon von den Griechen und Römern geschätzt. Auch heute noch ist Baldrian ein klassisches Beruhigungsmittel.

Gemeiner Baldrian _(Valeriana officinalis)._

Feuchtwiesen

Feuchtwiesen schließen in der Verlandungsreihe stehender Gewässer an die Sümpfe an; sie kommen aber auch im Überschwemmungsbereich von Flüssen, am Rande von Mooren und an quelligen Standorten vor. Je nach Höhenlage, Nährstoffgehalt sowie Art und Dauer der Durchnässung werden sie von den unterschiedlichsten Pflanzengesellschaften besiedelt, denen nur eine überdurchschnittliche, oft nach Jahreszeit stark schwankende Durchnässung gemeinsam ist. Viele Feuchtwiesen sind besonders bunt und artenreich und beherbergen eine Reihe seltener und vom Aussterben bedrohter Pflanzen.

Im Gegensatz zur menschlich kaum beeinflußten Flora der Gewässer, des Röhrichts und der Sümpfe, werden Feuchtwiesen schon wirtschaftlich genutzt, dadurch beeinflußt, verändert oder sogar zerstört. Durch Entwässern, Düngen, Umbrechen, Ausbaggern und Aufforsten sind ein großer Teil dieser Biotope schon verloren gegangen. Feuchtwiesen verdanken allerdings ihr Dasein auch der Mahd. Überläßt man sie ganz sich selbst, so verbuschen sie und gehen gleichfalls verloren. Näheres zum Lebensraum Feuchtwiesen auf S. 18.

Pfeifengras

Molinia caerulea

Gräser – *Poaceae*

K Ausdauerndes, 10–90 (200) cm hohes, horstbildendes Gras mit meterlangen, starken Wurzeln; ausläufertreibend. Untere Stengelglieder sehr kurz (daher scheinbar knotenlos), das oberste sehr lang, fast den ganzen Halm bildend. Blätter blaugrün, steif, Blatthäutchen fehlend. ■ Rispe aufrecht, bis zu 40 cm lang, schmal zusammengezogen, Rispenäste dünn, schief aufrecht oder anliegend. Ährchen glänzend schieferblau oder violett ■ Blütezeit: Juli bis September.

S Sehr verbreitet auf Streuwiesen, Flachmooren, an Waldrändern und Weiden; bestandsbildend. Vom Tiefland bis ins Gebirge.

V Fast ganz Europa, nordöstliches Kleinasien, Kaukasus, Sibirien und Nordamerika.

Das Pfeifengras trägt seinen Namen nach seinen steifen, scheinbar knotenlosen Stengeln, die man früher gerne zum Reinigen von Tabakspfeifen verwendete. Knotenlos sind die Stengel allerdings nur in ihrem oberirdischen Teil; am Grund finden sich wenige, gedrängte Knoten, aus denen sich Wurzeln und Knospen entwickeln. Die Blattspreiten weisen einen weißen Mittelstrich auf, rollen sich bei trockenem Wetter teilweise ein und breiten sich bei feuchtem Wetter wieder aus.

Pfeifengraswiesen können aus Hochmooren durch Entwässerung entstehen: Schon vereinzelte Pfeifengrashorste gelten dort als Störungszeiger, die auf den Einfluß von Mineralbodenwasser hindeuten. Bestandsbildend tritt die Art auch in der Randzone von Flachmooren auf und ist charakteristisch für wechselfeuchte Standorte. Gelegentlich findet man es allerdings auch auf scheinbar trockenen Stellen. Für das tiefwurzelnde Gras ist jedoch auch dort das Wasser immer erreichbar, der Anschein der zeitweiligen Trockenpflanze trügt daher.

Da sich die Art sehr spät entwickelt, wird sie durch späte Mahd, wie sie auf Streuwiesen geübt wird, sehr gefördert. Pfeifengraswiesen werden heute oft durch Drainage und Düngung in Futterwiesen umgewandelt. Damit geht ein bunter Herbstaspekt solcher Wiesen verloren: Pfeifengras färbt sich im späten Jahr leuchtend goldrot.

Wald-Simse

Scirpus silvaticus

Sauergräser – *Cyperaceae*

K Ausdauernde Pflanze, von deren Wurzelstock unterirdische Ausläufer entspringen. Stengel aufrecht, meist überneigend, 20–100 cm lang, hohl, stumpf 3kantig, glatt, bis oben beblättert. Blattscheiden lose den Stengel umfassend. Die unteren Blätter sind gelbgrün bis braun; Blattspreiten flach, 8–10 mm breit, am Rande rauh. ■ Blütenstand eine lockere, bis 25 cm breite Spirre mit zahlreichen eiförmigen Ährchen. ■ Blütezeit: Mai bis August.

S Häufig; auf feuchten Wiesen und nassen Weiden, in quelligen Auwäldern, an Ufern und Gräben, in Flachmooren; auf nährstoffreichen, sandigen Lehm- und Tonböden. Von der Ebene bis in die Voralpen.

V Fast ganz Europa (fehlt nur in der Arktis und im äußersten Süden), Kaukasus, Kleinasien, Sibirien, Zentralasien, Mongolei, Ferner Osten, Nordamerika.

Die Wald-Simse gehört zur Familie der Sauergräser oder Riedgräser, die sich von den echten Gräsern vor allem durch ihren knotenlosen Stengel unterscheiden. Das Fehlen dieser Knoten ist schon den Römern aufgefallen, lautet doch eine römische Redensart »nodum in scirpo quaerere« (Knoten an einer Simse suchen), was sinngemäß heißt, Schwierigkeiten zu suchen, wo keine sind. Ein weiteres Kennzeichen der Sauergräser ist ihr meist 3kantiger Stengel, der markerfüllt, seltener hohl ist.

Die Wald-Simse entwickelt im Jahr 2–3 Sproßfolgen an ihren Ausläufern, wobei sich die Endknospe jeweils aufrichtet. Späte Mahd schadet der Pflanze, weil dann die Knospen erfrieren. Die Wurzelstöcke dienen als Speicherorgane, in denen die Stärke abgelagert wird. Im Frühjahr erlauben diese Reservestoffe der Pflanze ein rasches Austreiben. Die Art wurzelt sehr tief und ist auch in der Lage, luftarmen Böden aufzuschließen.

Wie die meisten Simsen, die bevorzugt Bewohner von Sümpfen, Mooren, Ufern und Gräben sind, ist auch die Wald-Simse an das Leben auf feuchten, luftarmen Böden angepaßt: Zwischen den Blattrippen verlaufen durch das ganze Blatt Luftkanäle, die zu einem ausgeprägten Durchlüftungssystem zusammenschließen.

Herbstzeitlose

Colchicum autumnale

Liliengewächse – *Liliaceae*

K Ausdauernde, 8–25 cm hohe Knollenpflanze mit grundständigen Blättern und Blüten. Knolle bis 7 cm lang und braunschuppig. Laubblätter 25–40 cm lang, länglich-lanzettlich, zusammen mit der Fruchtkapsel erst im folgenden Frühjahr erscheinend.
■ Blüten 1–3 cm im Durchmesser, hell- bis dunkellila, oft büschelig gehäuft, im Herbst ohne Blätter auftretend, Blüten trichterförmig, nach unten in eine lange, fadenförmige Röhre verwachsen. Staubblätter 6, im Schlund der Blumenkrone eingefügt; Griffel 3, sehr lang, Narben klein. Fruchtknoten 3fächrig, erst im nächsten Frühling aus der Erde herauswachsend. ■ Blütezeit: August bis November (ausnahmsweise jedoch auch im März).
S Gesellig und massenhaft auf feuchten, gedüngten Wiesen, Weiden und in Auen.
V Süd-, Mittel- und Westeuropa.

Sehr viele Liliengewächse sind mehr oder weniger giftig. Unter ihnen ist wohl die Herbstzeitlose die giftigste Pflanze der heimischen Flora. Das

Blätter mit Fruchtkapsel

giftige Alkaloid Colchicin ist in allen Pflanzenteilen enthalten, vor allem aber in den schwarzbraunen, stark bitteren Samen. Die Giftwirkung ähnelt der des Arsen: Über Übelkeit, Erbrechen, Durchfall und Krämpfe führt es schließlich zu zentraler Atemlähmung und Tod. Colchicin ist auch ein wirksames Zellgift, das die Zellteilung verhindert. Deshalb verwendet man es in der Medizin, um die ungehemmte Zellteilung bei Krebskranken zu hemmen. Die Schwierigkeit liegt allerdings darin, daß die wirksame und die tödliche Dosis nahe beisammen liegen. In der Pflanzenzüchtung hingegen bedient man sich des Colchicins, um Pflanzen mit doppeltem und mehrfachen Chromosomensatz zu züchten und auf diese Art besonders große Gemüsepflanzen zu erhalten.

Ihr Giftgehalt sollte uns jedoch nicht die Freude an dieser letzten Blume des Jahres rauben. Möglich, daß dieses merkwürdige Gewächs, das bei uns erst blüht, wenn sich alle anderen Pflanzen zur Winterruhe begeben, in einer erdgeschichtlich wärmeren Epoche aus dem Mittelmeerraum zu uns gekommen ist. Von dort hat es sich wohl auch seinen eigenen Lebensrhythmus mitgebracht, den es bis heute nicht unserem Klima anpassen konnte. Zum Leidwesen der Bauern behauptet sie sich trotzdem relativ gut auf feuchten Wiesen.

Schachblume

Fritillaria meleagris

Liliengewächse – *Liliaceae*

K Ausdauernde, 15–20 cm hohe Pflanze mit fast kugeliger, von häutigen Hüllen umgebener Zwiebel. Stengel aufrecht; Laubblätter lineal, rinnig, graugrün. ■ Blüte groß, 3,7 cm lang und 2 cm breit, glockig, überhängend, duftlos, meist einzeln, selten 2–3. Blumenkronblätter schachbrettartig gemustert; purpurbraun mit hellen, eckigen Flecken und purpurroten Adern; öfter auch weiß mit gelben Adern. Giftig! ■ Blütezeit: April bis Mai.

S Selten, aber gesellig; auf sickernassen Wiesen und zeitweise überschwemmten, wechselfeuchten Auwiesen; auf grundwassernahen, tiefgründigen, nährstoffreichen Lehmböden.

V In Deutschland selten, aber oft massenhaft, etwa im nördlichen Westfalen, bei Lüneburg, in der Gegend von Bayreuth; in Österreich selten in Steiermark und im Burgenland.

Die Schachblume – nach den Würfelflecken der Blumenkronblätter so genannt – wird in verschiedenen Sorten kultiviert, ist aber auch in der Natur hinsichtlich Blütengröße und Blütenfarbe recht veränderlich. In der Blüte wird der Nektar in den Längsfurchen eines jeden der 6 Blumenkronblätter abgesondert und von Erdhummeln und Bienen ausgebeutet. Wird die Befruchtung nicht binnen 5 Tagen vollzogen, so verlängert sich eines der 6 Staubblätter bis es die Narbe erreicht und es zur Selbstbefruchtung kommt.

Die prächtige Pflanze ist streng geschützt, gleichwohl durch Pflücken, Ausgraben und vor allem Entwässern an den Rand des Aussterbens gebracht.

Eine nahe Verwandte der Schachblume ist die Kaiserkrone *(Fritillaria imperialis)*, die schon im zeitigen Frühling in den Gärten blüht.

Sibirische Schwertlilie

Iris sibirica

Schwertliliengewächse – *Iridaceae*

K Ausdauernde, 45–90 cm hohe, oft dichte Rasen bildende Pflanze. Grundachse kurz kriechend; Stengel zierlich, stielrund, hohl, am Grunde von fasrigen Scheidenresten umgeben. Laubblätter schmal-lineal schwertförmig, grasartig, 3–4 mm breit. ■ Blütenstand 1–3blütig. Hochblätter braun, lanzettlich, oberwärts trockenhäutig. Blüten blauviolett, sehr selten auch weiß, schwach duftend. Äußere Blumenkrone verkehrteiförmig, bartlos, 45–50 mm lang, blauviolett, nach innen zu weißlich mit blauen Adern. Nagel braungelb,

purpurn geädert. Innere Blumenkronblätter elliptisch, dunkler als die äußeren. Samen abgeplattet, klein. ■ Blütezeit: Mai bis Juni.
S Ziemlich selten, aber gesellig; auf Sumpfwiesen und Moorwiesen, in Flutmulden oder Gräben; auf wechselnassen, mäßig nährstoffreichen, mild-humosen Ton- und Schlickbö-

den. Von der Ebene bis in mittlere Gebirgslagen.
V Europa (nördlich bis Dänemark und Südskandinavien), gemäßigtes Asien (östlich bis Japan).

Diese prächtige Pflanze bildet auf Sumpfwiesen zuweilen ausgedehnte Bestände – im Mai und Juni ein Meer von blauen Blüten und wohl das Eindrucksvollste, was Sumpfwiesen zu bieten haben. Durch Trockenlegen und Düngen sind die Bestände allerdings überall im Rückgang. Auch andere Kulturmaßnahmen beeinträchtigen die schöne Pflanze: Wurden etwa die Sumpfwiesen früher zur Streugewinnung genutzt und deshalb spät im Jahr gemäht, so hatte die frühzeitig entwickelte Pflanze bis dahin ihren Vegetationszyklus abgeschlossen, die Blätter waren verschwunden, die Stengel dürr, die Samen ausgefallen. Die meliorierten Futterwiesen hingegen werden wesentlich früher gemäht, oft sogar als Grünfutter. Abgesehen von der fehlenden Feuchtigkeit durch die Drainage, gelangt die Pflanze nicht mehr zur Fruchtbildung und die noch grünen Blätter werden durch die Mahd geschädigt. Die Art ist zwar streng geschützt, aber wieder einmal erweist sich der Artenschutz allein als sinnlos, wenn nicht gleichzeitig auch der Lebensraum der Art bewahrt wird.

Sumpf-Siegwurz
Gladiolus palustris

Schwertliliengewächse – *Iridaceae*

K Ausdauernde, 30–60 cm hohe Pflanze mit eiförmiger, bis 2 cm dikker, von netzig verbundenen Gitterhäuten umgebener Knolle. Laubblätter schwertförmig und spitz, 4–9 cm breit. ■ Blütenähren locker, einseitswendig, 3–6blütig. Blumenkrone purpurrot mit stark gekrümmter Röhre. Fruchtkapsel länglich, verkehrteiförmig, mit abgerundeter Spitze. Same flach, breit geflügelt. ■ Blütezeit: Mai bis Juni.

S Selten, aber meist gesellig; auf sumpfigen Wiesen, in Moorwäldern; auf wechselfeuchten, mild-humosen Tonböden.

V In Nordwestdeutschland fehlend, dagegen im Osten bis zur Küste vordringend; auch im Bodenseegebiet, Rheinland, Alpenvorland; in Österreich im Wiener Becken. Allgemein ist die Pflanze zerstreut durch Mittel- und Südeuropa (nördlich bis Posen und Ostpreußen) verbreitet.

Die Gattung umfaßt ca. 150 Arten, die vor allem im südafrikanischen Kapland sehr zahlreich vertreten sind. Im Mittelmeergebiet gibt es nur mehr 8 Arten und bis Mitteleuropa kommt nur die oben genannte Sumpf-Gladiole oder Sumpf-Siegwurz. Hingegen werden in unseren Gärten Hunderte farben- und formenprächtige Sorten von Gladiolen gezüchtet, die aus Kreuzungen von kapländischen Arten entstanden sind.

Die auffallenden Gladiolenblüten, in denen die Staubblätter vor den Narben reifen, werden überwiegend von Hummeln bestäubt. Der lateinische Name *Gladiolus* ist die Verkleinerungsform von »gladius« und bedeutet Schwert, nach den schwertförmigen Blättern. Der deutsche Name »Siegwurz« hingegen bezieht sich auf die Zauberkraft, die man der von häutigen Hüllen umgebenen Knolle zuschrieb. Wer so eine Knolle bei sich trug, sollte unverwundbar sein, gefeit nicht nur gegen Hieb und Stich, sondern überhaupt gegen alle bösen Einflüsse. Deshalb legte man die Knolle auch in die Wiege der Kinder, um sie vor bösen Geistern zu bewahren, und vergrub sie unter der Stalltüre, um das Vieh vor Hexen zu schützen. In der Volksmedizin verwendete man die Knolle als Wundmittel und zum Erweichen von verhärteten Drüsen. Heute ist die Art gänzlich geschützt.

Fleischrotes Knabenkraut

Dactylorhiza incarnata

Orchideengewächse – _Orchidaceae_

K Ausdauernde, 25–45 cm hohe, schlanke, kräftige Pflanze mit 2–4teiliger Knolle. Stengel hellgrün, dick, hohl, leicht zusammendrückbar, bis oben beblättert. Laubblätter 4–6, frischgrün, der Länge nach gekielt, an der Spitze kapuzenförmig zusammengezogen, ungefleckt, das oberste Blatt in die Blütenähre hineinreichend. ▪ Blütenähre dicht; Einzelblüten eher klein, fleischfarben bis hellrot, seltener auch strohgelb; Blumenkronblätter frei; die Blütenlippe schwach 3lappig, violett gestrichelt und gefleckt. Sporn walzlich, kürzer als der Fruchtknoten. ▪ Blütezeit: Mai bis Juli.

S In Sumpfwiesen und Moorwiesen; auf nassen oder wechselfeuchten, nährstoffreichen Sumpfhumusböden. Von der Ebene bis in mittlere Gebirgslagen steigend.

V Fast ganz Europa (mit Ausnahme des südlichsten Gebietes), gemäßigtes Asien.

Von der großen Gattung der Knabenkräuter wurden in jüngster Zeit jene Arten als Gattung _(Dactylorhiza)_ abgespalten, die sich durch hand- oder fingerförmig geteilte Knollen von den Arten mit ungeteilten Knollen unterscheiden (»dactylos« = Finger, »rhizom« = Wurzel). Die fingerförmig geteilten Wurzelknollen erregten von jeher die Aufmerksamkeit des Volkes. Namen wie Muttergotteshand oder Johannishändchen (letztere in der Johannisnacht gegraben und als Glücksamulett getragen) deuten darauf hin.

Orchideen sind in jeder Hinsicht ungewöhnliche Gewächse. Man kennt

Orchideenwiese mit Breitblättrigem Knabenkraut _(Dactylorhiza majalis)._

heute über 25000 Arten, die in allen Kontinenten und Klimazonen verbreitet sind. Sie sind jedoch nicht nur die artenreichste, sondern auch die formenreichste Familie: In unglaublicher Wandlungsfähigkeit wird der einheitliche Grundplan der Orchideenblüte immer wieder variiert. Im Grundprinzip folgt die Orchideenblüte dem Bauplan der Einkeimblättrigen, der auf der Dreizahl basiert. Ihre Blumenkronblätter sind in 2 konzentrischen Kreisen zu je dreien angeordnet. Bei den Knabenkräutern neigen 2 der 3 inneren Blumenkronblätter zusammen und bilden ein Helmchen, das die Bestäubungseinrichtungen vor Regen schützt. Das 3. innere Blumenkronblatt ist meist auffallend anders geformt und gefärbt als die übrigen und wird als Lippe bezeichnet. Im Mittelpunkt der Orchideenblüte steht das Säulchen, das aus einer Verschmelzung von narbentragendem Griffel und dem einen fruchtbaren Staubblatt entstanden ist. Damit weicht die Orchideenblüte ganz wesentlich vom Bauplan der übrigen Einkeimblättrigen, mit zumeist 3 Griffeln und 6 Staubblättern, ab.

Blütenbiologisch sind die Knabenkräuter wegen ihrer eigenartigen Übertragung des Pollens interessant. Der gesamte Pollen eines Staubbeutels (das einzige Staubblatt besitzt 2 Staubbeutel) ist nämlich zu einem Pollenpaket verklebt und durch ein Stielchen mit einer Klebescheibe verbunden. Die beiden Pollenpakete sind nun in der Blüte so angeordnet, daß ein nektarsuchendes Insekt am Eingang in den Honigsporn die Klebescheibe auf den Kopf gedrückt bekommt. Beim Wegfliegen zieht es das Paket am Stielchen heraus und fliegt – die Stirn geschmückt mit zwei kleinen Hörnchen – zur nächsten Blüte. Durch den Luftzug schrumpft das Stielchen, das Hörnchen neigt sich und paßt dann

in der nächsten Blüte genau in die Narbenhöhle.

Ebenfalls auf feuchten Wiesen verbreitet ist das Breitblättrige Knabenkraut *(Dactylorhiza majalis)* mit länglich-eiförmigen, trübpurpurn gefleckten Blättern und anfangs pyramidenförmigen, später walzlichen, lilapurpurnen Blütenähren. Gefleckte Blätter und hellviolette, seltener rosa Blüten hat aber auch das Gefleckte Knabenkraut *(Dactylorhiza maculata)*, das besonders gerne auf feuch-

Geflecktes Knabenkraut *(D. maculata)*.

ten Waldwiesen wächst und gelegentlich, wie andere Knabenkräuter auch, mit dem Breitblättrigen Knabenkraut bastardiert.

Häufige Kreuzungen, nicht nur zwischen den Arten, sondern sogar zwischen den Gattungen, sind überhaupt eine weitere Spezialität der Orchideenfamilie. Dazu kommt noch, daß die einzelnen Arten auch recht vielgestaltig und veränderlich sein können und auf verschiedenen Standorten deutlich anders aussehen, ja, daß dieselbe Pflanze während verschiedener Jahre ihr typisches Aussehen verändern kann.

Schlangen-Knöterich

Polygonum bistorta

Knöterichgewächse – *Polygonaceae*

K Ausdauernde, 30–100 cm hohe Pflanze mit dick-walzlichem, schlangenförmig gekrümmten, ausläufertreibenden Wurzelstock. Blütenstengel aufrecht, entfernt beblättert; Grund- und Stengelblätter oval oder länglich, zugespitzt, am Grunde herzförmig, plötzlich in den Stiel verschmälert. Alle Blätter am Rande wellig, oberseits dunkelgrün, unterseits blaugrün. Nebenblattscheide röhrig, nicht zerschlitzt, braun. ■ Blüten in einer dichten, walzlichen Scheinähre. Einzelblüten klein, hell- bis dunkelrosa; Staubblätter aus der Blüte herausragend. Nuß scharf 3kantig, kastanienbraun. ■ Blütezeit: Mai bis August.

S Stellenweise häufig und gesellig; auf feuchten, fetten Wiesen besonders der Bergregion, auch in Hochstaudenfluren, rund um Sennhütten, an Ufern; auf kühlen, sickernassen oder grundwasserfeuchten, nährstoffreichen, meist kalkarmen, sauerhumosen Böden. Hauptverbreitung zwischen 800–2000 m, fehlt aber auch im Tiefland nicht.

V Europa (besonders in den Gebirgen), Kaukasus, Himalaya, Sibirien bis Kamtschatka, arktisches Nordamerika.

Der Name »Schlangen«-Knöterich bezieht sich auf seinen mehrfach gekrümmten Wurzelstock (»bis-torta« = zweifach gekrümmt). Auf die Signaturenlehre gründend, war er früher das Mittel der Wahl gegen Schlangenbiß. Wegen seines hohen Gerbstoffgehaltes wird ein Absud des getrockneten Wurzelstockes auch heute noch in der Volksmedizin gegen Durchfall und als Gurgel- und Spülmittel bei Mund- und Zahnfleischentzündung gebraucht. Die Blätter werden als Salat und Wildspinat gegessen.

Die attraktive Pflanze ist ein typischer Bewohner der feuchten Berg- und Voralpenwiesen, die er zur Blütezeit in seinen pfirsichfarbenen Schimmer taucht. Die nektarreichen Blüten sind eine beliebte Bienenweide, das Weidevieh aber verschmäht die Pflanze.

Trollblume

Trollius europaeus

Hahnenfußgewächse –
Ranunculaceae

K Ausdauernde, 10–60 cm hohe Pflanze mit meist unverzweigtem Stengel und endständiger Blüte. Blätter handförmig geteilt, Grundblätter langgestielt, Stengelblätter sitzend. ■ Blüten eine geschlossene gelbe Kugel von 2–3 cm im Durchmesser, aus 10 Blumenkronblättern und 5–10 Nektarblättern gebildet. Zart duftend. Giftig. ■ Blütezeit: Mai, Juni.

S Zerstreut, aber gesellig; auf feuchten, moorigen oder quelligen Wiesen vor allem der Bergregion, auf Waldwiesen, in Karen; auf kühlen, sickerfeuchten oder grundwassernahen, nährstoffreichen und humosen Lehmböden. Von den Tälern bis ins Hochgebirge.

V Nord-, Mittel- und Osteuropa.

Die Trollblume ist eine ausgesprochen höhenvage Pflanze, die von der Ebene bis zum Hochgebirge vorkommt. Mit zunehmender Höhe wird die anfangs halbmeterhohe, üppige Pflanze der fetten Talwiesen immer niedriger, bis zuletzt ein fingerlanges Pflänzchen übrigbleibt. Ursache dieses Zwergwuchses ist vor allem der hohe Anteil von ultraviolettem Licht, der das Längenwachstum reduziert, wohingegen die Blüten ziemlich unverändert groß bleiben.
Der Name Trollblume oder *Trollius* hat im Althochdeutschen wie im Lateinischen die gleiche Wurzel: »Troll« bedeutet kugelrund, »trulleus« = rundes Gefäß. Die Blumenkronblätter schließen nach innen dicht zusammen; nur bei Sonnenschein öffnet sich ein kleiner Zugang oberhalb der Narben, durch den sich die kleinen Fliegen und Käfer ins Blüteninnere zwängen müssen. Dabei laden sie zuerst den mitgebrachten Pollen auf den Narben ab und stäuben sich beim weiteren Vordringen erneut mit Pollen ein. Bequemer macht es sich eine winzige Fliegenart, die vor allem in nördlichen Gebieten vorkommt: Sie lebt dauernd in den Blüten und fungiert auch als Bestäuber. Die rundum geschlossenen Kugelblumen dienen oft auch kleinen Insekten als geschütztes Nachtquartier.
Als Abweichungen kommen gelegentlich gefüllte Blüten vor, bei denen die Honigblätter und Staubblätter zu blumenblattartigen Gebilden umgeformt sind. Sie werden auch in Gärten als Zierpflanzen gezogen.

Pracht-Nelke

Dianthus superbus

Nelkengewächse – *Caryophyllaceae*

K Ausdauernde, 30–60 cm hohe, lockerrasige Pflanze. Aus einer Grundachse treiben wenige blühende und nichtblühende Stengel. Blütenstengel meist aufsteigend, stielrund, kahl, oberwärts ästig; Laubblätter graugrün, lineal-lanzettlich, am Rande rauh. ■ Blüten groß, 3–6 cm im Durchmesser, angenehm nach Vanille duftend; in lockeren, rispigen Wickeln angeordnet, gele-

gentlich auch einzeln und endständig. Kelchröhre grün, oft rot überlaufen; Platte der Kronblätter groß, zartrosa bis purpurn, bis weit über die Mitte fiedrig zerschlitzt, von roten Haaren bärtig; Nagel weiß. Fruchtkapsel wesentlich länger als der Kelch. ■ Blütezeit: Juni bis September.

S Zerstreut; auf Moorwiesen, an Grabenrändern sowie an Teichen; auf wechselnassen, modrig-feuchten Ton- oder Torfböden.

V Fast ganz Europa, gemäßigtes Asien.

Bei fast allen Nelkengewächsen gliedern sich die Blumenkronblätter in einen vom Kelch umschlossenen »Nagel« und eine dazu waagrecht abstehende »Platte«. Diese Platte ist nun bei der Pracht-Nelke richtiggehend ausgefasert und verleiht den großen, wohlriechenden Blüten ihr unverwechselbares Gepräge. Der Nektar wird tief innen am Grund der Blumenkronröhre abgesondert, und erst wenn die äußeren Staubblätter verstäubt sind und sich etwas von der Blüte abheben, wird der Zugang für Blütenbesucher frei. Um honigraubende Hummeln abzuhalten, die gerne ein Loch in die Kronröhre beißen, sind die Nägel der Blumenkronblätter durch derbe Kelchschuppen, sowie durch den festen, engen Kelch geschützt. Nur langrüsselige Tagschwärmer, wie etwa das Taubenschwänzchen, das frei schwebend vor den Blüten steht, gelingt es, die Nektarquelle auszubeuten und die Bestäubung zu vollziehen.

Der lateinische Gattungsname *Dianthus* setzt sich aus »dios« = Gott oder Zeus und »anthos« = Blume oder Blüte zusammen. *Dianthus* bedeutet also die Blume des Zeus. Der Artname *superbus* = prachtvoll, bedarf keiner weiteren Erklärung. Bei massenhaftem Auftreten in Wiesenmooren kann die Pracht-Nelke ganze Flächen in zartes Rosa tauchen und in ihren feinen Wohlgeruch hüllen.

Kuckucks-Lichtnelke

Lychnis flos-cuculi

Nelkengewächse – *Caryophyllaceae*

[K] Ausdauernde, 30–90 cm hohe, rasenbildende Pflanze mit ästiger Grundachse, aus der die blühenden und nichtblühenden Sprosse entspringen. Stengel aufrecht, kantig, kahl, zerstreut behaart, unter den Gelenken klebrig, einfach oder gabelästig, oft rot überlaufen. Laubblätter lineal-lanzettlich, spitz, rauh. ■ Blüten in lockeren, rispigen Trugdolden. Kelch röhrig-glockig, kahl, 10rippig; Blumenkronblätter fleischrot bis rosarot, handförmig 4spaltig, mit fadenförmigen, spreizenden Zipfeln. Krönchen 2zähnig. Kapsel bauchigeiförmig, vom erhalten gebliebenen Kelch umgeben. ■ Blütezeit: Mai bis August.

[S] Häufig und verbreitet; auf Sumpfwiesen und feuchten Fettwiesen, in Wiesenmooren, in Auen; auf staunassen oder wechselfeuchten, nährstoffreichen humosen Lehm- und Tonböden. Von der Ebene bis ins Gebirge (bis auf 2500 m).

[V] Fast ganz Europa (nördlich bis nach Norwegen und Island), Sibirien, Kaukasus. In Nordamerika eingeschleppt und verwildert.

Wie viele andere im Frühling blühende Pflanzen wird auch diese hübsche Nelkenart nach dem Vogel des Frühlings, dem Kuckuck, benannt. Nicht nur der deutsche und lateinische Name (»flos« = Blüte, »cuculus« = Kuckuck) beziehen sich auf den Kuckuck, zahlreiche Volksnamen aus allen Teilen Deutschlands, Österreichs und der Schweiz bringen die Pflanze mit ihm in Verbindung: Kuckucksblome, Guggerblume, Guggernägeli, Guggochesbloeme usw. Da auf der Pflanze häufig die in Schaum gehüllten Larven der Schaumzikaden zu finden sind, heißt sie in manchen Gegenden auch Kuckucksspeichel.

Bei den Bauern ist die auffallende und attraktive Blume allerdings wenig beliebt, liefert sie doch nur minderwertiges Futter. In den Blüten reifen die Staubblätter vor den Narben; die Bestäubung wird von Bienen, Tagfaltern und langrüsseligen Fliegen vollzogen, denen der tief in der Kelchröhre verborgene Nektar zugänglich ist.

Gelegentlich treten auch weißblühende und selten auch gefüllt blühende Pflanzen auf. Letztere werden als Gartenpflanzen und als winterblühende Topfpflanzen kultiviert.

Sumpf-Herzblatt

Parnassia palustris

Steinbrechgewächse –
Saxifragaceae

K Mehrjährige Pflanze mit dicker, schiefer Grundachse, aus der die zahlreichen, rosettig angeordneten Blätter entspringen. Diese sind lang-gestielt, tief herz-eiförmig, ganzran-dig, dunkel punktiert, kahl. Blattstiel steif, kantig, 3–4,5 cm lang, im unte-ren Drittel von einem Vorblatt um-schlossen. ■ Blüten einzeln, end-ständig, 1–3 cm im Durchmesser. Blütenblätter milchig-weiß, 2–3mal so lang wie die stumpfen Kelchblät-ter. Im Inneren der Blüte auffallende, zu Schauapparaten umgewandelte, langdrüsig gefranste Staubblätter (Staminodien) mit goldgelben Drü-senköpfchen. Kapselfrucht 4klappig aufspringend. ■ Blütezeit: Juli bis September.

S Zerstreut, aber meist gesellig; in Sumpfwiesen und Moorwiesen, in Flach- und Quellmooren; auf sicker-nassen, nährstoffreichen, meist kalk-haltigen Sumpfhumusböden oder Löß- und Tonböden. Von der Ebene bis ins Gebirge (2500 m).

V Gemäßigte und kalte Zone der nördlichen Halbkugel.

Das hübsche Sumpf-Herzblatt ist eine Fliegentäuschblume! Die vielen goldenen Drüsenköpfchen der Sta-minodienfransen, die zu den porzel-lanweißen Blumenkronblättern kon-trastieren, sind keineswegs honig-schwer, sondern täuschen nur durch Glanz und Farbe den begehrten Nektar vor, sind aber in Wirklichkeit völlig trocken! Ganz leer gehen die zahlreichen Blütenbesucher – meist kleine Fliegen, Falter und Käfer – aber doch nicht aus: Eine beschei-dene Menge offenen Honigs wird ih-nen immerhin geboten. In der Blüte reifen die Staubblätter vor den Nar-ben, die, ebenso wie die kräftigen Narben, als Anflugstellen für die In-sekten dienen. Tatsächlich funktio-niert die Fremdbestäubung vorzüg-lich, so gut, daß die Pflanze es sich leisten kann, auf Selbstbefruchtung gänzlich zu verzichten.

Die auffallenden Sternblüten er-scheinen erst spät im Jahr, wenn die meisten bunten Blumen der Sumpf-wiesen längst verblüht sind. Auf die späte Blütezeit bezieht sich der ge-bräuchliche Volksname »Studenten-rösli«, weil die Pflanze dann blüht, wenn die Schule wieder beginnt. Blätter und Blüten des Sumpf-Herz-blattes wurden früher gegen Sei-tenstechen verwendet (Herba et Flo-res Parnassiae palustris).

Blutwurz

Potentilla erecta

Rosengewächse – *Rosaceae*

K Ausdauernde, 10–40 cm hohe Pflanze mit dickem, holzigen, innen blutroten Wurzelstock. Stengel meist aufsteigend, beblättert, behaart, verzweigt. Grundblätter langgestielt, 3zählig; Stengelblätter sitzend. Teilblättchen länglich-lanzettlich, grob gezähnt, kahl. ■ Blütenstiel lang und dünn. Blütenhülle meist 4zählig, aus Außenkelch, Kelch und Blumenkrone bestehend. Kronblätter verkehrteiförmig, leuchtend gelb, leicht abfallend. Frucht eiförmig. ■ Blütezeit: Mai bis August.

S Häufig; in Sumpfwiesen, Heide- und Moorwiesen, in Magerwiesen und Magerweiden; auf frischen oder wechselfeuchten, kargen, vorwiegend oberflächlich entkalkten, sauren Humusböden. Von der Ebene bis in die alpine Stufe.

V Eurasien, Azoren.

Die Art ist in ihren Standortansprüchen überaus anpassungsfähig: Mit Vorliebe auf feuchten Wiesen, verträgt sie relativ hohe Trockenheit ebenso gut wie zeitweilige Überschwemmung, bevorzugt saure Böden, meidet aber auch Kalkböden nicht. Dementsprechend ist sie weit verbreitet und die häufigste Art unter den ca. 26 einheimischen Fingerkräutern.

Die Blutwurz ist eine sehr alte und prominente Heilpflanze. Der innen blutrote Wurzelstock – er soll frisch geschnitten sogar im Dunkeln leuchten – enthält Gerbsäuren und einen glykosidisch gebundenen Farbstoff, das Tormentill-Rot. Entsprechend der Signaturenlehre, nach der von der Pflanze selbst ein Hinweis auf ihre Verwendung gegeben werde, gebrauchte man einen Auszug davon vor allem zum Blutstillen jeglicher Art (Nasenbluten, Darmbluten, Lungenbluten, Gebärmutterbluten usw.). Im Mittelalter verwendete man ihn aber nicht nur gegen blutige Durchfälle und Ruhr, sondern auch gegen Pest, Syphilis und Epilepsie. In einem alten Kräuterbuch heißt es ferner: »Die Wurtzel in Regenwasser gesotten/ mit Honig vermischt/und ein Pflaster auf den Frauwen Bauch gelegt/hilfft dass sie desto baß empfangen.«

Der Wurzelstock besitzt jedoch tatsächlich beträchtliche Heilkraft. Im Herbst gesammelt, pulverisiert und mit Wasser oder Rotwein vermengt, stoppt er selbst schwere Durchfälle und heilt Entzündungen des Darmes ebenso wie des Mundes und des Rachens. Umschläge damit heilen Verbrennungen. Die tiefrote Farbe diente zum Färben von Wolle.

Großer Wiesenknopf

Sanguisorba officinalis

Rosengewächse – *Rosaceae*

K Halbrosettenstaude mit kurzem, ästigen Erdstock und kräftiger, dunkelbrauner Wurzel. Stengel einzeln, 30–90 cm hoch, aufrecht, verzweigt, gerillt, hohl und kahl. Grundständige Blätter langgestielt, unpaar gefiedert, mit 3 bis 6 Fiederpaaren. Fiederblättchen elliptisch, ziemlich steif, scharf gezähnt, oben dunkelgrün, unten lichtgrün. ▪ Blütenköpfchen an langen Stielen, eiförmig, 1–2 cm lang. Einzelblüten zwittrig, sehr klein; Kelch mit linealen Zipfeln, Staubblätter 4, steif abstehend. ▪ Blütezeit: Juni bis September.

S Verbreitet; auf Naß- und Moorwiesen oder feuchten Tal- und Bergwiesen; auf grundwassernahen, sickerfeuchten oder wechselfeuchten, sandigen oder lehmigen Tonböden. Von der Ebene bis in mittlere Gebirgslagen.

V Gemäßigtes Europa, Amerika.

Der lateinische Gattungsnahme der Pflanze *Sanguisorba* setzt sich aus »sanguis« = Blut und »sorbere« = einsaugen zusammen. Nach der Signaturenlehre deutete man die blutrote Farbe des Blütenköpfchens als Hinweis auf eine blutstillende Eigenschaft, die auch tatsächlich dem Wurzelstock zukommt. Er enthält nämlich reichlich Gerbstoffe, war früher offizinell und ist auch heute noch als zusammenziehendes Mittel in der Volksheilkunde gebräuchlich. Sein Anwendungsgebiet erstreckt sich von Blutungen, Ruhr, Durchfall, Lungentuberkulose über ein Wurmmittel für Pferde bis zu einem milchtreibenden Mittel für stillende Mütter. Heute wird er allerdings fast nur mehr gegen Durchfall verwendet. Dazu wird ein kalt angesetzter, wäßriger Auszug bereitet. Die zarten jungen Blätter und Triebe können, vor der Blüte gesammelt, auch als Frühlingsgemüse und Wildsalat gegessen werden.

Auf der Sommerwiese fallen die über das Gras hinausragenden, dunkelroten Blütenköpfchen schon von weitem auf. Fliegen, Schwebfliegen und Tagschmetterlinge beuten den Nektar aus, der von einer ringförmigen Honigdrüse am Grunde des Griffels abgesondert wird. Besonders Bläulinge, deren Raupen auch an der Pflanze leben, umflattern regelmäßig die Blütenköpfchen. Die kleinen, schmal geflügelten Samen werden durch den Wind verbreitet.

Sumpf-Storchschnabel

Geranium palustre

Storchschnabelgewächse –
Geraniaceae

K Ausdauernde Pflanze mit dickem, schiefen Wurzelstock. Grundständige Rosettenblätter bald verwelkend, mit langem, zottigen Stiel und 7lappig geteilter, behaarter, grasgrüner Spreite; Stengelblätter gegenständig. Stengel 30–60 cm lang, durch verdickte Knoten in bis zu 20 cm lange Abschnitte gegliedert, schlaff, rauhzottig behaart, aufsteigend oder klimmend. ▪ Blütenstand wickelig; Blüten groß, bis zu 4 cm im Durchmesser, radiär, 5zählig; Kronblätter lebhaft violett bis karminrot, dunkler geadert, in den bewimperten Nagel verschmälert. Frucht 2–5 cm lang, 5klappig, mit langen Grannen an der Mittelsäule angewachsen. ▪ Blütezeit: Juli bis September.

S Zerstreut; in Moor- und Sumpfwiesen, am Saum von Auwäldern, an Gräben; auf sickernassen, nährstoffreichen, humosen, kiesigen oder tonigen Grundwasserböden.

V Fast ganz Europa, Westsibirien, Kaukasus, Dongebiet.

Sowohl der wissenschaftliche Name *Geranium,* als auch der deutsche Name Storchschnabel bezieht sich auf die Form der langgestielten Frucht, in der man den Kopf und den langgestreckten Hals eines Storches oder Kranichs (»geranos« = Kranich) erkennen kann. Diese eigenartige Frucht wird aus sehr langen Fruchtblättern gebildet, die nur am Grunde 2 Samenanlagen tragen, von denen sich nur eine entwickelt, während der obere, sterile Teil als »Schnabel« auswächst. Bei der Reife bleibt nun der innere Teil der Fruchtblätter als Mittelsäule stehen, die Außenwände heben sich ruckartig ab und schleudern die Samen fort.

Der Sumpf-Storchschnabel ist ein Spreizklimmer, der sich mit seinem schlaffen, sparrig verzweigten Stengel zwischen den hohen Stauden abstützt, wobei er nicht nur in den Stengeln und Blattgrundgelenken beweglich ist, sondern auch noch mit gekrümmten Blattstielen klimmt. Die auffallenden Blüten locken zahlreiche Fliegen, Bienen und Weißlinge an, die den reichlich abgesonderten Nektar ausbeuten. Der Wurzelstock enthält bis zu 44% Gerbstoffe und wird in der Volksmedizin gegen Durchfall, Nasenbluten und Magenkatarrh verwendet.

Lungen-Enzian

Gentiana pneumonanthe

Enziangewächse – *Gentianaceae*

K Ausdauernde, 15–40 cm hohe, kahle Pflanze ohne grundständige Blattrosette, mit kräftiger Grundachse, von der die aufrechten, dicht beblätterten, stumpfkantigen Stengel entspringen. Laubblätter lineal-lanzettlich, am Rande meist eingerollt, sitzend, ganzrandig, gegenständig.
• Blüten groß (25–55 mm lang), einzeln oder 2–3 endständig oder bis zu 10 blattwinkelständig. Kelch glockig, 5zähnig, mit langen, spitzen Zähnen.

Blüten aufrecht, glockig-trichterig, tief azurblau, mit 5 grün punktierten Streifen, 5lappig, mit jeweils 1 Zahn zwischen den Lappen. Fruchtkapsel lang gestielt. • Blütezeit: Juli bis Oktober.
S Selten; auf Moorwiesen, Flachmooren und feuchten Heiden; auf wechselfeuchten, meist kalkarmen, modrig-humosen oder sandig-torfigen Böden. In der Ebene und Bergstufe.
V Fast ganz Europa, Kaukasus, gemäßigtes Asien.

Der Lungen-Enzian wird in Hegis großem Florenwerk aus dem Jahre 1927 noch als »häufig und verbreitet« angegeben. 30 Jahre später wird er in Oberdorfers Exkursionsflora bereits als »selten« eingestuft. So wie er sind beinahe alle Feuchtpflanzen im Rückgang begriffen, selten geworden oder gar ausgestorben. Was wird in weiteren 30 Jahren von ihnen noch übrig sein?
Von den Enzianen erwartet man, daß sie im Gebirge wachsen. Der Lungen-Enzian gehört zu den wenigen Vertretern, die vorwiegend in der Ebene zu Hause sind.
In den großen, tiefblauen Trichterblüten wird der Nektar am Grunde des Fruchtknotens abgeschieden und von Hummeln ausgebeutet. Gelegentlich beißen auch kurzrüsselige Hummeln die Blumenkronröhre von außen an und rauben den Honig. Die Blüten schließen sich während der Nacht und bei trübem Wetter, doch wird die Schließbewegung nicht durch das fehlende Licht, sondern durch die niedrigere Temperatur ausgelöst, wobei der Grenzwert etwa bei 19 °C liegt. Durch das Öffnen und Schließen kann es zu spontaner Selbstbestäubung kommen, wenn der Pollen an der Blumenkrone haften bleibt und mit der später reifenden Narbe in Berührung kommt.
Die Pflanze galt früher als recht wirksames Heilmittel bei Lungenkrankheiten (Name!).

Moorenzian, Tarant

Swertia perennis

Enziangewächse – *Gentianaceae*

K Ausdauernde, 15–60 cm hohe, kahle Pflanze mit walzlicher Grundachse und aufrechtem, kantigen, unverzweigten, oft rötlich überlaufenen Stengel. Untere Laubblätter eiförmig-elliptisch, einander genähert, in den Blattstiel verschmälert; die oberen entfernt, meist gegenständig, ungestielt, halbstengelumfassend. ▪ Blüten 5zählig, in traubigen Trugdolden. Blütenstiel geflügelt, 4kantig. Kelchzipfel grünlich; Blumenkrone radförmig, stahlblau, dunkel punktiert. Kronzipfel spitz, am Grunde mit 2 gefransten, offenen, dunkelvioletten Honiggrübchen. Narbe sitzend. Kapsel eiförmig; Same ungleich geflügelt. ▪ Blütezeit: Juli bis September.

S Selten; auf sumpfigen und moorigen Wiesen, in Flachmooren und Quellsümpfen der montanen und subalpinen Stufe; auf sickernassen, meist kalkhaltigen Sumpfhumusböden.

V Pyrenäen, Frankreich, Nord- und Mittelitalien, Mitteleuropa, Karpaten, Balkan, Süd- und Mittelrußland; gemäßigtes und subtropisches Asien, Kaukasus, Sibirien, bis Japan; Nordamerika.

Die Art ist wohl über ein großes Gebiet verstreut, doch nirgends häufig. Auffallend ist ihre Verbreitung einerseits in der montanen und subalpinen Stufe der Alpen und in den höheren Mittelgebirgen, andererseits in der Norddeutschen Tiefebene, während sie dazwischen fehlt.
Der Nektar wird in kleinen, am Grunde der stahlblauen Blüte stehenden Näpfchen ausgeschieden, die von einem ringförmigen Wall umgeben sind. Von diesen gehen zahlreiche Fransen aus, die zusammenneigen, sich kreuzen, verschlingen und zusammendrehen und auf diese Art wie ein Gitter die mit Nektar gefüllten Vertiefungen lose überdecken. Die Bestäubung wird von Fliegen und kleinen Käfern vollzogen. Die Staubblätter reifen vor den Narben und bewegen sich zuerst zur (noch geschlossenen) Narbe hin, im zweiten Blühabschnitt aber von der Narbe weg und verstecken sich unter den strahlig ausgebreiteten Blumenkronblättern. Auf diese Art wird Selbstbestäubung vermieden. Lebt in Symbiose mit einem Wurzelpilz.

Gemeines Gnadenkraut

Gratiola officinalis

Rachenblütler – *Scrophulariaceae*

K̄ Ausdauernde, horstartige Verbände bildende Pflanze mit unterirdisch kriechendem, fleischigen Wurzelstock. Stengel aufrecht oder aufsteigend, 20–40 cm hoch, hohl und kahl. Blätter gegenständig, lanzettlich spitz, halbstengelumfassend sitzend, drüsig punktiert. ▪ Blütenstand 10–30blütig, in einer langen, lockeren Traube. Blüten 8–10 mm lang, weiß, mit rötlichen Adern oder oben rötlich überlaufen, 2lippig, mit weiter Röhre und 5spaltigem, lappigen Saum. Oberlippe gestutzt, am Schlund behaart. Von den ursprünglich 5 Staubblättern nur 2 fruchtbar, die restlichen 3 fädlich rückgebildet. Fruchtkapsel eikugelig, 4klappig. Giftpflanze! ▪ Blütezeit: Juni bis August.

S̄ In Sumpf- und Moorwiesen, in Überschwemmungsgebieten der Stromtäler, in Flutmulden und an Gräben; auf nassen bis wechselnassen, schweren, feinkörnigen, nährstoffreichen, z.T. kalkarmen, neutralen, humosen Ton- und Lehmböden. Salzertragend, wärmeliebend. Fast nur in der Ebene.

V̄ Mittel- und Südeuropa, Nord- und Westasien; Nordamerika.

Schon der Name »Gnadenkraut« aus dem lateinischen »Gratia Dei« entstanden, verweist auf die hohe Wertschätzung, die der Pflanze früher zuteil wurde. Im Mittelalter spielte sie eine bedeutende Rolle bei der Behandlung schwerster Erkrankungen, wurde aber später wegen ihrer gefährlichen Nebenwirkungen wieder aus dem Pharmakopöen gestrichen. Die Pflanze ist stark giftig! Sie enthält das Cardenoglykosid Gratiolin, das herzstärkend, abführend und harntreibend wirkt. Auch als Wurmmittel und Abortivum wurde es verwendet, wobei es nicht selten zu schweren, ja tödlichen Vergiftungen kam. Heute gebraucht sie die Volksmedizin nur mehr äußerlich bei Hauterkrankungen, die Homöopathie allerdings auch noch bei Koliken und chronischen Magen-, Leber- und Nierenleiden.

Das Gnadenkraut wächst gerne auf Sumpfwiesen zusammen mit der blauen Sibirischen Schwertlilie. Gelegentlich findet man auch eine schwimmende oder flutende Unterwasserform, die bis zu 1 m lang werden kann, aber nicht zur Blüte kommt.

Teufelsabbiß

Succisa pratensis

Kardengewächse – *Dipsacaceae*

K Ausdauernde, 15–50 cm hohe Pflanze mit kräftigem, wie abgebissen erscheinenden, schwärzlichen Wurzelstock. Stengel oberwärts verzweigt und dadurch mehrköpfig, trugdoldig, entfernt gegenständig beblättert. Die Grundblätter gestielt, dicklich, eiförmig, glänzend; untere Stengelblätter gestielt, eilanzettlich, ganzrandig, spitz; die oberen sitzend, lanzettlich, grob gesägt. ▪ Blüten in halbkugeligen bis kugeligen, langgestielten Köpfchen, von zahlreichen Hüllblättern umgeben. Einzelblüten klein, blauviolett, selten weiß. Kelch schüsselförmig mit 5 borstigen Strahlen; Blumenkrone 4spaltig, behaart. Früchte 5 mm lang, borstig, behaart. ▪ Blütezeit: Juli bis September.

S Häufig; in Moor- und Sumpfwiesen, auch in Flachmooren; auf wechselfeuchten Lehm- und Tonböden oder modrigen Torfböden. Von der Ebene bis in die alpine Stufe.

V Fast ganz Europa, Kaukasien, Westsibirien, Nordafrika.

Nach einer alten Sage soll sich der Teufel über die nützliche Heilpflanze so sehr geärgert haben, daß er ihre Wurzel abbiß, um sie zu zerstören. Tatsächlich stirbt der Wurzelstock der Pflanze unten ab und sieht hier wie abgebissen aus, was allerdings ihrer Heilkraft keinen Abbruch tut. Sie enthält Gerbstoffe und ein Glykosid und wurde vor allem im Mittelalter gegen Epilepsie, Pest und Gonorrhoe gebraucht. Auch als Zauberpflanze stand sie zum Abwehren in hohem Ansehen. Heute verwendet die Volksmedizin den Wurzelstock nur mehr gegen Durchfall, die jungen Blätter werden als blutreinigender Salat gegessen.

Die Blütenköpfchen der Kardengewächse erinnern sehr an diejenigen der Korbblütler und erfüllen blütenbiologisch die gleiche Funktion: Viele kleine Blüten sind zu einer Blume höherer Ordnung dicht zusammengedrängt, um die Schauwirkung auf Insekten zu erhöhen. Zum Unterschied zu den Korbblütlern besitzen die Einzelblüten der Kardengewächse jedoch noch einen deutlich erkennbaren Kelch.

Der ziemlich spät blühende Teufelsabbiß wird vor allem von Hummeln und Bienen bestäubt, die den Nektar vom Grunde der Blumenkronröhre saugen.

Sumpf-Schafgarbe

Achillea ptarmica

Korbblütler – *Asteraceae*

K Ausdauernde, 20–150 cm hohe Pflanze mit kriechendem, holzigen Wurzelstock und aufrechtem, reich beblätterten, einfachen oder rispenästigen Stengel. Laubblätter sitzend, ungeteilt, lineal-lanzettlich und spitz, schmal und fein gesägt, mit etwas knorpeligen Sägezähnen. ▪ Blütenköpfchen 12–17 mm breit, meist zahlreich in einem Ebenstrauß. Hülle fast halbkugelig; Hüllblätter behaart, dunkelhäutig berandet. Scheibenblüten schmutzig weiß; Zungenblü-

ten 8–13, breit-eiförmig, 4–6 mm lang. ▪ Blütezeit: Juli bis September.

S In Sumpf- und Moorwiesen, in Staudenfluren an Bächen und Gräben, in lichten Augebüschen an Flüssen, vor allem in tieferen Lagen; auf stau- bis sickernassen (wechselnassen) Tonböden oder auf Torf. Von der Ebene bis in mittlere Gebirgslagen.

V Im größten Teil von Europa, Kaukasus, Kleinasien, Armenien, Sibirien.

Die Sumpf- oder Bertram-Schafgarbe ist eine alte Zier-, Heil- und Gewürzpflanze. Kraut und Wurzel enthalten Bitterstoffe und ätherische Öle, schmecken scharf aromatisch und waren früher unter dem Drogennamen »Herba et Flores Ptarmica« als Nießmittel offizinell (»ptarein« = nießen). Als Gewürz wurde die Art ähnlich wie Bertram-Wurzel verwendet und war auch Bestandteil verschiedener Kräuterliköre. Nach dem Volksglauben sollte sie sogar Teufel und Hexen abwehren können, die Bezeichnung »Düwelskrut« erinnert noch daran.

Wie bei vielen Gartenpflanzen ist auch die ursprüngliche Verbreitung der Sumpf-Schafgarbe nicht mehr genau festzustellen, da sie sicher immer wieder aus Gärten verwildert ist und genaue Verbreitungsangaben aus früheren Zeiten fehlen.

Als Blütenbesucher gelten vor allem Maskenbienen, die von dem eigenartig aromatischen Duft der Pflanze angelockt werden. Die Verbreitung der hellbraunen Nüßchen erfolgt durch Tiere.

Die Art ist sehr formenreich. Unter anderem wird eine nur einköpfige Sumpfvariante beschrieben. Gelegentlich kommen sogar untergetauchte Standortvarianten vor, die allerdings steril bleiben.

Sumpf-Kratzdistel

Cirsium palustre

Korbblütler – *Asteraceae*

K Zweijährige, 30–200 cm hohe Pflanze mit kurzem, abgebissenen Wurzelstock und langen Faserwurzeln. Pflanze nach der Blüte im 2. Jahr absterbend. Stengel steif aufrecht, einfach, selten oberwärts in lange, abstehende Äste geteilt, dicht wollig behaart und der ganzen Länge nach lappig-dornig geflügelt. Junge Laubblätter anfangs spinnwebig wollig, später oberseits dunkelgrün verkahlend; Stengelblätter bis zum nächsten Blatt herablaufend, lanzettlich, buchtig fiederspaltig, mit mehrspaltigen, dornigen Abschnitten. ▪ Blütenköpfchen klein, an der Spitze des Stengels trugdoldig gehäuft. Blüten purpurn, selten rosa oder weiß. Früchte 3 mm lang; Pappus bis 1 cm lang, fiedrig. ▪ Blütezeit: August bis Oktober.

S Verbreitet; auf Naß- und Moorwiesen, an Quellen und Gräben; auf nassen oder wechselfeuchten, oft kalkarmen, torfigen, humosen, sandigen oder reinen Lehm- und Tonböden. Von der Ebene bis ins Gebirge.

V Europa, Westasien bis zum Baikalsee, Algerien.

Wir finden die auffallende Art in Verlandungsgesellschaften ebenso wie an quelligen Waldstellen und auf feuchten Mähwiesen, wo sie zum lästigen Unkraut werden kann. Hingegen werden die jungen Triebe gerne als Wildgemüse gegessen. In den Blüten ist der Nektar auch Insekten mit kurzem Rüssel wie Käfern, Hautflüglern und Fliegen zugänglich, die die Bestäubung vollziehen.

Eine nahe verwandte Art ist die Verschiedenblättrige Kratzdistel *(Cirsium heterophyllum),* die gleichfalls feuchte Wiesen besiedelt und die sich durch unterseits schneeweißfilzige, nie am Stengel herablaufende Blätter unterscheidet.

Sumpfwiese mit Verschiedenblättriger Kratzdistel *(Cirsium heterophyllum).*

Färber-Scharte

Serratula tinctoria

Korbblütler – *Asteraceae*

K 10–100 cm hohe Pflanze mit kurzem, knotigen, walzenförmigen Wurzelstock. Stengel aufrecht, kantig, kahl, oberwärts ästig. Die untersten Laubblätter langgestielt, leierförmig, fiederspaltig bis eiförmig; Stengelblätter sitzend, leierförmig-fiederschnittig, selten ungeteilt; alle Blätter am Rande scharf und fein gesägt. ▪ Blütenköpfe klein, höchstens 6 mm breit, zahlreich, gestielt, doldentraubig angeordnet. Blüten purpurn, zwittrig oder weiblich. Früchte länglich-lanzettlich, grünlich; ihre Haarkrone schmutzig weiß bis strohgelb. ▪ Blütezeit: Juli bis September.

S Zerstreut; in Sumpf- und Moorwiesen, in Staudenfluren an Gräben; auf wechselfeuchten, meist kalkhaltigen, modrig-humosen, steinigen oder reinen Lehm- und Tonböden, auch auf Torf. Von der Ebene bis in die Bergstufe.

V Europa, Sibirien, Algerien.

Bei der Färber-Scharte leitet sich der lateinische Name *Serratula* von »serra« = Säge ab und bezieht sich auf

die gesägten Laubblätter; der deutsche Name »Scharte« bedeutet wohl dasselbe, während das lateinische *tinctoria* sowie der Artname »Färber« an eine wichtige, frühere Verwendung der Pflanze erinnert: Im Saft der Pflanze befindet sich nämlich ein zuerst farbloser Inhaltsstoff, das Serratulin, aus dem erst nach deren Tod unter Zusatz von Alkalien, wie Kalilumlauge oder Aluminiumsulfat, ein schöner, gelber Farbstoff entsteht. Er wurde zum Färben von Wolle, Baumwolle, Leinwand und Seide benutzt und zeichnet sich durch besondere Haltbarkeit aus. Mit Indigo vermischt, erzeugt man auch einen grünen Farbstoff und unter Zusatz von Erlenrinde oder Galläpfeln konnte noch eine ganze Reihe verschiedener Farbtöne erzielt werden. Kraut und Wurzel der Art waren früher offizinell und wurden äußerlich gegen Geschwüre, Hämorrhoiden und Brüche angewendet. Die getrockneten Blätter dienten auch als Tee-Ersatz.

Die Art spaltet in 2 Unterarten auf, von denen die typische Unterart ausgesprochen feuchtigkeits- und etwas wärmeliebend ist, die großköpfige Unterart hingegen mit Vorliebe auf Alpenweiden und steinigen Hängen wächst. Blütenbesucher der Feuchtpflanze sind Fliegen und Hummeln, der Alpenpflanze hingegen die kälteresistenten Falter.

Sumpf-Pippau

Crepis paludosus

Korbblütler – *Asteraceae*

K Ausdauernde, 30–80 cm hohe Pflanze mit walzenförmig-abgebissenem, schwärzlichen Wurzelstock und schopfig gehäuften Wurzelfasern. Stengel aufrecht, röhrig, kahl, einfach oder doldentraubig verästelt. Laubblätter dünn, kahl; Stengelblätter mit herz- oder spießförmigem Grund stengelumfassend, meist gezähnt. ■ Blütenköpfchen zylindrisch-kegelig, meist zu dritt in einer endständigen Doldentraube. Köpfchenstiel verdickt. Hüllblätter lanzettlich, schwärzlich-grün, drüsig-zottig behaart. Frucht 4–5 mm lang; Haarkrone schmutzigweiß, brüchig. ■ Blütezeit: Mai bis August.

S Häufig und gesellig; in Naßwiesen und Quellmooren, vor allem des Gebirges; auf sicker- und staunassen, auch wechselfeuchten, nährstoffreichen, gerne kalkhaltigen, sandig-steinigen Sumpfhumusböden. Von der Ebene bis ins Gebirge.

V Europa, Westsibirien.

Die einigen hundert gelb blühenden Korbblütler auseinanderzuhalten, ist selbst für den Botaniker schwierig. Besonders die beiden nahe verwandten Gattungen Habichtskraut *(Hieracium)* mit ca. 40 heimischen Arten und Pippau *(Crepis)* mit 28 heimischen Vertretern, sind durch keine scharfen Merkmale trennbar. Beim Sumpf-Pippau hilft uns der Standort bei der Auswahl der in Frage kommenden Arten: Die Habichtskräuter wachsen fast ausschließlich auf sonnigen, trockenen Standorten und von den Pippau-Arten ist unser Sumpf-Pippau die einzige Art, die sich in Nasse wagt.
Die Feuchtpflanze ist an den dünnen, leicht welkenden Blättern zu erkennen und an dem Fehlen jeder Behaarung als Verdunstungsschutz. Auf ständig feuchten Naßwiesen kann sie oft große, fast reine Bestände bilden, die zur Blütezeit weithin gelb leuchten. Ihre drüsig-zottige Behaarung der Hüllblätter wird als Schutz gegen Ameisen gedeutet.
In den auffallend goldgelben Einzelblüten reift zuerst die Staubblattröhre und ragt aus der Blüte heraus, erst später folgt auch der Stempel: Der Griffel überwächst die Staubblattröhre und die empfängnisbereite Narbe bietet sich den Blütenbesuchern – meist Bienen, Fliegen und Faltern – dar.

Ufer

Die Ufer fließender Gewässer sind gekennzeichnet durch zeitweilige Überflutung (wechselfeuchte Standorte), häufige Bodenanrisse (offene Standorte), gute Wasser-, Nährstoff- und Lichtversorgung. Neben vielen heimischen Pflanzen finden wir hier auch häufig Einwanderer aus anderen Florengebieten.

Eine Reihe ökologischer Besonderheiten begünstigt diese pflanzlichen Wanderwege: Das fließende Wasser führt Samen, Brutknospen, ja sogar ganze Pflanzen mit sich und setzt sie mit sinkendem Hochwasser wieder ab. Es erodiert aber auch immer wieder Uferstreifen und macht sie dadurch konkurrenzfrei für Neuankömmlinge. Darüber hinaus bietet der Fluß noch lebende Transportmöglichkeiten für die Pflanzen: Wasservögel verfrachten in ihrem Gefieder anhaftende Samen über weite Strecken flußab und flußauf an neue Ufer. Flußufer sind ein ausgesprochen dynamischer Lebensraum, in dem sich alles schnell ändert, weil buchstäblich alles »in Fluß« ist. Näheres zum Lebensraum Ufer auf S. 19.

Schlammglöckchen

Limosella aquatica

Rachenblütler – *Scrophulariaceae*

K Einjährige, winzige Pflanze. Blätter in grundständiger Rosette, langgestielt, spatelig bis lanzettlich, ganzrandig, kahl, aus den Achseln wurzelnde Ausläufer entspringend. ■ Blüten einzeln, grundständig, auf 2–5 cm langen Stielen; Kelch 5spaltig; Blumenkrone radförmig glockig, mit 5teiligem Saum, 2–3 mm lang, weiß oder blaßlila; Staubblätter 4. Kapsel kegelig, 2klappig. ■ Blütezeit: Juli bis Oktober.

S Nicht häufig; typisch für offene Schlammflächen von Altwässern und Teichen; auf nassen, zeitweise überschwemmten, sommerlich oder herbstlich trockenfallenden, nährstoffreichen Schlammböden. Nur in der Ebene.

V Nord- und Mitteleuropa, Sibirien, Ägypten, Abessinien, Amerika und Australien.

Das Schlammglöckchen ist Erstbesiedler auf den nackten Schlamm- und Sandbänken, die nur zur Zeit des Niedrigwasserstandes im Spätsommer und Herbst aus dem Wasser auftauchen. Der Boden ist zumeist lettig mit sandiger Unterlage, in den tiefsten Teilen naß, in den höheren oberflächlich abgetrocknet, so daß die aufgelagerte Schlickschicht zerspringt und charakteristische Trockenrisse bildet. Die kleinen, walzlichen Samen werden oft in die Trockenrisse geweht, die sich bei der nächsten Überflutung schließen, so daß sie trotz strömenden Wassers sicher im Schlamm eingebettet bleiben und erst beim nächsten Niedrigwasserstand wieder keimen und mit ihren Ausläufern die nackten Flächen überziehen. Auch Wasservögel tragen zur Verbreitung bei.

Der Jahreszyklus dieses winzigen Pioniers beginnt sehr spät und dauert bei günstigen Witterungsverhältnissen bis Anfang Dezember. Die kurze Vegetationszeit und die anhaltende Überflutung auf dem nackten Schlammboden bedingen eine Konkurrenzlosigkeit, die sich ändert, sobald die Verhältnisse günstiger werden. Dann kommen kräftigere, höhere Pflanzen wie Wasserkresse (*Rorippa amphibia*), Wasserpfeffer (*Polygonum hydropiper*) und vor allem Weiden-Anflug hinzu und verdrängen den Winzling.

Der ungewöhnliche, scheinbar vegetationslose Standort und die späte Blütezeit bringen es mit sich, daß das unauffällige Pflänzchen oft übersehen wird. Sucht man es aber gezielt, so kann man es immer wieder finden, etwa an Ufern von im Spätherbst abgelassenen Fischteichen, an die sich um diese Jahreszeit kaum ein Botaniker verirrt.

Wasser-Sumpfkresse, Wasserkresse

Rorippa amphibia

Kreuzblütler – *Brassicaceae*

K Ausdauernde, 40–100 cm hohe Pflanze mit waagrecht kriechender Grundachse, oft Ausläufer treibend. Stengel aufsteigend, dick, gefurcht, hohl, ästig. Laubblätter gelbgrün oder grasgrün, sehr veränderlich(!): Die unteren breit-länglich, eiförmig bis lanzettlich, ungeteilt, grob buchtig gelappt, gekerbt oder leierförmig fiederspaltig bis kammförmig geteilt; obere Blätter sitzend, länglich, ganzrandig oder gezähnt kerbt. ▪ Blütenstand doldentraubig. Blüten gestielt, goldgelb; Fruchtstand verlängert. Schoten eiförmig bis ellipsoidisch, mit der Spitze leicht nach oben gekrümmt. ▪ Blütezeit: Mai bis August.

S An flachen Ufern von Altwässern, Teichen und Gräben, an stehenden oder langsam fließenden Gewässern mit stark schwankenden Wasserständen; auf nährstoffreichen, zeitweise überfluteten und dann wieder trockenfallenden Schlammböden. In der Ebene und Hügelstufe.

V Europa sowie Nord- und Zentralasien.

Ohne Blüten ist die Wasserkresse wegen ihrer ungemein veränderlichen Blätter oft schwer zu bestimmen. Sie spaltet zudem noch in verschiedene Varietäten auf, die einmal am Grunde geöhrte, einmal kammförmig geteilte Blätter aufweisen. Bei der Varietät *variifolia*, wörtlich »veränderlich-blättrig«, sind die oberen Blätter ungeteilt, die unteren grob gelappt. Nach zeitweiliger Überflutung überwiegen die fiederspaltigen Blätter. Alle Varietäten bilden zudem untergetauchte Wasserformen aus, bei denen die Grundachse fingerdick aufgeblasen ist. Der systematische Wert der verschiedenen Varietäten ist umstritten: Nach Meinung von Wissenschaftlern sollen die ungeteilten Blätter den Frühlingszuständen entsprechen, die geöhrten den Herbstzuständen.

Die anpassungsfähige Art ist unter anderem auch Erstbesiedler auf frisch angeschwemmten Schlammbänken, die nur zeitweise ins Wasser tauchen und bildet dort oft Reinbestände. Ihr wissenschaftlicher Name weist auf ihre Anpassungsfähigkeit hin, bedeutet doch »amphi« = beidseitig, »bios« = Leben, weil die Art sowohl im Wasser, als auch auf dem Lande leben kann.

Wasserpfeffer, Pfeffer-Knöterich

Polygonum hydropiper

Knöterichgewächse – *Polygonaceae*

K Einjährige, 25–60 cm hohe und scharf pfefferartig schmeckende Pflanze. Stengel aufrecht oder aufsteigend, am Grunde oft niederliegend und an den Knoten wurzelnd. Blätter breit lanzettlich, beidseitig verschmälert; Tuten kurz, fast aufgeblasen, am Rande mit wenigen borstigen Wimpern. ■ Scheinähren schlank, dünn, 4–5 cm lang, nickend. Blumenkronblätter 3–4 mm lang, rosa, durchscheinend goldgelb drüsig punktiert. Giftig. ■ Blütezeit: April bis Juli.

S Ziemlich häufig und gesellig; an Ufern von Gräben, in Teichen und Pfützen, auf überschwemmten Stellen, an feuchten Waldwegen; auf nassen, nährstoffreichen, sandigen oder tonigen Schlammböden. Stickstoffzeiger. Als Feuchtigkeitszeiger auch lästiges, bis 1,20 m tief wurzelndes Unkraut in Hackfruchtäckern.

V Europa, Nordafrika, Sibirien, Kaukasus, Orient; in Nordamerika eingeschleppt und verwildert.

Die Familie der Knöterichgewächse trägt ihren Namen nach den knotig gegliederten Stengeln. Eine weitere Eigentümlichkeit sind die röhrenförmig verwachsenen, stengelumfassenden Nebenblätter, die sogenannten »Tuten«, deren Gestalt und Behaarung wichtige Bestimmungsmerkmale für die einzelnen Arten abgeben.

Beim Wasserpfeffer bezieht sich der Name auf den scharfen Geschmack der leicht giftigen Pflanze. Das scharfe Sekret wird aus zahlreichen eingesenkten Drüsen abgesondert, die sich auf allen Pflanzenteilen befinden. Früchte dieser Art fand man schon in großen Mengen in Pfahlbauten, wo sie sichtlich aus dem Getreide herausgelesen worden waren. Das deutet darauf hin, daß die Pflanze auch damals schon zu den Ackerunkräutern gehörte.

Die Pflanze kommt auch in einer untergetaucht lebenden Wasserform vor, die jedoch meist steril bleibt. Unter Wasser kann sie bis zu 140 cm lang werden, ihre Tauchblätter sind von zarter, durchscheinender Beschaffenheit.

Eine sehr ähnliche, nahe verwandte Art ist der Schlaffe Knöterich *(Polygonum mite)*, den man daran unterscheiden kann, daß er nicht scharf schmeckt. Seine Blumenkronblätter sind nicht drüsig punktiert.

Acker-Zweizahn

Bidens tripartita

Korbblütler – *Asteraceae*

K Einjährige, 15–100 cm hohe Pflanze mit spindeliger, vielfasriger Wurzel. Stengel aufrecht, in einen kurzen, geflügelten Stiel verschmälert, meist 3–5spaltig, mit spitz-lanzettlichen, grob gezähnten Zipfeln. ■ Blütenköpfchen einzeln, aufrecht, 1–2 cm breit, gestielt, meist ohne Zungenblüten. Hüllschuppen 2reihig; die äußeren blattartig, grün, länger als die Köpfchen. ■ Blütezeit: Juli bis Oktober.

S An den Ufern stehender oder schwach fließender, nährstoffreicher Gewässer mit schwankendem Wasserstand, insbesondere an Flüssen, Teichen und Tümpeln, in verunreinigten Gräben und Abflußrinnen; auch auf feuchten Äckern und im Umkreis von Siedlungen; auf offenen, wechselnassen, z. T. zeitweise überfluteten, nährstoffreichen, meist humosen Sand-, Schlamm- und Tonböden. Von der Ebene bis in die Bergstufe verbreitet.

V Fast ganz Europa, Nord- und Westasien; in Australien eingeschleppt.

Der Name Zweizahn bezieht sich auf die beiden langen Grannen des Kelchsaumes, die als Verbreitungsorgane dienen. Die nach hinten rauhen Grannen, an denen die Frucht hängt (sie gehört zu den Klett- oder Häkelfrüchten), bleiben nämlich am Gefieder von Wasservögeln, am Fell von Tieren und den Kleidern von Menschen leicht hängen und werden so über weite Strecken vertragen. Lustige Volksnamen, wie »Hosenbeißer«, »Hadernläuse«, »Sitt in d'Hosen«, »Priesterläus« oder »Bettelläus« (vergleiche auch bei Hexenkraut und Klimmendem Labkraut), weisen auf die »anhängliche« Eigen-

schaft dieser Früchte hin. Die unscheinbaren, trüb gelblichen, später bräunlich verfärbenden Blüten werden von Schwirrfliegen und Bremsen bestäubt.

Die Art ist ein charakteristischer Vertreter der Schlamm- und Uferflora, einem Standort, der nur zu bestimmten Jahreszeiten für Pflanzen bewohnbar und daher für Einjährige von Vorteil ist. Besonders häufig wächst der Zweizahn zwischen dem Geschwemmsel am Rande träge fließender, oft stark verschmutzter Gewässer, wo er ausgesprochene Zweizahnfluren bildet. Die ganze Pflanze enthält ein scharfes ätherisches Öl und war früher offizinell.

Weißes Straußgras

Agrostis stolonifera

Gräser – *Poaceae*

K Ausdauerndes, horst- und teppichbildendes, manchmal untergetaucht lebendes Gras mit sehr langen, peitschenförmigen Ausläufern, die oberirdisch oder auch unterirdisch kriechen. Stengel aufrecht oder niederliegend und gekniet aufsteigend, an den Knoten wurzelnd, 15–100 cm hoch. Blätter in Knospenlage gerollt, schlaff, flach; Blatthäutchen spitz bis breit stumpf, bis doppelt so lang wie breit, oft geschlitzt. ▪ Rispe 5–15 cm lang, eilänglich, nach der Blüte oft zusammengezogen. ▪ Blütezeit: Juni bis Juli.

S An Ufern und im Überschwemmungsbereich von fließenden und stehenden Gewässern, auch im seichten Wasser flutend; auf wechselfeuchten, zeitweise überfluteten, nährstoffreichen, aber humusarmen Schlamm-, Sand- und Kiesböden. Vom Tiefland bis ins Hochgebirge.

V Im nördlichen Eurasien weit verbreitet; in Nordamerika, in Afrika.

Das kriechende Straußgras ist einer der wichtigsten Pioniere auf den flachen, feuchten Schotterbänken, die bei Niederwasserstand vom Fluß freigegeben werden. Bei jeder weiteren Überflutung verlangsamt es die Strömungsgeschwindigkeit und filtert Sand aus dem Wasser. Überschüttung mit Geschiebe machen der Pflanze nichts aus, weil sie vermöge ihrer Ausläufer immer wieder rasch an die Oberfläche gelangt. Auf diese Weise trägt sie wesentlich zur Landwerdung bei, die in weiterer Folge zum Weidenwald führt. Die Art ist auch unempfindlich gegen Kälte, Nässe und Betritt, und daher ein wertvoller Bodenfestiger auf Uferböschungen und Dämmen. In lange überschwemmten Weidenauen breitet sie einen Kriechrasen aus, so fein und zartgrün, wie ihn kein Gärtner besser zustande brächte.

Die Art ist sehr vielgestaltig und tritt unter anderem auch in einer Fließwasserform auf. Sie kann in 40–200 cm tiefen Wasser völlig untergetaucht wachsen und entwickelt dort bis zu 40 cm lange Halme mit langen, schlaffen und breiten Blättern.

Kriechender Hahnenfuß

Ranunculus repens

Hahnenfußgewächse –
Ranunculaceae

K Ausdauernde, 15–40 cm hohe Pflanze, bei der aus dem nur wenig verdickten Wurzelstock lange, oberirdisch beblätterte, an den Knoten wurzelnde Ausläufer treiben. Grundständige Laubblätter langgestielt, 3zählig; Teilblättchen gestielt, 3spaltig. Stengel aufrecht oder aufsteigend, verzweigt, mehrblütig. ▪ Blüte 2–3 cm im Durchmesser, goldgelb, glänzend. Blumenkronblätter 5, eiförmig, behaart, kürzer als die 5 am Rande sich deckenden Honigblätter. Früchte auf dem kugeligen Blütenboden sitzend, rundlich zusammengedrückt, geschnäbelt. ▪ Blütezeit: Mai bis August.

S Häufig und verbreitet; an Ufern und in Auwäldern, in Pioniergesellschaften, Gräben, nassen Wegen, oft überschwemmten Wiesen und Äckern; auf feuchten, nährstoffreichen, sandigen und lehmigen Böden. Von der Ebene bis in die alpine Region.

V Europa, Kaukasien, Persien, Sibirien bis Kamtschatka; Nordafrika, Madeira. In Nordamerika eingeschleppt.

Der Kriechende Hahnenfuß ist eine ausgeprägte Pionierpflanze, die hervorragend daran angepaßt ist, Überflutungen und damit verbundene Hochwasserablagerungen zu überleben: Seine oberirdischen Ausläufer bohren sich immer wieder durch das abgelagerte Material ans Licht. Dadurch ist er auch befähigt, in jungen Pioniergesellschaften auf neu angeschwemmten Sand- oder Schlammbänken Fuß zu fassen und sich zu behaupten. In lange und häufig überschwemmten Weidenauen überzieht er oft zusammen mit dem Sumpf-Vergißmeinnicht in einem dichten Teppich den Boden; er behauptet sich aber auch auf feuchten, überschwemmten Wiesen gegenüber den Gräsern, was zu einer merklichen Ertragsminderung führt. Seine Wurzeln dringen bis zu 50 cm tief ein und tragen so zur Befestigung von losem Boden bei.

In den hübschen, goldgelben Blüten wird der Nektar am Grunde der Honigblätter abgesondert. Der starke Glanz an der Oberseite der Honigblätter wird durch eingelagerte Stärkekörner hervorgerufen, die das Licht reflektieren. Außer durch Samenbildung kann sich die Art auch vegetativ mittels Ausläufer vermehren, die an den Knoten wurzeln und auf diese Art einen Pflanzenverband entstehen lassen. Gut geeignet zur Befestigung von Uferanrissen.

Wasserdarm

Myosoton aquaticum

Nelkengewächse – *Caryophyllaceae*

K Ein- bis mehrjährige, 15–45 cm hohe Pflanze mit ausläuferartiger, kriechender, ästiger, zerbrechlicher Grundachse, von der die blühenden und nichtblühenden Sprosse ausgehen. Blütenstengel liegend (manchmal bis 1 m lang!) oder klimmend, schlaff, zerbrechlich, einfach oder ästig, unten kahl, oberwärts drüsig behaart. Laubblätter weich, eiförmig zugespitzt, am Rande oft wellig, 1,5 bis 8 cm lang, die unteren kurz gestielt, die oberen sitzend. ■ Blüten in locker beblätterten Trugdolden, 12–15 mm breit, trichterförmig-glockig; Blütenstiel drüsenhaarig, nach dem Verblühen herabgeschlagen. Blumenkronblätter 1½mal so lang wie die Kelchblätter, fast bis zur Mitte gespalten, weiß; Staubblätter 10,

Griffel 5. Fruchtkapsel 5fächrig sich öffnend; Samen braun, mit schirmchenartigen, mit Widerhaken versehenen Auswüchsen besetzt. ■ Blütezeit: Juni bis September.

S Ziemlich häufig; in Ufersäumen, in Staudenfluren der Auen, in Weidengebüschen und an Gräben; auf grundwassernahen, sickerfeuchten oder zeitweilig überfluteten, nährstoffreichen, sandigen oder lehmigen Ton- oder Schlammböden. Nährstoffzeiger. Von der Ebene bis in mittlere Gebirgslagen.

V Europa, gemäßigtes Asien.

Der Wasserdarm kann sehr leicht mit der sehr ähnlichen Wald-Sternmiere *(Stellaria nemorum)* verwechselt werden. Früher wurde die nur aus einer einzigen Art bestehende Gattung Wasserdarm *(Malachium)* überhaupt zur Gattung Sternmiere *(Stellaria)* gerechnet. Während jedoch der Wasserdarm 5 Griffel aufweist und sich die Fruchtkapsel mit 5 Klappen öffnet, besitzt die Sternmiere nur 3 Griffel und die Fruchtkapsel öffnet sich mit 6 Klappen.

An der Pflanze kommen zweierlei Blüten vor: Zwittrige Blüten, bei denen die Kronblätter 1½mal so lang wie der Kelch sind, mit blaßlila Staubbeuteln; und rein weibliche Blüten mit kürzeren Kronblättern (so lang wie der Kelch), bei denen die Staubblätter gelblich und verkümmert sind. Als Blütenbesucher kommen Fliegen und Bienen in Frage. Bleibt die Bestäubung aus, kommt es zur Selbstbefruchtung.

Der Wasserdarm kann als Wildsalat und Wildspinat gegessen werden und liefert auch ein gutes Futter, vor allem für Schweine.

Gemeiner Wolfstrapp

Lycopus europaeus

Lippenblütler – *Lamiaceae*

K Langsproßstaude mit über 1 m langen, vorne verdickten und mit zerschlissenen Hochblättern besetzten Bodenausläufern. Stengel 20 bis 100 cm hoch, 4kantig, einfach oder sparrig verästelt. Laubblätter meist sitzend, 3–8 cm lang und 1–3 cm breit, scharf zugespitzt, grob und tief gesägt, an nassen Standorten auch fiederspaltig. ■ Blüten klein, 4–5 mm lang, sitzend, in 10–20 fast kugeligen Scheinquirlen, mit lanzettlichen, stechend begrannten Vorblättern. Kelch weit glockig, mit 5 langen, stechend begrannten Zähnen. Blumenkrone den Kelch kaum überragend, mit weißer Oberlippe und 3lappiger, weiß und rot punktierter Unterlippe; im Schlund zottig behaart. Frucht in 4 abgeflachte, dunkelbraune Nüßchen zerfallend. ■ Blütezeit: Juli bis September.

S An Ufern von stehenden und langsam fließenden Gewässern; auf nassen, zeitweise überschwemmten, nährstoffreichen, modrig-humosen, sandigen oder tonigen Lehmböden. Etwas wärmeliebend. Vor allem in der Hügel- und Bergstufe.

V Im größten Teil Eurasiens.

Der Gemeine Wolfstrapp weist eine ziemlich große ökologische Anpassungsfähigkeit auf: Er wächst sowohl auf trockenen Ruderalstandorten als vor allem auch an ausgesprochenen Naßstandorten. Während er auf trockenen Standorten einen gedrungenen, sparrig-ästigen Wuchs aufweist, wird er im Sumpf schlanker, bleibt unverzweigt, und seine Blätter können kammförmig zerteilt sein. Schließlich kann er sogar völlig untergetaucht im tiefen Wasser vegetieren. Diese Wasserform bildet immer tief zerteilte Blätter aus und kommt nicht zur Blüte. Ihre langen Ausläufer besitzen im Inneren ein ausgeprägtes Luftgewebe, mit dessen Hilfe sie schwimmfähig sind. Sie trennen sich frühzeitig von der Mutterpflanze und wachsen zu selbständigen Pflanzen aus.

Das Kraut enthält einen Bitterstoff, organische Säuren und ein ätherisches Öl. In der Homöopathie wird es zur Behandlung von Schilddrüsen-Überfunktion verwendet.

Die flachen, schwimmfähigen Nüßchen der Art werden durch das Wasser, durch Wasservögel und sogar durch Köcherfliegenlarven verbreitet, die sie in ihr Gehäuse einbauen.

Mädesüß

Filipendula ulmaria

Rosengewächse – *Rosaceae*

K Ausdauernde, 1–1,5 m hohe Staude mit dickem, waagrechten, verholzten Wurzelstock. Stengel einfach oder oberwärts verzweigt, derb, kantig, reich beblättert. Laubblätter unterbrochen gefiedert, oberwärts glatt und dunkelgrün, unterseits hellgrün und weißfilzig. ■ Blüten in einer vielstrahligen Trugdolde, klein, zahlreich, stark duftend. Kronblätter 5–6, verkehrt-eiförmig, weiß; Staubblätter doppelt so lang wie die Kronblätter. Früchtchen spiralig zusammengedreht. ■ Blütezeit: Juni bis August.

S Häufig und meist gesellig; in Naßwiesen und Auengehölzen, an Gräben, in Verlandungsbeständen und Moorwiesen; auf sickerfeuchten oder grundwassernassen, nährstoffreichen Sumpfhumusböden. Von der Ebene bis ins Gebirge.

V Fast ganz Europa.

Vor mehr als 100 Jahren gelang es 2 deutschen Chemikern erstmalig, aus dem Mädesüß reine Salicylsäure zu isolieren. Sie nannten sie nach dem alten Namen der Pflanze »Spiraea Filipendula« Spiraeasäure. Als man später synthetisch Acetylsalicylsäure herstellte, die besser verträglich ist, brachte man das Produkt unter dem Namen A(cetyl)spir(aesäure)in, also Aspirin auf den Markt. Es wird heute auf der ganzen Erde tonnenweise gegen Fieber, Schmerzen und Rheuma verbraucht.

Die Pflanze selbst wird nur mehr in der Volksheilkunde als schweiß- und harntreibendes sowie schmerzstillendes und fiebersenkendes Mittel, vor allem bei rheumatischen Erkrankungen verwendet. Bei Überdosierung kann es zu Irritation der Magenschleimhaut kommen. Interessant ist ferner der hohe Kieselsäuregehalt der Droge. Bäder mit einem Extrakt aus Mädesüß werden deshalb auch bei Bindegewebsschwäche empfohlen.

Die prächtige Staude mit den aromatisch duftenden Blüten und Blättern heißt in manchen Gegenden auch »Wiesenkönigin«. Der Name Mädesüß hat nichts mit Mädchen zu tun, sondern bezieht sich darauf, das die Droge zum Süßen des Mets (»Metsüß«) verwendet wurde.

Roß-Minze

Mentha longifolia

Lippenblütler – *Lamiaceae*

K Ausdauernde, 50–100 cm hohe Pflanze mit kräftiger, holziger Grundachse und nur unterirdischen Ausläufern. Sprosse mit ein- bis mehrzelligen, aber nie ästigen Filzhaaren bedeckt, mild aromatisch duftend. Stengel aufrecht, einfach oder verzweigt, stumpf 4kantig. Laubblätter gekreuzt-gegenständig, sitzend, länglich-eiförmig, 5–10 cm lang und 1,5–3 cm breit, spitz gezähnt, oberwärts meist verkahlend, unterseits bleibend graufilzig. ■ Blüten in langen, dichten graufilzigen, rispig gehäuften Scheinähren, mit schmalen, zottigen, die Einzelblüten oft überragenden Hochblättern. Kelch glockig, wollig behaart, gezähnt. Blüten lila. ■ Blütezeit: Juli bis September.

S Häufig und gesellig; in Pioniergesellschaften an Ufern, in Naßweiden, an Gräben und Bächen; auf nassen bzw. wechselnassen, nährstoffreichen, meist kalkhaltigen, sandigen oder reinen Tonböden. Von der Ebene bis in mittlere Gebirgslagen.

V Im ganzen Mittelmeergebiet und im größten Teil von Mitteleuropa; stellenweise wohl nur eingebürgert.

Diese häufige und auffallende Minzenart ist sehr vielgestaltig: Über 21 Unterarten sowie mindestens 150 Varietäten wurden bei ihr unterschieden. Unter diesen ist namentlich die krausblättrige Gartenform bemerkenswert (Krause Minze, *Mentha longifolia* ssp. *undulata*). Wie alle Minzen enthält auch die Roßminze reichlich ätherische Öle, die in speziellen Drüsen an den Blattunterseiten abgesondert werden. Sie gilt allerdings als weniger heilkräftig als die Gartenform und wird in der Volksmedizin vor allem für durchblutungsfördernde Bäder verwendet, in den Alpenländern auch zum Würzen des Kräuterkäses.

In den kleinen, hellvioletten, nur schwach zweiseitig symmetrischen Blüten wird der Nektar von einer großen Honigdrüse am Grunde des Fruchtknotens abgeschieden. Die 4 Staubblätter und die 2teilige Narbe ragen aus der Blüte heraus. Die verschiedenartigsten Insekten vollziehen die Bestäubung.

Zottiges Weidenröschen

Epilobium hirsutum

Nachtkerzengewächse –
Onagraceae

K Samenpflanze mit einfacher, im Alter gedrehter Wurzel; Erneuerungssproßpflanze mit schief aufsteigendem, lang kriechenden Wurzelstock, der schon zur Blütezeit wurzelnde Stocksprosse treibt. Niederblätter am belichteten Sproßende rosettenförmig angeordnet. Stengel 50–150 cm hoch, steif aufrecht, lang und einfach behaart, seltener drüsig oder filzig. Laubblätter stengelumfassend sitzend, länglich-lanzettlich, fast kahl oder drüsig, zottig. ■ Blüten bis zu 2 cm lang, purpurrot in endständigen Blütentrauben. Kelchblätter 4, lanzettlich; Kronblätter 4, herzförmig, am Grunde mit starkem Haarring. Fruchtkapsel lang und schmal, schotenförmig, 4klappig aufspringend. Samen mit Haarschopf; Windverbreitung. ■ Blütezeit: Juli und August.

S Trupp- bis herdenweise an Ufern von Bächen, Flüssen und Gräben; auf nassen, zeitweise überfluteten, nährstoffreichen, sandigen Tonböden. Bodenfestiger. Von der Ebene bis in mittlere Gebirgslagen.

V Europa, Vorderasien, Ostasien; eingeschleppt in Nordafrika, Kanaren.

Die Gattung Weidenröschen zeichnet sich durch eine stark ausgeprägte, vegetative Vermehrung aus, wobei die Samenpflanzen und die vegetativen Sproßpflanzen recht verschieden aussehen können. Beim Zottigen Weidenröschen bilden sich schon im Sommer am Wurzelhals lange, am Ende aufwärts gebogene Stocksprosse, die sich im folgenden Jahr von der Mutterpflanze loslösen und dann ihrerseits sogleich wieder Stocksprosse treiben. Da sie über aufgespeicherte Reservestoffe verfügen, entwickeln sie sich rascher und blühen 3–4 Wochen früher als die gleichalten Samenpflanzen.

Die Art ist dank ihrer sehr gut flugfähigen Samen ausgezeichnet befähigt, neue Standorte zu erobern und sie mit Hilfe ihrer vegetativen Stocksprosse auch dauernd zu besetzen. Auf diese Art entstehen an Ufern oft reine Herden des Zottigen Weidenröschens.

Die bis zu 50 cm langen, fleischigen Ausläufer werden als Wildgemüse wie Spargel gegessen.

Rote Taglilie

Hemerocallis fulva

Liliengewächse – *Liliaceae*

K Ausdauernde, bis 1 m hohe Staude mit kurzer Grundachse und verdickten, fleischigen Wurzeln. Stengel beblättert, oben gabelig verzweigt; grundständige Laubblätter grasgrün, 40–60 cm lang, breit linealisch. ■ Blütenstand 6–12blütig; Blüten groß, glockig, 5–8 cm lang, blaßrot bis ziegelrot, geruchlos. Blütenzipfel länglich-stumpf, am Rande wellig. ■ Blütezeit: Juli, August.

S An Ufern von Flüssen, in Auen, entlang von Kanälen.

V Kaukasusländer, südliches und mittleres Rußland.

Die Rote Taglilie ist ein typischer »Gartenflüchtling«. Zu unserer heimischen Flora gesellen sich ja eine Reihe von ausländischen Zuwanderern, die sich an die Standortsbedingungen anpassen konnten und allmählich einen festen Platz eroberten. Vielfach sind es Unkräuter, die unabsichtlich eingeschleppt wurden und sich später oft massenhaft vermehrten. Oft sind es aber ganz besonders attraktive Pflanzen, die sorgsam in Gärten gehegt wurden, aus denen sie dann einmal entschlüpften und verwilderten. Zu letzteren gehören die beiden Taglilien. Mit Gartenabfällen gelangten ihre Wurzelknollen wohl ins Wasser und wurden anderswo wieder an Land getragen. Aber ihre Blüten bleiben bei uns steril. Das hängt nicht etwa mit dem Klima zusammen, sondern es fehlen die Bestäuber. In ihrer Heimat werden die Taglilien nämlich von ganz besonders langrüsseligen Faltern bestäubt, die den Nektar aus der langen Blumenkronröhre holen. Diese Falter gibt es bei uns nicht, und so können sich die Taglilien nur vegetativ vermehren.

Der Name *Hemerocallis* kommt übrigens aus dem Griechischen, setzt sich aus »hemèra« = Tag und »kàllos« = Schönheit zusammen und bezieht sich darauf, daß ihre schönen Blüten nur einen Tag blühen.

Eine nahe verwandte, sehr ähnliche Art ist die »Gelbe Taglilie« (*Hemerocallis lilio-asphodelus*), die sich durch rein gelbe, duftende Blüten unterscheidet. Sie ist an ähnlichen Standorten, wenn auch viel seltener als die Rote Taglilie verwildert.

Gelbe Taglilie (*H. lilio-asphodelus*)

Schlitzblättriger Sonnenhut

Rudbeckia laciniata

Korbblütler – *Asteraceae*

K Ausdauernde, 50–250 cm hohe Pflanze mit walzenförmigem, kriechenden Wurzelstock und aufrechtem, kahlen, oberwärts ästigen Stengel. Laubblätter wechselständig, kahl; die unteren einfach fiederspaltig; die mittleren 2–3fach fiederspaltig, mit lanzettlichen, spitzen Abschnitten; die obersten einfach, eiförmig, gezähnt. ▪ Blütenköpfchen langgestielt, groß, 7–12 cm breit; Scheibenblüten schwarzbraun; Zungenblüten bis 8 mm breit, goldgelb, zurückgeschlagen bis herabhängend. Früchte kahl, 5 mm lang; Pappus nur ein schmales, 4zähniges Krönchen. ▪ Blütezeit: Juli bis Oktober.

S Verwildert und eingebürgert an Flußufern, in Weidengebüschen, an Weihern und Teichen, in Auwäldern; auf feuchten bis wechselnassen, nährstoffreichen, kiesigen bis sandigen Tonböden.

V In Europa allgemein verbreitet.

Die aus Nordamerika stammende, hochwüchsige Blütenstaude wurde schon anfangs des 17. Jahrhunderts in Paris kultiviert, kam aber erst Ende des 18. Jahrhunderts nach Deutschland, wo sie allerdings ziemlich bald verwilderte. Ende des 19. Jahrhunderts trat sie in den Praterauen bei Wien auf und inzwischen ist sie an den meisten größeren Flüssen und Bächen in ganz Mitteleuropa zu finden.

Die Pflanze ist ein Wurzelkriechpionier, die sich dank seiner unterirdischen, überaus zahlreichen Ausläufer vegetativ vermehrt und vor allem die offenen Flächen entlang der Flußufer sehr rasch in Besitz nimmt. Dort bildet die Art oft große, zusammenhängende Dickichte, in denen sie alle anderen, weniger konkurrenzfähigen Pflanzen verdrängt.

Eine nahe verwandte Art ist der gleichfalls aus Nordamerika stammende Behaarte Sonnenhut (*Rudbeckia hirta*), der sich durch ungeteilte, rauhhaarige, ovale Blätter unterscheidet und gleichfalls, wenn auch viel seltener, bei uns aus Gärten verwildert ist.

Echtes Barbarakraut

Barbaraea vulgaris

Kreuzblütler – *Brassicaceae*

K Meist zweijährige, manchmal auch ausdauernde, 30–90 cm hohe, kahle Pflanze mit spindelförmiger, hellbrauner, im oberen Teil fasriger Wurzel. Stengel aufrecht, ästig, kantig gefurcht. Untere Laubblätter gestielt, rosettig, leierförmig-fiederspaltig, mit 5–9 länglichen Seitenabschnitten und rundlichen Endblättchen. Obere Stengelblätter geöhrt, sitzend, eiförmig, gezähnt. Alle Laubblätter fleischig, dunkelgrün. ■ Blütenstand eine anfangs dichte, später gestreckte, reichblütige Traube. Blüten leuchtend goldgelb, süß duftend, gestielt, abstehend; Kelchblätter länglich, mit breitem Hautrand; Blumenkronblätter doppelt so lang wie die Kelchblätter. Schoten rundlich 4kantig, aufrecht abstehend. ■ Blütezeit: April bis Juli.

S Häufig; an Ufern, in Bach- und Flußauen, in feuchten Unkrautfluren, an Wegen und Dämmen; auf sickerfeuchten oder grundwasserfrischen, nährstoffreichen, humosen oder rohbindigen Kies-, Sand-, Lehm- und Tonböden. Stromtalpflanze. Von der Ebene bis ins Gebirge.

V Europa und Asien; eingebürgert in Nordamerika, Afrika, Australien und Neuseeland.

Der Name »Barbarakraut« wird verschieden gedeutet: Einmal nach dem Datum 4. Dezember (= Barbaratag), weil die Pflanze mancherorts als »Winterkresse« gegessen wird. Oder nach der heilkundigen Heiligen Barbara, die um 350 n. Ch. im nordwestlichen Kleinasien lebte, weil die Art auch als Heilpflanze verwendet wird.

Jedenfalls ist das Barbarakraut auch heute noch ein beliebtes Wildgemüse, das vor allem im Winter und Frühling gesammelt wird und steril an den dichten, sattgrünen Blattrosetten und dem kresseartigen Geschmack leicht zu erkennen ist. Die Blätter ergeben einen pikanten Salat

und ein spinatartiges Gemüse. Früher wurde die Pflanze als Salat- und Ölpflanze auch vielfach angebaut und ist aus den Kulturen an manchen Stellen verwildert. Die Volksmedizin bereitet aus dem Kraut einen Wundbalsam. Den Blättern wird dabei eine blutreinigende Wirkung zugeschrieben, ebenso werden sie bei Vitamin-C-Mangelerscheinungen wie Frühjahrsmüdigkeit und Zahnfleischbluten empfohlen.

Gemeines Seifenkraut

Saponaria officinalis

Nelkengewächse – *Caryophyllaceae*

K Ausdauernde, 30–70 cm hohe Pflanze mit stark verzweigter, fingerdicker, weithin kriechender Grundachse, aus der die fruchtbaren und die unfruchtbaren Sprosse treiben. Stengel aufrecht oder aufsteigend, flaumig behaart, oberwärts etwas ästig. Laubblätter länglich-lanzettlich, beidendig verschmälert, spitz, 3nervig, am Rande rauh. ■ Blüte wohlriechend, in end- oder blattwinkelständigen, dichten Büscheln. Kelch röhrig, blaßgrün; Kronblätter blaßrosa bis weiß, 3,5–4 cm lang; Platte vorne gestutzt, am Grunde mit zerschlitztem Krönchen. Kapsel 1fächrig, bei

Reife mit 4–5 Zähnen aufspringend. ■ Blütezeit: Juni bis September.
S Ziemlich häufig; an Flußufern, Dämmen, in Auen, im Weidengebüsch, im Flußgeschiebe, auch an Wegen und Schuttplätzen; auf frischen bis mäßig trockenen, nährstoffreichen Stein-, Sand- oder Kiesböden. Stromtalpflanze. Von der Ebene bis in mittlere Gebirgslagen aufsteigend.

V Mittel- und Südeuropa, Kleinasien, Zentralasien, Japan.

Der Name Seifenkraut (lateinisch »sapo« = Seife), bezieht sich darauf, daß Blüten, Blätter, vor allem aber der Wurzelstock mit Wasser wie Seife schäumen. Die ganze Pflanze enthält Saponine und war früher als »Herba et Radix Saponariae« offizinell. In der Volksmedizin wird der Wurzelstock auch heute noch als schleimlösendes, abführendes und harntreibendes Mittel verwendet. Wichtiger als der Gebrauch als Heilkraut war die Verwendung als Waschmittel, auf die man in Kriegszeiten immer wieder als Seifenersatz zurückgriff.

Die hübsche, duftende Pflanze fand auch Eingang in unsere Gärten, wo sie vor allem auch in einer gefüllten Form gezogen wird; ebenso werden einige verwandte Arten kultiviert.

In der Blüte wird der Nektar am Grunde der 22 mm langen Kelchröhre abgesondert und ist nur langrüsseligen Nachtfaltern, wie Ligusterschwärmer, Windenschwärmer, Taubenschwänzchen und verschiedenen Eulen, erreichbar. Besonders am Abend und in der Nacht verströmen die blaßrosa Blüten ihren intensiven Wohlgeruch, eine Anpassung an die nächtlich schwärmenden Bestäuber.

Indisches Springkraut

Impatiens glandulifera

Springkrautgewächse –
Balsaminaceae

K Einjährige, bis über 2 m hohe Pflanze mit kräftigem, ästigen, knotig gegliederten Stengel. Laubblätter gegenständig, eilanzettlich zugespitzt, gezähnt, am Blattstiel und an den unteren Zähnen mit Drüsen. ■ Blüten groß, langgestielt, in reichblütiger, lockerer Traube, etwa 3–4 cm breit, purpurn oder fleischrot, auch rosa, stark duftend. Blütenhülle in Kelch und Krone gegliedert, 5zählig, 2seitig symmetrisch, mit geradem, dicken Sporn. Frucht eine eiförmig zugespitzte, elastisch aufspringende Kapsel. ■ Blütezeit: Juli bis Oktober.

S Verwildert und eingebürgert an Ufern von Flüssen, in Weidenauen; auf feuchten, nährstoffreichen, mildhumosen, sandigen oder lehmigen Tonböden in luftfeuchter Lage.

V Heimat Himalaya und Ostindien; verwildert entlang der großen Ströme und Flüsse in ganz Europa. Stromtalpflanze.

Die prächtige Art kam 1839 aus ihrer ostindischen Heimat zum ersten Mal nach Europa, wo sie in Gärten und Friedhöfen als Zierpflanze gezogen wurde. Von dort aus ist sie bald an den Uforn von Flüssen verwildert. War sie noch vor 30 Jahren eine ausgesprochene Seltenheit, so tritt sie jetzt schon massenhaft auf diesen Standorten auf, man kann sie wohl als eingebürgert betrachten.
Als einjährige Pflanze faßt sie gerade auf den offenen, überschwemmten Böden leicht Fuß, dank ihres raschen Wachstums vermag sie sich gegenüber den bodenständigen Arten durchzusetzen, ja sie stellenweise ganz zu verdrängen. Als Forstunkraut kann man die dekorative Blütenstaude dennoch nicht bezeichnen. Ihre auffallend kleinen Wurzelballen führen, im Gegensatz zu der aus Nordamerika stammenden Kanadischen Goldrute, zu keiner Verdämmung, ihre wasserhaltigen Stengel verrotten sehr rasch und wirken als Dünger. Nicht nur die auffallenden Blüten, sondern die ganze Pflanze verströmt einen eigenartig süßen Wohlgeruch, der schon aus der Entfernung wahrgenommen werden kann. Die Fruchtkapsel schleudert die Samen bis zu 6 m weit weg!

Quell- und Bachfluren

So verschieden eine Sturzquelle von einer Sickerquelle, eine Grundwasserquelle oder ein Quellsumpf auch sein mögen, allen gemeinsam sind ihre ausgeglichenen Lebensbedingungen: Sommers wie winters herrscht so ziemlich die gleiche Temperatur, die ungefähr dem Jahresmittelwert der Lufttemperatur der jeweiligen Umgebung entspricht. Quellen sind im Sommer relativ kalt, frieren jedoch im Winter nie zu, sind also vom Allgemeinklima weitgehend unabhängig. Es treffen sich daher auf diesen Spezialstandorten Pflanzen aus dem hohen Norden mit frostempfindlichen, atlantischen, ja sogar mediterranen Einwanderern. Bedingt durch die starke Strömung und den damit verbundenen innigen Luftkontakt ist Quellwasser überaus sauerstoffreich. Dadurch verfügt es auch über eine außerordentlich hohe Selbstreinigung.

Quellgesellschaften sind außerhalb der Alpen sehr selten und überall durch Absenken des Grundwassers, Verrohren, Verunreinigung und Anlage von Fischteichen gefährdet. Näheres zum Lebensraum Quell- und Bachfluren auf S. 21.

Starknervmoos

Cratoneuron commutatum

Starknervmoose –
Cratoneuronaceae

K 4–10 cm langes, einfach fieder-
teiliges Moos von gelbgrüner bis rot-
filziger Farbe, das große, lockere Rasen bildet. Stengel unterseits oft mit
Kalk inkrustiert; Blätter 3eckig-herz-
förmig, stark sichelförmig gebogen.
Blattnerv in der Blattspitze endend
oder austretend. Insgesamt sehr formenreich.

S In Quellen und Quellsümpfen, in
Bächen und Wasserfällen, auf überrieselten Felsen; immer in kalkrei-
chem Wasser; oft große Bestände
bildend. Vom Flachland bis über
2500 m.

V Europa, Nordamerika, Japan.

Spricht man vom »Entspringen« einer Quelle, so sollte das eigentlich
nur für Sturzquellen gelten, bei denen das Wasser aus anstehenden
Felsen mit hohem Gefälle über Stock
und Stein zu Tale springt. In unmittelbarer Nähe von derartigen Quellge-
rinnen, im Sprühbereich des Wassers, siedelt sich das Starknervmoos
an und bildet dichte Überzüge über
dem gerölligen Untergrund. Dabei
verändert es den Standort entschei-
dend und baut ein charakteristisches Kleinbiotop auf: Ist die Quelle
nämlich reich an Kohlendioxyd und
Calciumhydrogencarbonat, so entziehen ihm die Moospflänzchen bei
der Assimilation das Kohlendioxyd.
Dadurch fällt das wasserunlösliche
Calciumcarbonat aus, das sich als
dünnes Kalkhäutchen auf den Moospflänzchen absetzt. Mit der Zeit ver-
kalken die Quellmoospolster immer
mehr, sterben ab und bleiben als
versteintes Kalkgerüst zurück, während neue Moospolster ständig
nachwachsen.

Auf diese Weise entstehen im Laufe
von Jahrhunderten mächtige Kalk-
steinlager, sogenannte Kalktuffe, die
unter der Bezeichnung »Travertin«
zum Auskleiden von Treppen und
Hausfluren verwendet werden. Da
die pflanzliche Feinstruktur in den
Kalktuffen getreulich bewahrt wird,
erlaubt eine Analyse derselben
Rückschlüsse auf die Vegetation der
Quellfluren längst vergangener Zeiten. Besonders eindrucksvolle Kalktuffe kann man in den Wasserfällen
des Nationalparks Plitvice (Jugoslawien) sehen.

Manna-Schwaden
Glyceria fluitans

Gräser – *Poaceae*

K Ausdauerndes, 30–100 cm langes Gras mit langen unterirdischen Ausläufern und oft niederliegenden Halmen; im Schlamm kriechend oder flutend, an den Knoten wurzelnd, wintergrün. Blätter vorwiegend in die Luft erhoben, bis 60 cm lang; Blattscheiden 20–30 cm lang, zusammengedrückt. ▪ Rispe sehr lang (bis 50 cm) und schmal, einseitswendig; Rispenäste zur Blütezeit rechtwinkelig abstehend, sonst der Hauptachse anliegend. Früchte ellipsoid, ca. 3 mm lang. ▪ Blütezeit: Juni bis September.

S In stehenden und langsam fließenden, seichten Gewässern, im Bachröhricht, in Gräben und Quellen; auch in lichten Auwäldern und Waldsümpfen; auf kühlen, sickerfeuchten oder flach überfluteten, anmoorigen Sand- und Tonböden.

V Ganz Europa ausgenommen die Arktis; Kaukasus, gemäßigtes Asien, Marokko, Nord- und Südamerika, Tasmanien.

Der Name Manna-Schwaden bezieht sich auf die wohlschmeckenden Samen, die früher von der bäuerlichen Bevölkerung gesammelt und mit Milch und Butter zu Grütze gekocht wurden. Noch vor 100 Jahren, bevor die großangelegten Entwässerungsaktionen die meisten Feuchtgebiete trocken gelegt haben, bedeckte dieses Gras in manchen Gegenden große Flächen sumpfigen Landes. So wird aus Ostpreußen berichtet, daß die Bäuerinnen an einem Junimorgen barfuß in die Feuchtwiesen hinausgingen und die Samen mittels eines Siebes ernteten. Die gewonnenen Körner wurden dann auf der Tenne getrocknet, gereinigt und entweder selbst verbraucht,

oder auch in Städten als Delikatesse teuer verkauft – ähnlich dem Wildreis in Nordamerika, den heute noch die Indianer einsammeln.

Durch die fortschreitende Wiesenkultur sind die großflächigen Vorkommen fast gänzlich verschwun-

den, die kleinen vereinzelten Vorkommen lohnen die Gewinnung der »Schwadengrütze« nicht mehr. Im Vergleich zu früheren Zeiten werden in der Gegenwart überhaupt immer weniger Pflanzenarten gegessen. Dafür werden diejenigen, die sich für Monokulturen eignen, in immer größeren Anbauflächen -gezogen.

Echte Brunnenkresse

Nasturtium officinale

Kreuzblütler – *Brassicaceae*

K Ausdauernde, 30–90 cm hohe
Pflanze mit kriechenden Ausläufern.
Stengel kriechend oder aufsteigend,
hohl(!), verzweigt. Laubblätter unpaar
gefiedert, grasgrün; die unteren ungestielt, 1–3zählig, mit ovalen Seiten-
blättchen und etwas größeren, rund-
lichem Endblättchen; obere Stengelblätter 4–9zählig. ■ Blütentrauben
end- und achselständig; Blüten anfangs weiß, später hell-lila; Kelchblätter länglich; Kronblätter verkehrt-
eiförmig, Staubbeutel gelb(!). Frucht
eine waagrecht abstehende und
schwach gebogene Schote. Winter-
grüne Pflanze. ■ Blütezeit: Mai bis
August.

S In Quellen und Bächen mit vor-
nehmlich schnellfließendem, sauerstoffreichen, kühlen, sauberen, aber
nährstoffreichen Wasser; auf Kies-,
Sand- oder Schlammuntergrund.
Empfindlich gegen starke Winterkäl-
te und lange Eisbedeckung. Von der
Ebene bis ins Hochgebirge.

V Weltweit verbreitet. In Europa in
heißen und kontinentalen Gebieten
selten oder fehlend.

Die Art ist eine alte Heil- und Salatpflanze, die schon zur Römerzeit in
berieselten Anlagen kultiviert wurde.
Sie enthält neben ätherischen Ölen
auch Jod, einen Bitterstoff und die
Vitamine C und E. In der Volksmedizin wird die frische Pflanze vor der
Blüte gegen Frühjahrsmüdigkeit,
Skorbut, Mund- und Zahnfleischentzündung gebraucht, ferner wegen
ihrer stark harntreibenden Wirkung
auch als Tee gegen Gicht, Nieren-
und Blasenleiden. Schließlich verwendet man sie noch als Hustenmit-
tel und zur Behandlung bestimmter
Hautleiden. Wegen der stark harntreibenden Wirkung ist schwangeren
Frauen von dem Genuß abzuraten.

Von dem sehr ähnlichen und nahe
verwandten Bitteren Schaumkraut
(Cardamine amara) unterscheidet
sich die Echte Brunnenkresse durch
ihre gelben Staubbeutel (beim Bitteren Schaumkraut purpurn) und durch
ihre hohlen Stengel (beim Bitteren
Schaumkraut markerfüllt).

In den Blüten wird der Nektar von
seitlich stehenden, hufeisenförmigen
Honigdrüsen abgesondert; Bienen,
Zweiflügler und Blumenkäfer vollziehen die Bestäubung. Die flachen,
eiförmigen Samen bleiben bis zu
5 Jahren keimfähig und werden vorwiegend durch Wasservögel, aber
auch durch das Wasser selbst verbreitet.

Bachbunge, Bach-Ehrenpreis

Veronica beccabunga

Rachenblütler – *Scrophulariaceae*

K Ausdauernde, bis 50 cm hohe Pflanze mit kriechendem Wurzelstock und aufsteigendem, stielrunden, fleischigen, kahlen Stengel. Blätter gegenständig, gestielt, eiförmig, schmal gesägt, kahl, glänzend. ■ Blüten in lockeren, blattwinkelständigen, schief abstehenden Trauben. Kelch 4teilig; Blumenkrone 4zipfelig, radförmig, mit sehr kurzer Kronröhre, azurblau; Staubblätter 2. Fruchtstiele waagerecht abstehend; Kapsel herzförmig. ■ Blütezeit: Mai bis August.

S Häufig; an Bächen, Quellfluren, in Wassergräben und Verlandungsgesellschaften; auf meist flach überschwemmten oder sickernassen, nährstoffreichen oder humosen Schlammböden. Von der Ebene bis stellenweise in die Alpenregion.

V Fast ganz Europa, West- und Nordasien bis Japan und zum Himalaya; Nordafrika.

Die Bachbunge oder der Quellen-Ehrenpreis, wie die Pflanze auch noch heißt, ist eine alte Heilpflanze, die früher gegen Skorbut und Scrophulose gebraucht wurde. Heute wird die in der Blütezeit gesammelte Pflanze von der Volksmedizin als blutreinigendes, wassertreibendes und mild abführendes Mittel empfohlen. Vorsicht ist dabei jedoch angezeigt, da zu große Mengen giftig wirken können.

Die Art bildet auch eine Unterwasserform, deren flutender Stengel reich verzweigt ist und an den Knoten Adventivwurzeln treibt. Die Blätter sind kleiner, zarter, sitzend und ganzrandig.

Die auffallenden azurblauen Blüten sind wie bei allen *Veronica*-Arten 4zählig, wobei der oberste Kronenzipfel durch Verwachsung von 2 Zipfeln entstanden und etwas größer ist als die 3 übrigen. Die Blüten werden vor allem von Fliegen besucht, denen die Unterlippe als Anflugstelle dient. Dabei berührt das Insekt mit der Bauchseite die nach unten gerichtete Narbe, umklammert anschließend mit den Vorderbeinen die beiden Staubblätter und streift den Pollen dabei ab.

Eine nahe verwandte Art, die auf den gleichen Standorten wächst, ist der Ufer-Ehrenpreis *(Veronica anagallis-aquatica),* der sich durch stark ästige Stengel und kleinere, rosarote bis blaßbläuliche Blüten unterscheidet.

Aufrechter Merk

Berula erecta

Doldenblütler – *Apiaceae*

K Ausdauernde, bis 60 cm hohe Pflanze mit dünnem, kriechenden Wurzelstock sowie unterirdischen Ausläufern. Stengel aufrecht, rundlich, zart gerillt, röhrig hohl. Unterwasserblätter einfach fiederschnittig, Teilblättchen sehr schmal linealisch. Unterste Überwasserblättchen gestielt, einfach fiederschnittig, mit 10–20 Teilblattpaaren; Teilblättchen

eiförmig-elliptisch, doppelt gesägt bis gekerbt. ■ Dolde kurz gestielt, mittelgroß, 10–20strahlig; Hüll- und Hüllchenblätter vielblättrig, teilweise gefiedert. Kronblätter weiß. Frucht eiförmig; Fruchtwand von schwammigem Schwimmgewebe erfüllt. Die ganze Pflanze aromatisch nach Sellerie riechend. ■ Blütezeit: April bis August.

S Ziemlich häufig; am Saum von Bächen, in Gräben und Quellen; in flach überflutetem, kühlen, nährstoffreichen, sauerstoffreichen, fließenden Wasser; auf sandigen, humosen Schlammböden. Etwas wärmeliebend. Vorwiegend im Tiefland.

V Europa, West- und Zentralasien, Nordamerika, Mexiko.

Der Normaltypus der Art ist die Seichtwasserform, die auch dem Standorts-Optimum entspricht. Daneben kommt aber auch nicht selten eine Landform und eine untergetauchte Wasserform vor. Während die Blätter der Wasserform in den raschfließenden, im Winter nicht zufrierenden Bächen grün überwintern, sterben die der Landform ab und nur ihre unterirdischen Ausläufer überleben. Die Vermehrung erfolgt bei allen Formen vorwiegend vegetativ durch diese Ausläufer. Die Früchte können sich aufgrund ihres schwammigen Schwimmgewebes lange über Wasser halten und werden so weithin, auch durch Wasservögel, verbreitet.

Das narkotisch-scharf schmeckende Kraut ist giftverdächtig und galt im Altertum als steintreibendes Mittel. Enten und Gänse fressen die Blätter ohne Schaden und in manchen Gegenden werden sie auch als Salat gegessen.

In der Fischerei ist der Aufrechte Merk sehr geschätzt, weil er in kleinen Rinnsalen wie ein Grobfilter wirkt, darüber hinaus in Forellenbächen den Fischen einen beliebten Unterstand bietet.

Sumpf-Dotterblume

Caltha palustris

Hahnenfußgewächse –
Ranunculaceae

K Ausdauernde Sumpfpflanze mit kräftigem Wurzelstock und niederliegendem bis aufsteigenden, seltener aufrechten, mehrblütigen Stengel, der 10–50 cm lang, kahl, hohl und im oberen Teil verzweigt ist. Blätter langgestielt, dunkelgrün, fettig glänzend, rundlich-herzförmig, gekerbt. ■ Blumenkronblätter 5, innen dottergelb glänzend, außen mehr grünlich; Staubblätter zahlreich. Balgfrüchte kurz geschnäbelt, sternförmig angeordnet. ■ Blütezeit: März bis Juni.

S Häufig und verbreitet; an Bächen und Quellen, in Gräben und Sumpfwiesen, in Auen und Brüchen; auf sickernassen oder grundwassernahen, nährstoffreichen Sumpfhumusböden oder Lehm-Tonböden. Von der Ebene bis in die alpine Region.

V Europa, gemäßigtes und nördliches Asien, nördliches und arktisches Amerika.

Die großen, dottergelben Blüten der attraktiven Pflanze sind der weithin leuchtende erste Frühlingsschmuck der Wiesenbäche. Sie geben auch den Insekten ein deutlich sichtbares Signal, daß es hier etwas zu holen gibt: Der Nektar wird reichlich neben dem Fruchtknoten in kleinen Vertiefungen abgesondert, und Fliegen, Bienen und Libellen wissen sich zu bedienen.

Die Samen sind schwimmfähig und werden auch durch das Wasser verbreitet. Das Weidevieh läßt die saftiggrüne Pflanze wegen ihres scharfen Geschmackes stehen. Obwohl giftverdächtig, werden die Blütenknospen in manchen Gegenden in Essig eingelegt und als Kapernersatz verwendet. Gefüllte Formen der Dotterblume werden gelegentlich auch in Gärten kultiviert. Wie die meisten auffallenden Blumen wird auch die Sumpf-Dotterblume mit einer ganzen Reihe von Volksnamen bedacht wie Schmalzblume, Butterblume, Eierrosen usw.

Gold-Milzkraut
Chrysosplenium alternifolium

Steinbrechgewächse –
Saxifragaceae

K Niedrige, zarte, ausdauernde, lockerrasige Pflanze mit langen, dünnen Ausläufern. Stengel 3kantig und oben gablig-doldig. Laubblätter rundlich bis nierenförmig, grob buchtig gekerbt; Grundblätter rosettig, Stengelblätter wechselständig, locker behaart bis kahl. ▪ Blüten unscheinbar, in einem dicht gehäuften, trugdoldigen Blütenstand, der von gelben Hochblättern eingefaßt ist. Kelchblätter 4, Blumenkronblätter fehlend; Staubblätter in 2 Kreisen. Fruchtkapsel einfächrig. ▪ Blütezeit: April bis Juni.

S Zerstreut; in Quellfluren, Waldbächen, schattigen Wassergräben, an Bachufern, überrieselten Felsen; im Bach-Eschenwald, vor allem des Gebirges; auf kühlen, sickernassen, kalkarmen, mäßig sauren, humosen, sandigen Tonböden.

V In nahezu ganz Europa verbreitet; bis zum Himalaya und im nördlichen und westlichen Nordamerika.

In der Blüte des Gold-Milzkrautes übernehmen die leuchtend gelb gefärbten Hochblätter die Funktion des Schauapparates, der die Insekten anlocken soll. Die eigentliche Blüte, in der die Narben vor den Staubblättern reifen, ist gänzlich unscheinbar und besitzt nicht einmal Blumenkronblätter. Der offen dargebotene Nektar wird vor allem von kleinen Fliegen ausgebeutet. Bei der Reife streckt sich der Fruchtknoten, die Wände der Kapsel klappen nach außen und bilden eine Art Becher, in dem die Samen liegen. Die Verbreitung erfolgt durch Regentropfen, die die Samen aus der becherförmigen Vertiefung herausschwemmen. Diese keimen nur bei relativ niedrigen Temperaturen gut, schon bei 26 °C Wärme verringert sich die Keimkraft beträchtlich.

Der aus dem Griechischen stammende wissenschaftliche Name der Pflanze setzt sich aus »chrysòs« = Gold und »splen« = Milz zusammen und bezieht sich einerseits auf die goldgelbe Farbe der Scheinblüte, andererseits auf die Verwendung der Art zu Heilzwecken bei Milzerkrankungen. Die Volksheilkunde verwendet das Kraut gegen Hautleiden. Die zarten, jungen Blätter werden in Frankreich gerne als Salat gegessen. Eine sehr ähnliche Verwandte ist das Schwefel-Milzkraut *(Chrysosplenium oppositifolium)*, das sich durch gegenständige Blätter und etwas kleinere Blüten unterscheidet und wesentlich seltener auftritt.

Gemeine Pestwurz
Petasites hybridus

Korbblütler – *Asteraceae*

K Ausdauernde, zur Blütezeit 10–40 cm, zur Fruchtzeit 100–150 cm hohe Pflanze mit dick-walzlichem Wurzelstock, der bis zu 150 cm lange Ausläufer treiben kann. Laubblätter erst nach der Blütezeit erscheinend, rundlich-nierenförmig, kurz zugespitzt, am Rande gezähnelt, oberseits trübgrün, unterseits anfangs grauwollig, später verkahlend. Blätter sehr lange wachsend, zuletzt bis 1 m hoch und bis zu 60 cm breit. Blattstiel ringsum deutlich gerippt, oberseits gefurcht. Kopfschäfte aufrecht, dick, röhrig, spinnwebig flockig, meist rötlich oder purpurn überlaufen. Stengelschuppen zahlreich, spinnwebig, oft herabhängend. ▪ Blütenkopfstände anfangs eiförmig, später zu Trauben auflockernd; davon die weiblichen meist ästig, die männlichen einfach und nach der Blüte bald welkend. Blüten rötlich-weiß bis schmutzig-rot. Frucht 2–3 mm lang, mit schmutzig-weißem Pappus. ▪ Blütezeit: März bis Mai.

S Bestandsbildend an Bachfluren, an Ufern kühler und schnell fließender Gewässer, in Weiden- und Erlengebüsch; auf sickernassen oder zeitweise überschwemmten, nährstoffreichen sandig-kiesigen Tonböden in luftfeuchter Klimalage. Von der Ebene bis in die Bergstufe.

V Ganz Europa, Nord- und Westasien. In Nordamerika eingeführt.

Bei der Pestwurz treten männliche und weibliche Blüten auf verschiedenen Pflanzen auf, die ihr Geschlecht auch vegetativ weitergeben. Dabei enthalten die männlichen Pflanzen überwiegend scheinzwittrige Blüten, in denen nur Pollen erzeugt wird und Fruchtknoten und Narben verkümmert sind. Auf den weiblichen Stök- ken treten nur weibliche Blüten auf, bei denen die Staubblätter völlig fehlen. Die Art ist ein typischer Wurzelkriechpionier, der die sonnigen, flachen Ufer schnell fließender Bäche festigt und bei dichtem Bestand Uferabrisse verhindert.

Der Wurzelstock der Pestwurz war im Mittelalter ein hochgeschätztes Pestmittel, wurde auch wegen seiner harn- und schweißtreibenden Wirkung ganz allgemein gegen Fieber verwendet. Die Blätter werden heute noch zerquetscht auf Wunden und Geschwüre gelegt.

Bach-Nelkenwurz

Geum rivale

Rosengewächse – *Rosaceae*

K Halbrosettenstaude mit einem dickwalzlichen, von Nebenblättern eingehüllten Wurzelstock. Stengel 15–70 cm hoch, oberwärts meist verzweigt, drüsig-flaumig behaart, rötlich überlaufen. Rosettenblätter langgestielt, leierförmig gefiedert, mit großem, runden, gezähnten Endblättchen. Untere Stengelblätter den Grundblättern ähnlich. ▪ Blüten in armblütigen Doldentrauben, auf langen, drüsig behaarten Stielen nikkend. Kelchblätter lanzettlich, drüsig behaart, braunrot; Außenkelchblätter lineal, kürzer als die Kelchblätter; Kronblätter verkehrt-eiförmig, blaßgelb und rötlich überlaufen. Früchtchen mit hakig gekrümmtem Griffelrest. ▪ Blütezeit: April, Mai bis Juli.

S An Quellen und Bachufern, in Naß- und Moorwiesen, besonders des Gebirges, in Hochstaudenfluren; auf sickernassen, zeitweise überfluteten, nährstoffreichen, humosen, sandig-kiesigen oder tonigen Böden. Von der Ebene bis ins Gebirge aufsteigend.

V Gemäßigtes Asien und Europa; Nordamerika.

Der Wurzelstock der Bach-Nelkenwurz wird bis zu 15 cm lang und 8 mm dick, ist außen dunkelbraun, innen rötlich-weiß gefärbt und riecht und schmeckt wie Gewürznelken. Darauf bezieht sich der Gattungsname Nelkenwurz. Ebenso wie die Echte Nelkenwurz (Geum urbanum) war auch die Bach-Nelkenwurz früher offizinell, obwohl sie etwas schwächer wirkt als die erstgenannte Art. Man glaubte in ihr einen Ersatz für die teure Chinarinde gefunden zu haben, die ähnlich schmeckt. Die beiden Nelkenwurzarten enthalten jedoch kein Chinin, hingegen Eugenol, das auch in den Gewürznelken den wirksamen Inhaltsstoff ausmacht, Gerbstoffe und Bitterstoffe.

In der Volksmedizin werden beide Arten gegen Verdauungsbeschwerden, Koliken sowie Durchfall gebraucht, ein alkoholischer Auszug wirkt gegen Zahnschmerzen. Dem Wein und Bier zugesetzt, verleiht es einen aromatischen Geschmack, als Mundwasser wirkt es desinfizierend und entzündungshemmend.

In den Blüten wird der Nektar sehr reichlich am Grunde des Kelches abgesondert und vorwiegend von Hummeln ausgebeutet.

Hängende Segge

Carex pendula

Sauergräser – *Cyperaceae*

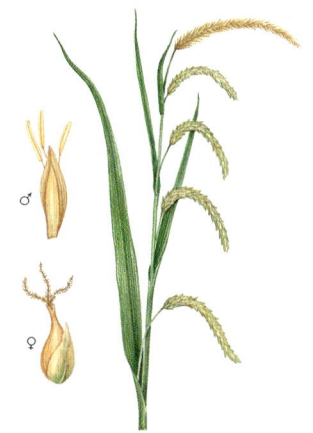

K Ausdauernde, 50–150 cm hohe, kräftige, stattliche Pflanze mit rasenbildendem Wurzelstock, ohne Ausläufer. Stengel steif aufrecht, scharf 3kantig, glatt, bis oben belättert, wesentlich länger als die Blätter. Grundständige Blattscheiden braun; Blätter dunkelgrün, flach, oberwärts und unterseits gekielt, am Rande eingerollt und rauh, breit-linealisch. ▪ Blütenstand auffallend groß, bis 50 cm lang, die 3–4 weiblichen und 1–2 männlichen Ährchen überhängend. Weibliche Ährchen schlank, zylindrisch, ca. 10 cm lang; männliche Ährchen endständig. Spelzen der weiblichen Blüten eiförmig zugespitzt, klein; braun, mit grünem Mittelstreifen und schmalen, weißhäutigen Rändern. Spelzen der männlichen Blüten länger. Fruchtschläuche ellipsoidisch, schräg abstehend, etwas aufgeblasen. ▪ Blütezeit: Mai, Juni.

S Stellenweise an Waldquellen und Waldbächen in Eschen-Erlen-Hangwäldern, an Waldsümpfen und nassen Waldwegen, in Schluchten; auf sickernassen, nährstoffreichen, sandig-lehmigen Böden mit Hangdruckwasser oder Sickerwasser. Etwas wärmeliebend; bevorzugt schattige Standorte.

V Dänemark, West-, Mittel- und Südeuropa, Krim, Kaukasus, Nordafrika, Vorderasien.

Bei allen Sauergräsern sind ebenso wie bei den echten Gräsern die Blüten unscheinbar, auf das Wesentliche reduziert: auf Staubblätter und Stempel. Während bei den echten Gräsern noch die Vorspelze und zur Blütezeit anschwellende Schüppchen, die die Spelzen auseinandertreiben, als Reste der einstigen Blütenhülle vorhanden sind, fehlen diese bei den Sauergräsern ganz. Die blütenbiologische Ursache dieser Erscheinung hängt mit der Art der Bestäubung zusammen: Wo immer wir im Pflanzenreich auf unscheinbare und pollenreiche Blüten treffen, sind das in der Regel windblütige Gewächse. Wo wir hingegen Blumen finden, die durch Duft, Farbe oder Form auf sich aufmerksam machen, so gelten alle diese Bestrebungen nicht dem unpersönlichen Wind, sondern dem sehenden und riechenden Insekt.

Riesen-Schachtelhalm

Equisetum telmateia

Schachtelhalmgewächse –
Equisetaceae

K Von einer ausdauernden, tief-
liegenden Grundachse entspringen
die verschieden gestalteten Sprosse
zu verschiedenen Zeiten. Fruchtbare
Sprosse wesentlich niedriger, bis
25 cm hoch und bis 13 mm dick, elfenbeinweiß, vor den unfruchtbaren
Sprossen im Frühjahr erscheinend.
Scheide bis 4 cm lang, am Grunde
hell, sonst dunkelbraun. Zähne ⅓ bis
½ so lang wie die Scheidenröhre.
Unfruchtbare Sprosse bis zu 120 cm
hoch (in Ausnahmefällen bis zu 2 m).
Stengel mit Ausnahme der Spitze
elfenbeinweiß, erst im oberen Teil
ästig; Äste grün und unverzweigt. ■
Sporenreife: Mai und Juni.

S Verbreitet an Quellhorizonten, in
Waldsümpfen, an feuchtschattigen
Orten, an Waldbächen. Lehmzeiger
und Zeiger für hartes Wasser. In den
Alpen bis auf 1500 m steigend.

V Europa (ohne Rußland und Skandinavien), Westasien, westliches
Nordafrika, nordatlantische Inseln,
westliches Nordamerika.

Der Riesen-Schachtelhalm ist unter
den heimischen Schachtelhalmen
bei weitem der hochwüchsigste und
schon allein dadurch, aber auch
durch seinen elfenbeinfarbenen
Stengel, leicht von den anderen Arten zu unterscheiden.

Die uralte Familie der Schachtelhalmgewächse ist ja in der Gegenwart so stark reduziert, daß sie auf
der ganzen Welt nur mehr 24 Vertreter einer einzigen Gattung aufweist –
der mindestens 20 ausgestorbene
Gattungen mit ungezählten Arten gegenüberstehen, wie man aus zahlreichen Fossilfunden weiß. Unser hei-
mischer Riesen-Schachtelhalm wird
maximal 2 m hoch – in den Tropen
gibt es einige Arten, die bis zu 4 m
hoch werden –, das ist jedoch nur
ein kümmerlicher Abglanz jener vor-
weltlichen, baumförmigen Schachtelhalme, die bis zu 30 m hoch wuchsen und die Steinkohlenwälder aufgebaut haben.

Unsere heimischen Schachtelhalme
enthalten reichlich Kieselsäure, was
den Stengeln ihre Stabilität verleiht.
Wegen ihres Kieselsäuregehaltes
verwendet man sie auch zum Putzen
von Metall (Zinnkraut!) und zum
Schleifen von Glas. Der Riesen-
Schachtelhalm gilt in der Volksheilkunde als Heilkraut gegen Gonor-
rhöe und Durchfall.

Frühlings-Knotenblume

Leucojum vernum

Narzissengewächse –
Amaryllidaceae

K Ausdauernde, 10–30 cm hohe Pflanze mit bis über 2 cm dicker, kugeliger Zwiebel. Blätter grundständig, 3–4, lineal, dunkelgrün; Stengel 2schneidig, zumeist 1blütig, selten 2blütig. ■ Blumenkronblätter breitlänglich, weiß; an der Spitze verdickt, mit gelblich-grünen Flecken. ■ Blütezeit: Februar bis April.

S Nicht häufig, aber meist gesellig; an Bachrändern, in feuchten Gebüschen, in wasserzügigen Waldhängen, auf sumpfigen Bergwiesen. Von der Ebene bis (in den Voralpen) auf 1600 m steigend.

V In Mittel- und Südeuropa zerstreut verbreitet, in England und Schweden nur aus Gärten verwildert. Fehlt in der immergrünen Mediterranregion.

Wie das Schneeglöckchen *(Galanthus nivalis)* gehört auch die Frühlings-Knotenblume zu den allerersten Frühlingsboten. Wo das »echte« Schneeglöckchen fehlt, wird sie meist auch als solches oder als Großes Schneeglöckchen bezeichnet. Nach der frühen Blütezeit heißt sie in Österreich auch Märzenbecher. Der deutsche Name Frühlings-Knotenblume bezieht sich sowohl auf die Blütezeit, als auch auf die eigenartig verdickten Spitzchen der Blumenkronblätter. Hingegen bedeutet der aus dem Griechischen stammende Name *Leucojum* einfach weißes Veilchen (»leukos« = weiß, »ion« = Veilchen), wohl nach dem veilchenartigen Duft, den vor allem die jungen Blüten ausströmen.

In Waldsümpfen tritt die hübsche Pflanze oft so zahlreich auf, daß sie den schlammigen Boden mit einem schneeweißen, duftenden Teppich bedeckt. Die hängende Blüte sondert zwar keinen Nektar ab, aber sie bietet den Insekten am Grunde des Griffels ein saftreiches Gewebe, das von den Blütenbesuchern angebohrt wird. Die Staubbeutel öffnen sich nach unten und lassen bei der geringsten Erschütterung den Pollen fallen. Am Abend schließen sich die

Blüten, und dabei kann es auch zu Selbstbefruchtung kommen. Die Fruchtkapsel springt fachspaltig auf, die kugeligen Samen tragen im Gegensatz zum Schneeglöckchen kein Elaiosom.

Wie die meisten Frühjahrsgeophyten macht auch die Frühlings-Knotenblume eine Sommerruhe durch. Die frühe Blütezeit ist eine Anpassung an den Lebensrhythmus des sommergrünen Laubwaldes, der nur im Frühjahr genügend Licht bietet.

Gemeines Fettkraut

Pinguicula vulgaris

Wasserschlauchgewächse –
Lentibulariaceae

K Ausdauerndes, 5–10 cm hohes
Pflänzchen mit kurzem und reichlich
mit Faserwurzeln besetzten Wurzelstock. Blätter in einer grundständigen Rosette, dem Boden anliegend,
eiförmig, am Rande eingerollt, drüsig-klebrig. ▪ Blüten einzeln, auf drü-
sig-flaumigem, blattlosen Stiel, endständig, samt Sporn 16–26 mm lang,
oben übergebogen. Blumenkrone

Das Gemeine Fettkraut gehört zu
den »fleischfressenden« Pflanzen!
Die flach auf dem Boden ausgebreiteten Blätter sind auf ihrer Oberseite
mit zahlreichen winzigen, tauglän-
zenden, gestielten Drüsen besetzt,
die einen zähen, fadenziehenden
Schleim absondern. Kleine Insekten,
die sich auf dem Blatt niederlassen,
bleiben kleben, während sich das
Blatt von den Rändern her einrollt. Inzwischen beginnen andere, sitzende
Drüsen ein eiweißverdauendes Ferment zu produzieren, das die kleinen
Gefangenen in 1–2 Tagen verdaut.
Das Einrollen der Blätter kann man
auch künstlich durch Auftropfen von
rohem Fleischsaft provozieren, doch
nimmt die Reaktionsfähigkeit der
Blätter mit zunehmenden Alter ab.
Gleichzeitig mit dem sauren Verdau-
ungsferment wird auch noch ein anti-
septisch wirkender Stoff ausgeschieden, der verhindert, daß die
kleinen Tierleichen faulen.

blauviolett, mit breitem, offenen
Schlund und weißem Schlundfleck.
Sporn schlank, kegelig, ½ so lang
wie die Kronröhre. Fruchtkapsel
eikugelig. ▪ Blütezeit: Mai, Juni, in
höheren Lagen bis August.
S Nicht häufig; in Quell- und Rie-
selfluren, auch in Flachmooren; auf
nassen oder sickerfeuchten, überrieselten, eher nährstoffarmen, mäßig
sauren Sumpfhumusböden oder
Steinböden.
V Fast ganz Europa (fehlt teilweise
in Südeuropa).

In den Blüten sammelt sich der Nektar im Sporn; die besuchenden Bienen berühren mit dem Kopf zuerst
die Narbe, danach erst die Staubblätter.
Die Blätter des Fettkrautes enthalten
einen labfermentähnlichen Stoff, der
die Milch zum Gerinnen bringt. Die
Lappen verwenden sie zur Bereitung
ihrer »Tätmiölk«. Fettkrautblätter wurden früher auch als Tee-Ersatz und
als mild abführendes Mittel verwendet.

Sumpf-Vergißmeinnicht

Myosotis palustris

Rauhblattgewächse – *Boraginaceae*

K Ausdauernde Pflanze mit dünner, weit kriechender Grundachse und weichen, frischgrünen, locker wollig behaarten oder auch kahlen Sprossen. Stengel meist aufsteigend, einfach oder ästig, 10–40 cm hoch, oft hohl, ziemlich behaart. ■ Blütenstand stets ohne Blätter; Blüten relativ groß, 5–8 mm breit, in traubenförmigen, dichten, nach der Blüte stark verlängerten Wickeln. Blütenstiel abstehend; Kelch trichterig, bis zur Mitte geteilt. Blumenkrone in kurze Röhre und scheibenförmigen, 5lappigen Saum gegliedert, zuerst rosa, später himmelblau, mit gelben Schlundschuppen. Staubblätter in Kronröhre eingeschlossen, Griffel oft hervortretend. Nüßchen eiförmig, schwimmfähig. ■ Blütezeit: Mai bis Juli, oft im Herbst ein zweites Mal blühend.

S An Bachufern und Gräben, in Verlandungsgesellschaften und häufig überschwemmten Weidenauen, auch in Bruchwäldern; auf nassen, zeitweise überschwemmten, nährstoffreichen, milden, sandigen oder lehmigen Tonböden. Nährstoffzeiger. Von der Ebene bis in mittlere Gebirgslagen.

V Fast über die ganze Nordhalbkugel verbreitet.

Das hübsche Sumpf-Vergißmeinnicht ist nicht nur eine Zierde der Bachufer, sondern breitet auch in lichten Weidenauen seinen himmelblauen Teppich aus. Nicht selten passiert es dann, daß ein Hochwasser den ganzen Bestand unter Wasser setzt und ihn mit Sand und Schlamm überdeckt. Dank ihrer langen, kriechenden Grundachse finden die Pflanzen immer wieder einen Weg ans Licht. Werden sie für längere Zeit überflutet, so bilden sie eine Unterwasserform aus, die stets steril bleibt. Diese Wasserform gedeiht vegetativ besonders üppig und überwintert auch mit grünen Blättern, bei sinkendem Wasserstand geht sie jedoch wieder in die Landform über.

Die Blüten zeigen einen auffallenden Farbumschlag von rosa in der jungen Blüte auf himmelblau in der älteren Blüte. Verursacht wird der Farbwechsel von einer Änderung des Zellsaftes von sauer auf alkalisch, wodurch der Blütenfarbstoff – ähnlich wie Lackmus – von rot auf blau umschlägt. Die einfach gebauten Blüten werden von Fliegen und Faltern bestäubt.

Hochmoore

Hochmoore werden von moosreichen Pflanzengesellschaften aufgebaut, die einen vom Grundwasser unabhängigen Wasserkörper festhalten, der ausschließlich von Niederschlägen gespeist wird. Dabei entsteht aus den bestandesbildenden Moosen unter Luftabschluß Torf. Im typischen Fall sind Hochmoore ein Erbe der Gletscher, die nach ihrem Abschmelzen ausgeschürfte Wannen hinterließen, die von natürlichen Staumauern, den Moränen begrenzt wurden und durch die Sedimente der Gletschertrübe abgedichtet waren. Die Gletscher füllten diese Wannen mit Schmelzwasser und so entstand der Gletschersee. Allmählich versumpften seine Ränder, er wandelte sich zuerst zum Niedermoor, schließlich zum Hochmoor. Doch ist jedes Hochmoor anders, hat seine eigene Geschichte und entwickelt sich je nach Klima, Lage, Untergrund sowie Nährstoffversorgung verschieden. Hochmoore sind Refugien für vom Aussterben bedrohte Pflanzen- und Tierarten, sie sind geschlossene Ökosysteme von hoher wissenschaftlicher Bedeutung, Luftfeuchtigkeitsspeicher, Wasserspender für Quellen und vor allem Archive der Vegetationsgeschichte. Näheres zum Lebensraum Hochmoor auf S. 22.

Torfmoos

Sphagnum

Torfmoosgewächse – *Sphagnaceae*

K Wurzellose, unten absterbende, oben unentwegt weiterwachsende Moose mit regelmäßig verzweigten Stämmchen ohne Zentralstrang. Äste an der Spitze kopfig gehäuft. Blätter aus zweierlei Zellen bestehend: langgestreckte, chlorophyllführende, lebende Zellen und große rhombische Räume, die von spiraligen Querleisten gestützt werden und zahlreiche, runde Öffnungen aufweisen, durch die sie Wasser aufnehmen können. An der Oberhaut der Stämmchen ferner noch flaschenförmige Wassersäcke. ■ Sporenkapsel kurz gestielt, kugelig.

S Vorwiegend in Hochmooren. Einige Arten auch in Flachmooren, versumpften Wiesen und nassen Wäldern. Von der Ebene bis ins Hochgebirge. Nur im luftfeuchten Klima.

V In den außertropischen Gebieten der nördlichen Halbkugel.

Von den 30 Torfmoosarten, die in Mitteleuropa vorkommen, sind die meisten nur durch mikroskopische Untersuchungen voneinander zu unterscheiden. Nur wenige Arten kann der Fachmann allein an Färbung,

Torfmoos mit Sporenkapseln.

Gestalt und Standort mit freiem Auge erkennen. Die typische Fähigkeit, das Wasser hochzusaugen und wie ein Schwamm zu speichern, ist jedoch allen Arten gemeinsam.

Torfmoose sind die eigentlichen Baumeister der Hochmoore. Sie beginnen damit, daß sie den geeigneten Standort, etwa den Verlandungsbereich eines Sees, ein abflußloses Becken, oder einen vernäßten Quellsumpf erobern, indem sie die anderen Pflanzen regelrecht ersticken. Das geht derart vor sich, daß sie nach oben zu unbegrenzt weiterwachsen, wozu andere Pflanzen ja nicht in der Lage sind. Nur wenigen Moorspezialisten, etwa dem Rundblättrigen Sonnentau, gelingt es, immer neue Stockwerke auszubilden und sich in der oberen, sauerstoffreichen Torfmoosschicht zu behaupten.

Der Wasserspiegel der Hochmoore liegt in der Regel mehrere Meter über dem Grundwasserspiegel der Umgebung. Die Hubarbeit wird allein von den Torfmoosen geleistet, die mit Hilfe ihrer Wasserzellen in den Blättern und ihrer Wassersäcke der Stengel das Wasser kapillar hochheben. Dazu brauchen sie weder Wurzeln, noch wasserleitende Gefäße, dazu sind sie selbst im abgestorbenen Zustand noch imstande: Der ganze wassergefüllte Torfkörper besteht ja fast ausschließlich aus Torfmoospflänzchen. Stellt man ein trok-

Mit Wasser vollgesogenes Torfmoospolster.

kenes Torfmoospflänzchen mit dem unteren Stengelende in ein Glas mit gefärbten Wasser, so steigt die Flüssigkeit sogleich im Pflänzchen empor, wobei die Geschwindigkeit von 10 cm in 3–4 Minuten erreicht werden kann.

Nicht weniger beachtlich ist die Fähigkeit der Torfmoose, Wasser zu speichern. Hochmoore sind ja ausschließlich auf das Niederschlagswasser angewiesen, das sie wie ein Schwamm festhalten. So sind einige Torfmoosarten in der Lage, das 20–25fache ihres Trockengewichtes zu speichern. In Trockenperioden verdunstet das kapillar gebundene Wasser und die Pflanze trocknet vollständig aus. Die toten Wasserspeicherzellen, deren Wände dank ihrer spiraligen Versteifung nicht zusammenkleben, füllen sich alsbald mit Luft und das Torfmoos wechselt seine Farbe: vom satten Grün, Gelbgrün oder Rotbraun zu Weißlichgrün bis Blaßrotbraun. Das charakteristische Verbleichen gab der ganzen Gattung den Namen »Bleichmoos« oder »Weißmoos«. Wieder befeuchtet, beginnen die Torfmoose erneut zu grünen und wuchern.

Torfmoose verändern aber auch in chemischer Hinsicht ihren Standort, indem sie ihn versauern. Dies geschieht in Form eines Ionenaustausches, bei dem das Torfmoos die Mineralionen aus dem umgebenden Wasser selektiv an seine Zellwände bindet und dafür Wasserstoffionen abgibt. Je mehr Wasserstoffionen sich jedoch im Wasser befinden, desto höher ist sein Säuregehalt. Diese Versauerung schafft dem Torfmoos gleichzeitig eventuelle Konkurrenten vom Hals, denn nur sehr wenige Pflanzen ertragen Mangel an Sauerstoff, Mangel an Mineralstoffen und Übermaß an versauertem Wasser.

Um zu keimen, braucht die Torfmoosspore ebenso wie die Samen der moorbesiedelnden Zwergsträucher einen Wurzelpilz, der für den Torfmoosembryo die Nährstoffe aufschließt. Fehlt dieser Pilz, zum Beispiel bei künstlichen Zuchtversuchen im Glashaus, so ist die Jungpflanze nicht lebensfähig.

Gegen Entwässerung sind Torfmoose äußerst empfindlich, sie werden dann von Flechten, Pfeifengras und anderen Konkurrenten verdrängt, das Moor wandelt sich zur Heide.

Sumpf-Bärlapp

Lycopodium inundatum

Bärlappgewächse – *Lycopodiaceae*

K Sproß 2–10 cm hoch, hell- bis gelbgrün; Triebe kurz, nur 2–10 cm oberirdisch kriechend, mit zahlreichen Wurzeln fest am Boden verhaftet; jährlich nur einen, sich aufrichtenden Trieb entwickelnd. Blätter wechselständig, am kriechenden Trieb vom Boden abgewendet, am aufrechten allseitswendig. ■ Sporenreife: Juli bis Oktober.

S In Schlenken von Hochmooren und Zwischenmooren, an Ufern nährstoffarmer Heidetümpel; auf offenen, nassen, neutralen bis sauren Torfschlamm- und Sandböden. Stel-

lenweise in Menge erscheinend, nach Veränderung des Standortes wieder verschwindend.

V Nord- und Mitteleuropa (südlich bis zu den Pyrenäen und Oberitalien), Nordamerika, Japan.

Die Familie der Bärlappgewächse ist mit rund 100 Arten über die ganze Erde verbreitet. Wie die anderen Farnpflanzen auch hatte sie ihre »große« Zeit im Paläozoikum, wo sie über 30 Gattungen mit einer Vielzahl von Arten entfaltete, denen heute nur mehr 9 rezente Gattungen gegenüberstehen. Von den übrigen Farnpflanzen unterscheidet sie sich durch einen gabelig verzweigten, am Boden kriechenden Stamm, durch rübenförmige, unterirdisch lebende Vorkeime und durch eine extrem langsame Entwicklung: Von der Keimung der Spore bis zur Ausbildung eines geschlechtsreifen Vorkeimes dauert es 3 bis 15 Jahre!

Bärlappe verlangen eine ausgeglichene Atmosphäre und stellen hohe Ansprüche an die Luft- und Bodenfeuchtigkeit, weshalb sie besonders in Wäldern verbreitet sind. Dafür ertragen sie auch noch tiefen Waldschatten, wo Blütenpflanzen längst nicht mehr gedeihen können.

Der Sumpf-Bärlapp gehört zu den kleinsten Vertretern dieser seltsamen Familie, hat er sich doch einen Standort ausgesucht – das Hochmoor – in dem nur Hungerkünstler überleben können. Seine Triebe durchstoßen im Frühjahr als erstes die seit dem Herbst über sie gelagerte Torfmoosdecke, wodurch eigenartige bogig-stockwerkige Triebjahrgänge zustandekommen. Oft gelingt ihm das aber nicht, dann verschwindet er unter der Torfmoosdecke. Hat er hingegen eine nackte Schlammstelle gefunden, so kann er sich vegetativ so vermehren, daß er in großer Zahl auftritt. Auch in teilabgetorften Mooren ist er zu finden. Wird der Standort trockener, oder macht ihm eine höherwüchsige Pflanze Konkurrenz, so muß er auch hier das Feld wieder räumen.

Blumenbinse

Scheuchzeria plaustris

Blumenbinsengewächse –
Scheuchzeriaceae

Frucht-
stand

K 10–20 cm hohe, ausdauernde, lange, unterirdische Ausläufer treibende Moorpflanze. Wurzelstock am Grunde von verwitterten Blattscheiden umhüllt. Stengel oft zickzackartig hin- und hergebogen, beblättert. Blätter grasblattartig, 10–30 cm lang, hohlrinnig, dunkelgrün (schnittlauchähnlich), am Grunde mit einer langen, zungenförmigen Scheide, an der Spitze mit einer grubenartigen Wasserpore. ■ Blüten klein, gelblich-grün, in einer armblütigen Traube. Balgfrüchtchen gelbgrün, aufgeblasen kugelig, an der Bauchseite aufspringend. Samen auf dem Wasser schwimmend. ■ Blütezeit: Mai bis Juli.

S Zerstreut, aber gesellig; in Hochmoorschlenken und Zwischenmooren, in Schwingrasen, am Rande von Moorgewässern; auf nassen, teilweise überschwemmten, basenarmen, sauren, nährstoffarmen Torfschlammböden. In den Alpen bis 1910 m steigend.

V In Deutschland am häufigsten im nördlichen Flachland; in Österreich und in der Schweiz zerstreut längs des Voralpenzuges. Allgemein nordisch-eurasiatisch verbreitet.

Die interessante Pflanze ist die einzige Art ihrer Gattung und spaltet, wie viele andere isoliert stehende Typen auch, in keine weiteren Formen auf.

Mit ihren dünnen Ausläufern, den sogenannten Wanderrhizomen, durchspinnt sie den Moos- und Humusboden, festigt den schwankenden Schwingrasen- und Hochmoorboden und trägt so zur Verlandung bei. Nur die schwer verrottenden Blattscheiden bilden Torf.

Die Blumenbinse ist eine eiszeitliche Pflanze, deren mitteleuropäisches Vorkommen noch heute mit dem arktischen Verbreitungsgebiet zusammenhängt. Sie wächst gerne in Gesellschaft von verschiedenen Simsen, Sonnentauarten, Wollgräsern, Orchideen und Zwergsträuchern. Ihre bräunlich-gelblichen Samen werden oft subfossil bei Torfstichen gefunden, wobei der Vergleich der Fundorte zeigt, daß die Art früher weiter verbreitet war als heute, was auf das Trockenlegen vieler Moore zurückzuführen ist.

Die kleinen Blüten werden vom Wind bestäubt, die Samen durch das Wasser verbreitet. Nach den kugelig aufgeblasenen Früchten, die im Wasser schwimmen – eine Anpassung an den oft überschwemmten Standort – wird die Art auch noch Blasenbinse genannt.

Rundblättriger Sonnentau

Drosera rotundifolia

Sonnentaugewächse – *Droraceae*

K Ausdauerndes, 10–20 cm hohes Pflänzchen mit fasriger Wurzel und aufrechtem, dünnen, blattlosen, oft rötlich überlaufenen, doppelt bis 4mal so langen Stengel als die Blätter. Diese meist rosettig dem Boden angedrückt, manchmal halb aufgerichtet, langgestielt; Blattspreite fast kreisrund, 6–10 mm im Durchmesser, unterseits glänzend grün, oberseits mit spreizenden roten Drüsenhaaren besetzt. ■ Blütenstand in der Jugend schneckenförmig eingerollt, später eine reichblütige Scheintraube. Blumenkronblätter 4, länglich-oval, 4–6 mm lang, weiß, länger als die stumpfen Kelchblätter. Fruchtkapsel glatt, eiförmig. ■ Blütezeit: Juni bis August.

S Zerstreut, aber meist gesellig; in Torfmoospolstern oder auf nacktem Torf in Hoch- und Zwischenmooren; auf nassen, nährstoffarmen, sauren Torfböden; seltener in versauerten Flach- und Quellmooren, am Rande von Heideseen und Tümpeln oder auf überrieselten Silikatfelsen. Kalkmeidend. Von der Ebene bis in die subalpine Stufe.

V Ganz Europa; in Mitteleuropa häufiger, in Südeuropa seltener, im Mittelmeergebiet sehr selten und lediglich in der Bergstufe. Subarktisches Asien, arktisches und gemäßigtes Nordamerika, Grönland.

Alle Sonnentauarten sind »fleischfressende« Pflanzen, das heißt, sie sind imstande, kleine Insekten zu fangen und zu verdauen. Als Bewohner der extrem nährstoffarmen Hochmoore, versuchen sie auf diese Art, ihre karge »Kost« aufzubessern. Sie sind aber nicht unbedingt auf den Insektenfang angewiesen, jedoch haben Versuche gezeigt, daß sie mit dieser »Zusatznahrung« wesentlich üppiger gedeihen.

Fangapparate sind die mit klebrigen Drüsen besetzten Blätter. Das Insekt bleibt zunächst an den Leimtröpfchen kleben, die von den endständigen Drüsen der Drüsenhaare (Tentakeln) abgesondert werden. Ist es sehr klein, so krümmen sich nur wenige Tentakeln einwärts. Ist die Beute größer und will sich befreien, so kommt es zu einem regelrechten Kampf zwischen Insekt und Pflanze, bei dem es oft genug dem Insekt gelingt, sich wieder loszureißen. Haben aber einmal mehrere Drüsenhaare das Bein oder den Flügel des Opfers umschlungen, so ist dessen Schicksal besiegelt. Der ausgeübte Reiz pflanzt sich von Drüsenhaar zu Drüsenhaar fort, die sich nacheinander alle beteiligen; schließlich rollt sich sogar die Blattspreite ein und macht ein Entkommen unmöglich. Interessanterweise reagieren die Drüsenhaare auf unverdauliche Dinge, wie Glassplitter, Steinchen usw., überhaupt nicht, es handelt sich nämlich um keinen mechanischen, sondern um einen chemischen Reiz. Mit dem klebrigen Schleim wird auch Ameisensäure ausgeschieden, die tierisches Eiweiß zu lösen vermag. Dadurch wird in den Drüsen die Absonderung von Verdauungssäften ausgelöst. Das verflüssigte Insekt wird nun innerhalb von 1–2 Tagen von den gleichen Drüsen wieder aufgesaugt. Danach krümmen sich die Drüsenhaare in ihre Ausgangsstellung zurück; Wind und Regen beseitigen die unverdaulichen Chitinteile der Beute.

Während der Rundblättrige Sonnentau zumeist nur sehr kleine Tiere erbeuten kann, weil seine Blätter dem Boden anliegen, das Insekt sich dadurch auf den ungefährlichen Boden retten kann, so fangen die hochgestellten Blätter des Englischen oder Langblättrigen Sonnentaus (Drosera anglica) selbst größere Fliegen, kleine Wasserjungfern und Falter. Kein Entrinnen gibt es schließlich bei dem deutlich kleineren Mittleren Sonnentau (Drosera intermedia), weil seine Stauden in der Regel dicht an dicht nebeneinander wachsen. Selbst wenn sich das Insekt eine zeitlang befreien kann, so werden seine Atemöffnungen mehr und mehr verschmiert, es erschöpft sich bald, muß sich ausruhen und das wird ihm zum Verhängnis. Inzwischen haben die Drüsenhaare Zeit, sich um Beine oder Flügel des Opfers herumzulegen. Auf diese Art werden selbst Libellen, Tagfalter und große Fliegen gefangen.

Der Insektenfang ist aber nicht die einzige Anpassung der Sonnentauarten an die Lebensumstände des Hochmoores. Wenn die rasch wachsenden Torfmoospflänzchen sie zu überwuchern und zu ersticken drohen, so treiben sie ihre Wurzelstöcke säulenartig nach oben und bilden, sobald die Achse die Oberfläche erreicht hat, eine neue Blattrosette, während der untere Teil der Achse ebenso verfault wie die alte Blattrosette.

Die Blüten des Sonnentaus öffnen sich nur für 3–4 Stunden, um dann der nachfolgenden Blüte am Rispenstiel Platz zu machen.

Alle 3 Sonnentauarten sind offizinell,

Langblättriger Sonnentau (D. anglica).

stehen aber heute bei uns unter strengem Naturschutz (Sammel- und Handelsverbot). Als auswurfförderndes, krampflösendes und keimtötendes Mittel wurden sie seit dem 13. Jahrhundert verwendet, heute vor allem in der Homöopathie. Auch als Zauberkraut stand die Pflanze in hohem Ansehen: Die Alchimisten wollten damit Gold herstellen und, als Amulett getragen, sollte sie gegen Wahnsinn, aber auch Zahnschmerzen schützen.

Rundblättriger Sonnentau (D. rotundifolia).

Sumpf-Porst

Ledum groenlandicum

Heidekrautgewächse – *Ericaceae*

K 50–150 cm hoher, immergrüner Halbstrauch mit linealen, ledrigen, ganzrandigen, an den Rändern nach unten umgeschlagenen Blättern; diese oberseits kahl und glänzend, unterseits wie die jungen Triebe dicht rostbraun filzig. ■ Blütenstand doldentraubig, reichblütig. Blütenstiele klebrig-drüsig, mit bleibenden, braunen Knospenschuppen. Kelch 5zähnig, drüsig-klebrig; Blumenkrone weiß, sternförmig ausgebreitet, 10–15 mm breit; die 10 Staubblätter länger als die Krone; Narbe 5strahlig. Fruchtkapsel überhängend. Ganze Pflanze aromatisch duftend. Giftig! ■ Blütezeit: Mai, Juni.

S Sehr selten; in Hoch- und Übergangsmooren; auf nassen, nährstoffarmen, sauren Torfböden.

V Nördliches Europa (nicht im Westen), Nord- und Mittelasien; Nordkorea sowie Nordjapan. Boreales Amerika bis Alaska.

Wie so viele andere Feuchtpflanzen auch, ist der Sumpf-Porst in Mitteleuropa in seinem Bestand bedroht und im Verschwinden begriffen. Diese Tatsache beklagt schon Hegi in seinem großen Florenwerk aus dem Jahre 1927. Was würde er heute sagen, wo inzwischen 90% der damals noch ungestört vorhandenen Moorgebiete trockengelegt, abgetorft, umgepflügt, im wahrsten Sinne des Wortes »verheizt« wurden?

Der Sumpf-Porst ist in Mitteleuropa ein Relikt aus der Eiszeit, das sich in unserem Klima nur auf besonders kühlen, feuchten Standorten erhalten konnte. Nimmt man ihm diese Standorte weg, so ist sein Schicksal besiegelt.

Schwedische Ärzte entdeckten im 18. Jahrhundert seine schweiß- und harntreibende Wirkung. Sie verwendeten den Aufguß seiner Blätter gegen Gicht, Fieber, Keuchhusten. Die Blätter enthalten ein bitteres, ätherisches Öl, dessen wichtigster Bestandteil das giftige Ledol ist. Wegen des bitteren Geschmackes wurde der Sumpf-Porst früher oft dem Bier anstelle von Hopfen zugesetzt, soll jedoch gesundheitliche Störungen nach sich gezogen haben. In der Homöopathie ist die Pflanze heute noch ein wichtiges Rheumamittel.

Rosmarinheide

Andromeda polifolia

Heidekrautgewächse – *Ericaceae*

K Niedriger, nur 10–40 cm hoher Zwergstrauch mit weitkriechender, sich bewurzelnder Grundachse und zarten, bogig aufsteigenden, grau berindeten Zweigen. Die Laubblätter wechselständig, lineal-lanzettlich, wintergrün, an den Rändern eingerollt, oberseits dunkelgrün, unterseits licht blaugrün, wachsbereift, ledrig. ■ Blüten doldentraubig, meist zu 4–5 in den Achseln der Tragblätter, hellrosa, nickend. Blütenstiel 3mal so lang wie die Blüte, rötlich. Kelch 5spaltig, mit lanzettlichen Zipfeln; Blumenkrone 4–6,5 mm lang, kugelig, innen behaart, mit 5 auswärts gekrümmten Zipfeln; Staubblätter 10. Fruchtkapsel kugelig. Giftpflanze! ■ Blütezeit: April bis Juni.

S Zerstreut; auf Hochmoorbulten, zusammen mit Torfmoosen; auf nassen, nährstoffarmen, sauren Torfböden. Von der Ebene bis ins Gebirge auf 1400 m steigend.

V Ganz Mittel- und Nordeuropa bis zum Nordkap. Nach Süden immer spärlicher und mehr auf die Gebirge beschränkt.

Die eigenartig schöne Pflanze wurde vom Altmeister der Botanik, Linné, nach Andromeda, der Tochter des äthiopischen Königs Cepheus und der Cassiopeia benannt, die mit der Göttin Juno wegen ihrer Schönheit wetteiferte. Der deutsche Name Rosmarinheide bezieht sich auf die Ähnlichkeit der Blätter mit Rosmarin.
Die Art ist eine ganz typische Hochmoorpflanze, die in die nassesten Bereiche vordringt und mit ihrer weit kriechenden Grundachse die Torfmoospolster durchspinnt. Sie enthält Andromedotoxin, ein starkes Gift, das in seinen Wirkungen dem Eisenhutgift ähnelt.

Die krugförmigen Blüten sind an den Besuch von langrüsseligen Insekten, wie Bienen, Hummeln und Falter, angepaßt. Fehlen die natürlichen Bestäuber, so befruchtet sich die Pflanze selbst, was durch die hängende Blütenform begünstigt wird. Der Nektar wird am Grunde des Fruchtknotens von einer scheibenförmigen Honigdrüse ausgeschieden und ist durch feine Härchen an der Innenseite der Blumenkrone vor unerwünschten Honigräubern geschützt. Ameisen gelingt es allerdings trotzdem, den süßen Saft zu stehlen ohne zu bestäuben.
Die zierliche Pflanze ist ein Eiszeitrelikt und nimmt von Norden nach Süden ständig ab.

Moosbeere

Vaccinium oxycoccos

Heidekrautgewächse – *Ericaceae*

K Niederliegender Zwergstrauch mit weit kriechendem, dünnen, verholzten Stengel und fädlichen Blütentrieben. Laubblätter sehr klein, wintergrün, derb, ledrig, oval, oberseits dunkelgrün glänzend, unterseits wächsern blaugrün bereift. ▪ Blüten scheinbar endständig, zu 1–4, nickend, langgestielt. Kelch 4–5lappig, bewimpert; Blumenkrone turbanartig, 6–7 mm breit, karminrosa, mit zurückgeschlagenen Kronblät-

tern und 8–10 purpurnen Staubblättern. Frucht eine kugelige, saftige, tiefrote, überwinternde Beere, auf fädlichem Stiel, zuletzt niederliegend. ▪ Blütezeit: Mai bis Juni.
S Nicht häufig; auf Hochmoorbülten und Torfmoospolstern, auch in Zwischenmooren; auf nassen, nährstoffarmen, sauren Torfböden.
V Ganz Mittel- und Nordeuropa. Boreales Amerika.

Das zierliche Zwergsträuchlein, das mit seinem dünnen, rötlich-braunen Stengel oft den gesamten Torfrasen durchzieht, gehört zusammen mit der Rosmarinheide und dem Sonnentau zu den bezeichnenden Arten der mitteleuropäischen Hochmoore. Die Art ist sehr anspruchslos und an den nährstoffarmen Standort besonders gut angepaßt, wobei – wie bei allen Heidekrautgewächsen – die Symbiose mit einem Wurzelpilz lebensnotwendig ist. Wird durch Entwässerung der Moorcharakter geändert und dringen konkurrenzstärkere Blütenpflanzen ein, so verschwindet die Moosbeere bald und kann sich höchstens auf den vegetationsfreien Torfstichen halten.
Als Bestäuber kommen Bienen und Hummeln zu den Blüten. Selbstbestäubung ist bei geöffneten Blüten durch die Stellung der weiterausragenden Narben zu den Staubblättern wenig wahrscheinlich. Andererseits setzt die Pflanze auch im hohen Norden immer reichlich Frucht an, was dann auf eine Selbstbefruchtung schon in Knospenlage deutet.
Die säuerlich schmeckenden Beeren haben der Pflanze den Namen gegeben (griechisch »oxys« = sauer, »kokkos« = Beere). Kenner schätzen sie noch mehr als die Preiselbeeren. Sie enthalten organische Säuren, Arbutin, Pektin und Vitamin C und wurden früher medizinisch gegen Skorbut verwendet. In Nordrußland und Finnland bereitet man daraus ein alkoholisches Getränk (»Kwass«). Außer durch Früchte vermehrt sich die Art auch noch vegetativ durch Kriechsprosse.

Rauschbeere, Moorbeere

Vaccinium uliginosum

Heidekrautgewächse – *Ericaceae*

K Bis 80 cm hoher Zwergstrauch mit weitkriechendem Wurzelstock und stielrunden(!), graubraunen, aufstrebenden Zweigen. Die Laubblätter sind sommergrün, derb, verkehrt-eiförmig, ganzrandig(!), am Rande schwach umgebogen, unterseits netzig, blaugrün, oberseits hell matt-grün. ■ Blüten traubig, endständig, weiß oder rötlich, hängend, 5–4zählig; Blumenkrone krugförmig, mit 4–5 zurückgekrümmten Zipfeln. Frucht eine kugelige, blau bereifte Beere. Eßbar. ■ Blütezeit: Mai, Juni.

S Zerstreut; in Birken- und Kiefern-mooren, auf Hoch- und Zwischen-mooren; auf frischen bis nassen, nährstoffarmen, sauren, humosen Mineral- und Torfböden. Von der Ebene bis auf ca. 1300 m.

V Boreales Europa, Asien und Amerika.

Die Moorbeere oder auch Rausch-beere sieht auf den ersten Blick der Heidelbeere sehr ähnlich, ist aber an ihren runden, braunen Zweigen und den ganzrandigen Blättern von der Heidelbeere mit ihren kantigen, grü-nen Zweigen und gezähnelten Blät-tern gut zu unterscheiden. Die Früch-te der Moorbeere sind größer als die der Heidelbeere, ihr Saft ist farblos; sie schmecken süßsäuerlich, etwas fad. Sie werden immer wieder als giftverdächtig bezeichnet, es konnte jedoch kein Giftstoff in ihnen nach-gewiesen werden. Obwohl sie in großen Mengen gesammelt und un-beschadet gegessen werden, sollen sie manchmal rauschartige Zustän-de hervorrufen. Man vermutet, daß die gelegentliche Giftwirkung von ei-nem Pilz herrührt, der manchmal in den reifen Beeren parasitiert.

Die Art besitzt eine große ökologi-sche Breite: Im Tiefland wächst sie nur auf Hochmooren und in feuchten Heiden, im Mittelgebirge jedoch be-siedelt sie auch trockene und wind-exponierte Magerhänge. Fossil ist die Moorbeere schon in zwischen-eiszeitlichen und eiszeitlichen Abla-gerungen nachgewiesen.

In der Blüte reifen die Staubblätter schon im Knospenzustand, bevor die Narbe sich voll entwickelt hat. Blütenbesucher sind Schwebfliegen, Bienen und Falter. Bei ausbleiben-dem Insektenbesuch fällt der Pollen in der hängenden Blüte auf die Nar-be, die Pflanze befruchtet sich dann selbst. Die reifen Beeren werden von Vögeln, meist Amseln, Wacholder-drosseln, Brachvögeln und Heide-piepern verbreitet.

Glocken-Heide

Erica tetralix

Heidekrautgewächse – *Ericaceae*

K Bis 70 cm hoher, dünnästiger Zwergstrauch mit aufrechten, behaarten, dicht benadelten Zweigen. Laubblätter zu 3–4, wirtelständig, lineal-lanzettlich, stumpf, mit nach unten gerolltem Rand, steifhaarig bewimpert. ■ Blütenstand kopfig-doldig, 5–15blütig; Blütenstiele weißfilzig. Kelch 4teilig, flaumhaarig; Blüten krugförmig, fleischrot bis rosa, selten auch weiß. Staubblätter 8, eingeschlossen, Staubbeutel dunkelrot;

Die Gattung *Erica* ist mit über 500 Arten vorwiegend in Südafrika verbreitet. Bis zum Mittelmeer gelangen noch 16 Arten, über die Alpen nur mehr 3: die häufige, kleinblütige Schnee-Heide *(Erica carnea)*, die Graue Heide *(E. cinerea)* sowie die seltene, großblütige Glocken-Heide *(E. tetralix)*. Nennenswerte Vorkommen finden sich nur in höheren Küstengebieten der Nordsee, vor allem Ostfrieslands, aber auch diese sind stark im Rückzug begriffen.
Die Glocken-Heide ist keine ausgesprochene Moorpflanze, sondern bevorzugt das Übergangsgebiet von Heide zum Hochmoor. Sie besiedelt aber auch zeitweise trockenfallende Mulden und die Ränder von Heidetümpeln. Gerne wurzelt sie auf stark humosem Boden und trägt selbst zur Bildung eines dichten Filzes von Heidehumus bei. Wird der Oberboden ausgewaschen, kommt es darunter nicht selten zu Ortsteinbildung.
Ein weiteres Heidekrautgewächs ist die Besenheide *(Calluna vulgaris)*, die sehr häufig auf mageren, sauren Böden in Heiden und Torfmooren wächst. Sie ist an ihren schuppenförmigen Blättern und den erst im Spätsommer erscheinenden kleinen lila Blüten zu erkennen. Ihre ökologische Breite reicht von sandig-trockenen Standorten bis zum Moor.

Narbe hervorragend. Fruchtkapsel 8eckig, weißfilzig. ■ Blütezeit: Juli, August.
S Selten; in Heidemooren; auf nassen, nährstoffarmen, sauren Torfböden oder sauren, humosen Sandböden. Nur im atlantischen Nordwestdeutschland, fehlt in Österreich und der Schweiz vollständig.
V West- und Nordeuropa.

Gagelstrauch

Myrica gale

Gagelstrauchgewächse –
Myricaceae

K 50–125 cm hoher, sehr ästiger, aromatisch duftender Strauch mit dunkelbraunen Zweigen. Laubblätter wechselständig, sommergrün, keilförmig, gegen die Spitze gezähnt, oberseits dunkelgrün, unterseits grauflaumig, im Alter ledrig. ■ Blütenkätzchen eingeschlechtlich, meist 2häusig, aufrecht. Männliche Kätzchen 1–1,5 cm lang, zylindrisch, nach der Blüte abfallend; weibliche Kätzchen nur 5–6 mm lang, mit fadenförmigen, purpurroten Narben. Steinfrucht trocken, 3spitzig. Ganze Pflanze dicht mit goldgelben Harzdrüsen besetzt. ■ Blütezeit: April bis Mai, vor der Blattentfaltung.

S Zerstreut, aber gesellig; auf Heidemooren, an Heideweihern und Torfbrüchen; auf nassen oder anmoorigen Sandböden. Nur in der Ebene.

V In West- und Nordeuropa, Nordamerika.

Aus den aromatisch duftenden Blättern und Blütenkätzchen des Gagelstrauches wird durch Destillation das Gagelöl gewonnen, das trotz seiner leichten Giftigkeit früher dem Bier anstelle von Hopfen zugesetzt wurde. Dieses sogenannte »Porstbier« wirkte stärker berauschend und erfreute sich vor allem in Dänemark besonderer Beliebtheit. Erst im 18. Jahrhundert stellte Kurfürst Georg von Hannover die Zugabe von Gagelblättern zum Bier unter Strafe. In Norwegen mengte man die Blätter auch unter den Rauchtabak, während die Blütenkätzchen zum Gelbfärben verwendet wurden. Ein Absud der Blätter galt ferner als wirksames Mittel gegen Läuse, Hautausschläge und Schorf.

Die Blüten des Gagelstrauches werden schon im Sommer des vorangehendes Jahres angelegt, er blüht dann im Frühling vor der Belaubung. Die männlichen Kätzchen bleiben auch während der Pollenreife aufrecht stehen; der Blütenstaub sammelt sich in den näpfchenförmigen Tragblättern, von wo ihn der Wind auf die weit hervorragenden papillösen Narben der weiblichen Blüten weht. Die trockene Steinfrucht ist durch ein Luftgewebe schwimmfähig und kann daher auf den häufig überschwemmten Standorten durch das Wasser verbreitet werden. Beim Sinken des Wasserstandes bohrt sie sich mit ihren Spitzen in den Schlamm.

Scheidiges Wollgras

Eriophorum vaginatum

Sauergräser – *Cyperaceae*

K Ausdauernde, dichte Rasen bildende Pflanze. Wurzelstock ohne Ausläufer. Stengel 30–70 cm lang, glatt, rund, oben stumpf 3kantig, graugrün. Untere Blätter borstenförmig, rinnig bis 3kantig, stumpf, graugrün. Blattscheiden der Stengel aufgeblasen. ■ Blütenstand ein einziges, endständiges, eilängliches Ährchen, das bis zu 100 Blüten enthält. ■ Blütezeit: März bis Mai. Ein zweites Mal von Juli bis in den Herbst hinein.

Einzel-
ährchen

Breitblättriges Wollgras
(*Eriophorum latifolium*).

S Zerstreut; in Hoch- und Heidemooren; auf nicht zu nassen, sauren Torfböden, vor allem im Anfangs- und Abbaustadium. Erstbesiedler auf Torfstichen. Von der Ebene bis in die Alpen (bis 2700 m steigend).

V Fast ganz Europa (fehlt in Island, Griechenland, Italien südlich der Alpen und Portugal); im gemäßigten Asien, Nordamerika und Grönland.

Was die hübsche Pflanze so weithin leuchten läßt, sind nicht ihre Blüten, die – wie bei allen Sauergräsern – unscheinbar und grünlich sind, sondern ihre Fruchtschöpfe. Nach der Blüte wachsen nämlich die fadenartigen Blütenblätter zu langen, schneeweißen Haaren aus. Der blendend weiße Schimmer auf den Wollschöpfen entsteht durch totale Reflexion an den lufterfüllten Haaren. Die zarten, leichten Gebilde fallen mit den Früchtchen ab und werden vom Wind weithin vertragen, können aber auch durch das Wasser verbreitet werden.

Das Scheidige Wollgras gehört zu den auffallendsten und bezeichnendsten Arten des Hochmoores. Seine faserigen Blattscheiden zer-

Horste des Scheidigen Wollgrases (*Eriophorum vaginatum*).

setzen sich nur sehr unvollkommen und spielen bei der Bildung des Hochmoortorfes eine wichtige Rolle. Trocknet das Moor durch Entwässerung aus, so weicht es zurück und wird von der Besenheide ersetzt.

Der rein wirtschaftliche Nutzen des Wollgrases ist gering. Die rauhen, kieselsäurehaltigen Blätter und Stengel werden vom Vieh gemieden. Für die Wolle der Fruchtschöpfe fanden sich früher allerdings eine ganze Reihe Verwendungsmöglichkeiten: Man gebrauchte sie zum Blutstillen als Watteersatz, ebenso sollte sie gegen Blasenbeschwerden helfen, man stopfte damit Kissen und Decken und drehte daraus sogar Lampendochte. Heute dienen alle einheimischen Wollgrasarten als Zierpflanzen und werden in Sumpfgärten kultiviert. Schreitet die Zerstörung der Moore ungehindert weiter fort, werden wir die schöne Pflanze vielleicht bald überhaupt nur mehr als Zierpflanze in Gärten zu sehen bekommen. Obwohl sie längst unter Naturschutz steht, wird sie immer seltener, weil der Artenschutz nichts nützt, wenn nicht gleichzeitig auch der Lebensraum erhalten bleibt.

Eine weitere, gleichfalls sehr attraktive Art ist das Schmalblättrige Wollgras (Eriophorum angustifolium), das im Gegensatz zum Scheidigen Wollgras auch Ausläufer bildet. Im Blütenstand unterscheidet es sich durch seine 3–5 teils sitzenden, teils lang gestielten Ährchen von dem endständigen, einzigen Blütenstand der erstgenannten Art. Auch bei den übrigen Wollgräsern wachsen aus den unscheinbaren, grünen Blüten mit beginnender Fruchtreife die langen, blendend weißen Wollhaare aus, die der ganzen Gattung den Namen gaben.

Das Schmalblättrige Wollgras gedeiht nicht in Hochmooren, sondern besiedelt Flach- und Zwischenmoore, wächst in Quellmooren, an Ufern

Schmalblättriges Wollgras *(E. angustifolium)*.

Scheidiges Wollgras *(E. vaginatum)*.

und in Gräben, auf nassen, nährstoffarmen, mäßig sauren Torfböden. Durch seine Ausläufer und seine bis zu 50 cm eindringenden Wurzeln ist es befähigt, als Pionier neue Standorte zu erobern (Wurzelkriechpionier). In Anfangsstadien der Flachmoorbesiedlung kann es daher oft ausgedehnte Bestände bilden.

Die auffallenden Fruchtschöpfe aller Wollgrasarten gaben Anlaß zu zahlreichen Volksnamen: Wollrösel, Wilde Baumwoll, Mattenwolle, Watteblum, Seidenhaar, Moosflaum, Moordaune, Wiesenfeder, Geißbärtli, Mooskatzerl, Mutscherl, Teichmiezl, Moosbüseli, Alte Mägde.

Beinbrech, Ährenlilie

Narthecium ossifragum

Liliengewächse – *Liliaceae*

K Ausdauernde, 10–20 cm hohe Pflanze mit dünner, kriechender Grundachse und 2zeilig angeordneten Blättern. Stengel starr aufrecht. Grundständige Laubblätter linealisch schwertförmig; Stengelblätter klein, linealisch. ■ Der Blütenstand ist eine endständige, meist 6–7 cm lange Traube. Blüten langgestielt; die 6 Blumenkronblätter innen gelb, außen grünlich; Staubfäden wollig behaart, Staubbeutel ziegelrot; Blüten nektarlos, duftend. Fruchtkapsel fachspaltig aufspringend. Die ganze Pflanze riecht aromatisch nelkenartig. ■ Blütezeit: Juli, August.

S Zerstreut; auf Heidemooren, zwischen Torfmoos und an versumpften Ufern von Heidetümpeln; auf schlammig-moorigen Böden.

V Charakteristisch für die westdeutsche Heideflora. Allgemein in Westeuropa verbreitet; fehlt in Österreich, Ungarn und Polen.

Die große Familie der Liliengewächse ist mit ca. 2600 Arten über die ganze Erde verbreitet. Ihre Formenmannigfaltigkeit reicht von der winzigen, hochalpinen Faltenlilie bis zu baumförmigen Gewächsen des tropischen und subtropischen Afrika. In Australien hat die Familie die seltsamen Grasbäume hervorgebracht. Unter den tropischen Arten gibt es kletternde Formen, parasitische Arten und solche, die als Überpflanzen oben auf den Bäumen wachsen. Sehr viele Arten sind an zeitweilige Trockenheit durch Zwiebeln, Knollen und saftige Blätter angepaßt und besiedeln wärmere, regenarme, steppenartige Gebiete, wie den Mittelmeerraum, den Orient und Kleinasien. Ein Entfaltungszentrum ersten Ranges besitzt die Familie in Südafrika, besonders in Kapland, von wo auch viele Zierpflanzen zu uns gekommen sind.

Unter den Feuchtpflanzen spielen Lilien eher eine bescheidene Rolle. Die hübsche Ährenlilie ist eine der wenigen Lilien, die sich in Moor und Sumpf verirrt haben. Obwohl nicht häufig, gehört sie doch zu den bezeichnenden Arten der Heidemoore. Der deutsche Name Beinbrech (lat. »ossifragum«) bezieht sich darauf, daß das Weidevieh nach dem Genuß der Pflanze brüchige Knochen bekommen solle. Schließlich ist sie noch eine alte Zauberpflanze.

Sumpf-Wachtelweizen

Melampyrum pratense
ssp. *paludosum*

Rachenblütler – *Scrophulariaceae*

K Einjährige, 10–30 cm hohe Halbschmarotzerpflanze. Stengel aufrecht, mit höchstens einem Astpaar;
Laubblätter kurz gestielt, gegenständig, schmal-lineal (3 mm breit). ■
Blüten in lockeren, oft einseitswendigen Trauben. Kelch 5zählig und gezähnt. Blumenkrone 15–20 mm lang,
bleich- oder goldgelb, mit gerader
Röhre. Staubblätter 2mächtig (das
heißt: 2 kurze und 2 lange). Fruchtkapsel fachspaltig, mit 2 großen Samen pro Fach. ■ Blütezeit: Juni bis
September.

S Auf Hochmooren und in moorigen, torfigen, feuchten Wäldern, vor
allem der Alpenländer.

V Fast ganz Europa.

Der Sumpf-Wachtelweizen ist eine
Unterart des äußerst formenreichen
Wiesen-Wachtelweizens *(Melampyrum pratense),* der sich auf nasse,
moorige Standorte spezialisiert hat.
Er unterscheidet sich vom Typus
durch wesentlich schmälere Blätter
und höchstens einer Verzweigung
des Stengels.
Die ganze Gattung Wachtelweizen
gehört zu den Halbschmarotzern.
Sie sind dank ihrer grünen Blätter
wohl in der Lage, selbst zu assimilic-
ren, befallen jedoch mit Hilfe eigener
Saugorgane benachbarte Wirtspflanzen und entziehen diesen Wasser und Mineralsalze. Ohne diese
Wirtspflanzen sind sie nicht lebensfähig.
In der Blüte wird der Nektar sehr
reichlich am Grunde des Fruchtknotens abgesondert und sammelt sich
am Grunde der langen, engen Kronröhre. Er ist nur langrüsseligen Insekten, vor allem Hummeln, zugänglich. Beim Eindringen in die Blüte
streifen sie zuerst die Narbe, stoßen
danach an die nahe beieinanderlie-
genden Staubbeutel und beladen
sich mit Pollen. Bei ausbleibendem
Hummelbesuch kann sich die Pflanze auch selbst befruchten.
Die Samen des Wachtelweizen ähneln in Gestalt und Größe Ameisen-
puppen und werden auch durch
Ameisen vertragen. Diese verwechseln sie nämlich mit ihren »Kindern«,
schleppen sie in ihre Baue, verlieren
sie wohl auch unterwegs und sorgen
dafür, daß die schweren, flugunfähi-
gen Samen verbreitet werden. Der
Name Wachtelweizen bezieht sich
auf die weizenkornähnliche Gestalt
der Samen.

Siebenstern

Trientalis europaea

Primelgewächse – *Primulaceae*

K Ausdauernde, 8–25 cm hohe Pflanze mit unterirdischen, zarten, weißen, am Ende knollig verdickten Ausläufern. Neuer Sproß aus der Knolle hervorgehend. Untere Stengelblätter klein, eiförmig; obere Laubblätter 5–12, größer, rosettig genähert, verkehrt-eilanzettlich, ganzrandig oder fein gezähnt. ■ Blüten 1–2, auf langem, fadenförmigen aufgerichteten Blütenstiel. Kelch bis zum Grunde geteilt, mit 7 spitzen Zipfeln; Blumenkrone 7teilig, weiß, sternförmig ausgebreitet. Fruchtkap-

sel kugelig, mit 5 Klappen aufspringend. ■ Blütezeit: Mai bis Juli.
S Ziemlich selten; in Moorwäldern, Übergangsmooren, Dünenmooren, moosigen Fichtenwäldern und moorigen Naßweiden; auf feuchten bis nassen, nährstoffarmen, sauren, humosen, sandig-steinigen bis torfigen Lehmböden. Von der Ebene bis in die subalpine Stufe der Alpen.
V Im nördlichen und gemäßigten Eurasien; darüber hinaus kommt die Art im nordwestlichen Nordamerika vor.

Die Gattung Siebenstern gehört mit ihren 3 Arten zu der vielgestaltigen Familie der Primelgewächse, die in ihren Reihen so unterschiedliche Pflanzen wie Zyklamen, Wasserfeder oder die hochalpinen Mannsschildarten zählt. Alle 3 Siebensterne beschränken sich auf die nördlich gemäßigte und kalte Zone. In Europa kommt aber nur die oben genannte Art (»europaea«) vor. In Mitteleuropa nimmt sie von Norden nach Süden rasch ab, wächst im nördlichsten Teil auch noch im Flachland, zieht sich weiter südlich aber auf die Gebirge zurück. In die Alpen ist die wärmescheue Pflanze aus dem hohen Norden während der Eiszeit eingewandert und hat sich als Eiszeitrelikt in Mitteleuropa auf den kühlen, feuchten Mooren und schattigen Gebirgswäldern erhalten.
Der Name Siebenstern bezieht sich auf die 7 sternförmig ausgebreiteten Blumenkronblätter, die unter den normalerweise 5zähligen Primelgewächsen eine Ausnahme bilden. In den nach oben offenen Blüten dient ein saftreicher, fleischig-verdickter Ring rund um Fruchtknoten und Staubblätter als Lockspeise für Insekten. Der Besuch ist jedoch eher spärlich. Beim Abblühen schließt sich die Blüte wieder, wodurch Selbstbestäubung ermöglicht wird. Außer durch Samen vermehrt sich der Siebenstern auch noch durch Ausläufer.

Schwarze Krähenbeere

Empetrum nigrum

Krähenbeerengewächse –
Empetraceae

K 30–50 cm hoher, kriechender, teppichbildender Zwergstrauch mit nadelfeinen, wintergrünen, unterseits weiß gekielten Blättern. ■ Blüten unscheinbar, mit blaßgrünen Kelchblättern und alternierend dazu stehenden, blaßroten, gewimperten Blumenkronblättern. Die Frucht ist eine schwarze, glänzende Steinfrucht. ■ Blütezeit: Mai bis Juni.

S Nicht häufig, aber meist gesellig; in Zwischenmooren und Moorheiden, aber auch in subalpinen Zwergstrauchheiden und im Dünensand. Sowohl im Tiefland, als auch in den Alpen bis auf 3000 m.

V Zirkumpolar über die nördliche Halbkugel; in südlichen Gebieten nur in höheren Gebirgen.

Die Krähenbeere ist eine ausgesprochen standortvage Pflanze, die im Hochmoor ebenso wie auf lange mit Schnee bedeckten, alpinen Hängen, im Dünensand ebenso wie in Felsspalten wächst. Die Art lebt in Symbiose mit einem Wurzelpilz, der ihre Stickstoffversorgung weitgehend übernimmt, was ihr auf den nährstoffarmen Mooren und im sterilen Sand zugute kommt.

Die Blüten werden schon im Vorjahr angelegt und überwintern fix und fertig. Blütenbiologisch bildet die Art ein Zwischenglied zwischen Insekten- und Windblütigkeit, was auf ihr hohes Alter, das bis ins Tertiär zurückreicht, hindeutet. Die Früchte reifen im Herbst, manchmal sogar noch unter dem Schnee, ihre Verbreitung erfolgt durch Vögel, im Gebirge meist Schneehühner, im Moor Birk- und Auerwild. Auch Säugetiere, wie Füchse, Dachse und Eichhörnchen sind an der Verbreitung beteiligt.

Die Laubblätter enthalten neben einer Wachsart noch Benzoësäure, Urson, Gerbstoffe und Fruktose. Sie wurden früher medizinisch gegen Skorbut und als harntreibendes Mittel verwendet, mit einem Absud daraus behandelte man schlecht heilende Wunden. Die gekochten Beeren färben unter Zusatz von Alaun Wolle und Leinen braunschwarz.

Die Beeren der heimischen Krähenbeere schmecken bitter und unangenehm, aber im hohen Norden wächst eine reichfruchtende Unterart mit saftigen, wohlschmeckenden Beeren, welche die Lappen, frisch oder in süßer und saurer Milch zubereitet, in Mengen essen. In Norwegen und Island wurde aus den Krähenbeeren sogar Wein gekeltert, der den eingeführten und teuren Traubenwein verdrängen sollte.

Bruchwälder

Bruchwälder leben auf ständig vernäßten Böden, deren Grundwasser
nahe der Oberfläche steht. Sie stok-
ken immer auf einer mehr oder weniger mächtigen Torfschicht, die mit
Wasser vollgesogen ist und im Gegensatz zum Torfmoos der Hochmoore aus Blattscheiden von Sauergräsern, Wurzelstöcken von Schilf,
Holzresten, Laub und Zapfen besteht.

Bruchwälder unterscheiden sich von
den bisher beschriebenen Feuchtbiotopen durch ihren Waldbestand,
der sie mit den Auen verbindet. Vor
allem Schwarzerlenbrüche sind oft
aus ehemaligen Flußschlingen entstanden und wegen dieser räumli-
chen Nachbarschaft wurden sie oft
mit den Auen zusammengefaßt. Im
Gegensatz zu den Auen, die immer
an das fließende Wasser gebunden
sind und regelmäßig überschwemmt
werden, ist der Boden der Bruchwälder von hochanstehendem, sauerstoffarmen Grundwasser ständig
vernäßt. Auf basenarmen Standorten
wird die Schwarz-Erle von der Wald
Kiefer und der Moor-Birke vertreten.
Kiefern-Birken-Brüche finden wir
häufig im Randbereich von Wald-
Hochmooren. Näheres zum Lebensraum Bruchwälder auf S. 26.

Sumpffarn

Thelypteris palustris

Tüpfelfarne – *Polypodiaceae*

K 15–100 cm hoher Farn mit kriechender, schwarzer und verzweigter Grundachse und mehr oder weniger entfernten Blättern. Blattstiele dünn, kahl, fast so lang oder länger als die Spreite. Blätter hellgrün, gefiedert, mit fiederspaltigen Abschnitten; das unterste Fiederblatt deutlich kürzer als die oberen. Fieder an der Unterseite anfangs weißlich behaart, sommergrün. Der Rand der fruchtbaren Blattflächen nach unten gerollt, die Sporangien nicht einhüllend. ■ Sporenreife: Juli bis September.

S Ziemlich häufig und meist gesellig in Brüchen, Torfsümpfen, an Seeufern, in Flachmooren.

V Fast ganz Europa ohne Arktis, im Mittelmeergebiet selten; Algier, Nordasien bis Japan, Himalaya, Nordamerika.

Die Arten der Familie der Tüpfelfarne sind Landpflanzen, von denen einige Vertreter auch zeitweilige Überflutung oder dauernd nasse Standorte ertragen können. Zu ihnen gehört der Sumpffarn, der in Erlenbrüchen und sumpfig vermoortem Gelände zu Hause ist. Dort steht der Wald – ein Erlenbruchwald – an der Grenze seiner Existenzmöglichkeit und auch der Sumpffarn wählt sich innerhalb dieser nassen Gegend die relativ trockeneren Standorte, indem er die lange überfluteten Gräben meidet und sich am Fuße der Schwarz-Erlen auf deren eigentümlichen Sockeln ansiedelt.

Farne gehören zu den ältesten Landpflanzen, die vor 400 Millionen Jahren entstanden sind. Sie beherrschten die Erde rund 150 Millionen Jahre, bis sie von den Blütenpflanzen zurückgedrängt wurden. Aus der reichen Artenfülle der paläozoischen Farnpflanzen konnten sich nur drei Gruppen bis in die Gegenwart behaupten: Die eigentlichen Farne, die Bärlappgewächse und die Schachtelhalme.

Allen dreien gemeinsam ist der Generationswechsel: Aus der Spore keimt zuerst der unscheinbare, meist kurzlebige Vorkeim, auf dem sich die kugel- bis krugförmigen Geschlechtsorgane befinden. In Regenwassertropfen schwimmen dann die beweglichen männlichen Geschlechtszellen (Spermatozoen) zu den Eizellen, befruchten sie und erst aus dieser Vereinigung erwächst dann die eigentliche Pflanze.

Königsfarn
Osmunda regalis

Rippenfarne – *Osmundaceae*

K Stattlicher, bis zu 180 cm hoher Farn mit verzweigter Grundachse, aus der jedes Jahr die langgestielten, sommergrünen, doppelt gefiederten Blätter entspringen. Fruchtbare und unfruchtbare Blätter und Blattteile verschieden gestaltet. Sporangien an der Spitze einzelner Wedel in einem dickwulstigen Saum. Übergang zwischen sterilen und fertilen Blättern fließend. Sporen grün ■ Sporenreife: Juni, Juli.

S Zerstreut in Erlenbrüchen und schattigen Wäldern mit feuchten, moorigen Böden.

V In Deutschland vor allem im Westen und in der Norddeutschen Tiefebene; im Rheingebiet verbreitet. In der Schweiz im südlichen Tessin und am Genfer See. Fehlt in Österreich und Rußland. Weltweit verbreitete Sumpfpflanze, fehlt in den Hochgebirgen und im hohen Norden.

Die Gattung *Osmunda* ist mit 10 Arten über die ganze Erde verbreitet, aber nur der Königsfarn kommt einzig und allein auch in Europa vor. Wahrhaft königlich sind auch seine mannshohen Farnstöcke, von denen Altmeister Linné so beeindruckt war, daß er sie nach dem germanischen Donnergott Thor, dessen Beiname Osmunder war, benannt hat. Die Farnwedel sind sehr zweckmäßig gebaut, um möglichst viel Wasser aufzufangen: Die untersten Blattpaare neigen sich so zusammen, daß sich in der Höhlung Wasser ansammeln kann.

In der Anordnung seiner Sporangien hat sich der Königsfarn ein urtümliches Merkmal bewahrt: Sie sind noch nicht zu Sporenhäufchen (Sori) vereinigt, sondern sitzen geknäuelt und ährig angeordnet an den Rändern der Fiederchen. Das weist auf ein hohes Alter der Familie hin, was durch fossile Funde aus dem Paläozoikum bestätigt wird. Auch das seltsame Verbreitungsgebiet, das neben einem Hauptvorkommen noch weitere Splitterareale aufweist, deutet darauf hin.

Wie alle Farne keimt auch die Spore des Königsfarnes zunächst zu einem Vorkeim aus, auf dem sich die Geschlechtsorgane befinden. Beim Königsfarn ist der Vorkeim laubblattartig und kann mehrere Jahre über die Erde kriechen.

Sumpf-Drachenwurz

Calla palustris

Aronstabgewächse – *Araceae*

K Ausdauernde, 15–30 cm hohe Sumpfpflanze mit kriechender, grün gefärbter, hohler Grundachse, von der die 2zeilig angeordneten, einander genäherten Blätter entspringen. Blütenschaft doppelt so lang wie die breit-herzförmigen, am Ende zugespitzten Blätter. ■ Die nackten, zwitterigen Blüten stehen spiralig angeordnet und sehr dicht auf dem 2–3 cm langen, walzlichen Kolben, der von einem großen, außen grünen, innen weißen Hochblatt umfaßt

wird. Frucht beerenartig, scharlachrot und giftig. Samen längsgefurcht, schwarz. ■ Blütezeit: Mai bis Juli.

S In Waldsümpfen und Erlenbrüchen, Hochmoorrändern und versumpften Ufern; auf nassen, zeitweilig überschwemmten, schlammigen Böden, gelegentlich auch im Wasser flutend. In den Alpen bis auf 1200 m steigend.

V In Nord- und Mitteleuropa lückenhaft verbreitet; Sibirien, atlantisches Nordamerika.

Die winzigen Einzelblüten sind nektarlos, ihr Aasgeruch zieht jedoch kleine Fliegen und Käfer an, von denen die Bestäubung vollzogen wird. Auch kleine Schnecken sind gelegentlich daran beteiligt. Die beerenartigen, giftigen Früchte werden trotz ihrer leuchtenden Farbe nicht von den Vögeln gefressen. Sie platzen bei der Reife auf und entlassen die schleimig-klebrigen Samen, welche durch das Wasser oder durch Wasservögel verbreitet werden.

Die ganze Pflanze, vor allem aber der schlangenförmig gekrümmte Wurzelstock, enthält scharf schmeckende, chemische Substanzen, ähnlich dem Aroin des nahe verwandten Aronstabes. Der Wurzelstock war früher als „Radix Draculi palustris" offizinell. In der Volksmedizin galt eine Abkochung davon als sicheres Mittel gegen den Biß giftiger Schlangen. Der schlangenförmig gekrümmte Wurzelstock gab nach der Signaturenlehre den Hinweis für eine diesbezügliche Verwendung. Heute wird die Tinktur nur mehr in der Homöopathie gebraucht.

Der auffallende Wurzelstock war Anlaß zu verschiedenen Volksnamen, wie »Wasserschlangenwurz« oder »Wasserdrachenwurz«. Die Gestalt der weißen Hüllblätter spiegelt sich in »Schweinsohr« die fettig glänzenden Blätter inspirierten zu »Fetter Michl«. Aus der Wurzel kann ein seifig schäumender Stoff ausgedrückt werden, was in »Seifer« oder »Seifkees« seinen Niederschlag fand.

Sumpf-Haarstrang

Peucedanum palustre

Doldengewächse – *Apiaceae*

K̲ 2jährige, grasgrüne, im jungen Zustand weiß milchende Pflanze mit spindeliger, oft ästiger Grundachse und aufrechtem, 50–150 cm hohen, hohlen, kantig gefurchten, oberwärts purpurn überlaufenen, ästigen Stengel. Laubblätter im Umriß 3eckig; die unteren sehr groß, auf sehr langem, oberseits rinnigen Stiel, 2-, 3- bis mehrfach fiederschnittig; Teilblättchen tief fiederspaltig, im Umriß eiförmig, linealisch, mit stachelspitzigen Zipfeln. Obere Laubblätter einfacher gegliedert; oberste auf zusammengerollter Scheide sitzend. ■ Dolden groß, langgestielt, 20–30strahlig, gewölbt; Strahlen innen flaumig behaart. Hülle und Hüllchen aus mehreren, lanzettlichen Blättern bestehend. Döldchen reichblütig. Kronblätter weiß, selten rosa. Frucht linsenförmig, beiderseits gewölbt und mit dicken Randflügeln. Fruchtwand schwammig. ■ Blütezeit: Juli und August.

S̲ In Erlenbrüchen, Sümpfen, Verlandungsgesellschaften; auf nassen, zeitweise überschwemmten Torf- und Sumpfhumusböden. Von der Ebene bis in mittlere Gebirgslagen.

V̲ Fast ganz Europa.

Viele Doldengewächse sind einander sehr ähnlich: Ihre recht einheitlich gebauten Doldenblüten, ihre meist fiedrig geteilten, fast immer aromatisch duftenden Blätter, ihre bei der Reife in 2 Teilfrüchte zerfallenden Früchte prägen die Familie, so daß es schwer fällt, trennende Unterscheidungsmerkmale zu sehen. Gerade die Früchte aber bieten wichtige Bestimmungshilfen: Nach ihrer Form, nach ihren mehr oder weniger hervortretenden Rippen, nach Lage der »Ölstriemen«, in denen die charakteristischen ätherischen Öle gespeichert werden, erkennt der Fachmann die verschiedenen Gattungen und Arten.

Auch beim Sumpf-Haarstrang gibt uns die linsenförmige Frucht mit den dicken Randwülsten ein gutes Unterscheidungsmerkmal in die Hand. Die Fruchtwand enthält ein lufthaltiges, schwammiges Gewebe, das sich nur sehr langsam mit Wasser vollsaugt. Die Früchte bleiben lange schwimmfähig und werden deshalb durch das Wasser über weite Strecken verschwemmt.

Die gewürzhaft schmeckende Wurzel galt früher als Heilmittel gegen Epilepsie.

Bitteres Schaumkraut

Cardamine amara

Kreuzblütler – *Brassicaceae*

K Ausdauernde, 10–60 cm hohe Pflanze mit waagrecht kriechender, Ausläufer treibender Grundachse. Stengel aufsteigend oder aufrecht, meist unverzweigt, kantig, markig. Grundständige Laubblätter gestielt, 5–9zählig, fiederschnittig, mit ovalen Teilblättchen. Stengelblätter zahlreich, fiederschnittig. ■ Blütentraube kurz, 10–20blütig; Blüten weiß, mit purpurnen(!) Staubbeuteln. ■ Blütezeit: Mai bis Juli!

S In Quellen, Bächen und Gräben, in Erlenbruchwäldern sowie Auwäldern; in fließendem Wasser oder auf sickernassen, auch zeitweilig überfluteten, nährstoffreichen, sandigen oder lehmigen Tonböden. Im Gebirge mehr in Quellbächen, in der Ebene vorwiegend in Erlenauen und Erlenbruchwäldern. Von der Ebene bis auf 2500 m steigend.

V In ganz Europa außerhalb der arktischen Gebiete. Im Süden nur in den Gebirgen; in Asien ostwärts bis nach Westsibirien; im Norden von Anatolien.

Das Bittere Schaumkraut ist der Echten Brunnenkresse *(Nasturtium officinale)* sehr ähnlich. Im Gegensatz zu dieser weist es aber an den untersten Blättern mehr als 3 Fiederblättchen, einen markerfüllten, kantigen Stengel und vor allem violette Staubbeutel auf.

Auch das Bittere Schaumkraut enthält reichlich Vitamin C, ein ätherisches Öl und einen Bitterstoff. Als Salatpflanze schmeckt es weniger scharf als die Echte Brunnenkresse, dafür wirkt der leicht bittere Geschmack deutlich appetitanregend. In der Volksmedizin wird es bei Vitamin-C-Mangel, Frühjahrsmüdigkeit, Zahnfleischbluten usw. verwendet; außerdem als harntreibendes Mittel bei Gicht, Rheuma, Nieren- und Blasenleiden.

In den schwach duftenden Blüten sammelt sich der Nektar in der Vertiefung der seitlichen Kelchblätter. Als Blütenbesucher kommen Bienen, Fliegen und Blütenkäfer in Frage. Bei ausbleibender Fremdbestäubung kann sich die Pflanze auch selbst befruchten.

Die Frucht ist eine nur 1–2 mm breite, 18–40 mm lange, aufrecht abstehende Schote, die in den dünnen Griffel allmählich übergeht. Bei der Reife rollen sich ihre Klappen von oben nach unten ruckartig vom Rahmen ab und schleudern so die hellbraunen Samen fort.

Walzen-Segge

Carex elongata

Sauergräser – *Cyperaceae*

K Ausdauernde, 30–60 cm hohe Pflanze, deren Wurzelstock dichte Rasen ausbildet. Stengel aufrecht, schlaff, scharf 3kantig, rauh, nur am Grunde beblättert. Blätter ebenfalls schlaff, flach, 2–6 mm breit, an den Rändern rauh, grasgrün. Unterste Blattscheiden strohfarbig bis hellbraun. ■ Die 8–12 Ährchen sitzen in einer einfachen, unterbrochenen Ähre. Ährchen eiförmig, vielblütig; Spelzen hellbraun mit weißhäutigen Rändern. Schläuche zur Fruchtreife sparrig abstehend. ■ Blütezeit: Mai bis Juni.

S Gesellig; in Erlenbruchwäldern, an Waldbächen, sumpfigen Waldstellen, an Bachufern; auf luftarmen, staunassen, mäßig nährstoffreichen, meist sandig-tonigen Bruchtorfböden. Vom Tiefland bis in die Bergstufe (bis 1600 m steigend).

V Nord-, West- und Mitteleuropa (fehlt in der Arktis), Rußland, Kaukasus, Sibirien.

Innerhalb der Familie der Sauergräser ist die Gattung der Seggen *(Carex)* mit über 500 Arten die bei weitem artenreichste. Die einzelnen Arten dieser Gattung sind einander oft sehr ähnlich und schwierig zu bestimmen. Immerhin gibt es auch sehr charkteristische Vertreter oder solche, die vor allem an bestimmten Standorten vorkommen.

Der Familienname »Sauergräser« bezieht sich darauf, daß die meisten Arten auf nassen (fälschlich »sauren«) Wiesen wachsen. Der Name »Segge« hingegen stammt aus dem Norddeutschen und geht auf die indogermanische Sprachwurzel »sek« = schneiden zurück, weil die meisten Seggen schneidend scharfe Blätter haben. Das gilt allerdings nicht für alle, unter den vielen Seggen gibt es auch ausgesprochene Trockenarten, eine ganze Reihe von ihnen wächst sogar im Hochgebirge, und auch die Blätter müssen nicht immer scharf sein.

Auf die Walzen-Segge hingegen trifft beides zu: Der Standort auf ganzjährig nassen Böden und die schneidenden Blattränder. In Erlenbruchwäldern stellt sie manchmal fast ausschließlich die Bodenvegetation. Sie erträgt nicht nur den luftarmen, zeitweilig überfluteten Boden, sondern auch noch die Beschattung durch die Schwarz-Erle.

Gold-Gilbweiderich

Lysimachia vulgaris

Primelgewächse – *Primulaceae*

K Ausdauernde, bis 150 cm hohe Pflanze mit langen, unterirdischen Ausläufern, an deren Ende die Erneuerungsknospen sitzen. Stengel dicht behaart, aufrecht, verzweigt, stumpfkantig, beblättert. Laubblätter meist in Dreierquirlen angeordnet, bis 14 cm lang und 3,5 cm breit, flaumig behaart, kurz gestielt, ganzrandig, locker rotdrüsig punktiert. ▪ Blüten in langgestielten Trugdolden aus den Achseln der oberen Stengelblätter oder in endständigem, rispigen Blütenstand. Kelch fast bis zum Grunde gespalten, mit 5 rotberandeten, spitzigen Zipfeln. Blüten goldgelb, beinahe bis zum Grunde geteilt, mit 5 eiförmigen Lappen, kahl. Die 5 Staubfäden miteinander zu einer den Fruchtknoten bis zur Hälfte umschließenden Röhre verwachsen. Fruchtkapsel so lang wie der Kelch. ▪ Blütezeit: Juli bis August.

S In Erlenbrüchen und Auwäldern, in Verlandungsbeständen, in moorigen Staudenfluren, im Weidengebüsch und an Gräben; auf sicker-

nassen oder staunassen (wechselnassen), mäßig sauren, humosen, sandigen oder lehmigen Tonböden oder modrigen Torfböden. Vorwiegend in der Ebene; im Gebirge wenig hoch steigend.

V Gemäßigtes Eurasien von England bis Japan. Fehlt in Europa nur im hohen Norden sowie in Südspanien und Südgriechenland.

Die stattliche Pflanze vermehrt sich sehr reichlich vegetativ durch unterirdische Triebe, an deren Ende vollständige Erneuerungsknospen sitzen. Erst Ende Mai kommen diese an die Erdoberfläche und wachsen zu neuen Pflanzen aus. Die Art ist sehr vielgestaltig und tritt sowohl in einer Seichtwasserform mit bis zu 3 m langen, verzweigten Ausläufern auf, die sich bei anhaltender Überschwemmung bildet, als auch in einer Unterwasserform mit unverzweigten Stengeln und relativ kleinen Blättern. Letztere kommt allerdings nicht mehr zur Blüte.

Ein sehr ähnlicher Verwandter ist der Punktierte Gilbweiderich *(Lysimachia punctata),* der auch auf ähnlichen Feuchtstandorten wächst. Diese östlich kontinentale Arte unterscheidet sich vom Gold-Gilbweiderich durch zitronengelbe Blüten und grüne, anstelle von rotgeranderten Kelchzipfeln

Pfennigkraut

Lysimachia nummularia

Primelgewächse – *Primulaceae*

K Ausdauernde Pflanze mit einem 10–50 cm langen, niederliegenden, einfachen oder geteilten, 4kantigen Stengel, der an den untersten Knoten wurzelt. Laubblätter gekreuzt-gegenständig, jedoch in einer Ebene ausgebreitet, kreisrundlich (Name!), ganzrandig, kurz gestielt, rotdrüsig punktiert. ■ Blüten einzeln in den Achseln der Laubblätter, gestielt, radförmig, leuchtend gelb. Kelch 5teilig, bis zum Grunde geteilt, mit spitzen Zipfeln. Blumenkrone ca. 15 mm breit, tief 5spaltig, gelb, innen rotdrüsig punktiert. Fruchtkapsel selten ausgebildet, kugelig. ■ Blütezeit: Mai, Juni.

S An und in Wassergräben, in Erlenbrüchen, Auwäldern, an Ufern; auf feuchten, nährstoffreichen, dichten Lehm- und Tonböden. Vorwiegend in der Ebene, nur wenig ins Gebirge eindringend.

V Europa, nicht im Mittelmeerraum.

Die Art ist ein Rohboden-Kriechpionier und überzieht mit ihrem niederliegenden Stengel feuchte Uferböschungen, bedeckt aber auch in einer sterilen Unterwasserform in 30–50 cm tiefen Wassergräben den Boden. Wasser- und Landformen sind nicht erblich fixiert und können ineinander übergehen. Während die Wasserform mit grünen Blättern überwintert, friert die Landform bis auf die Stengelteile zurück.

Die recht hübsche Pflanze wird als Schmuckblume gerne in Ampeln gezogen, wo die meterlangen Triebe dekorativ herabhängen. Die Unterwasserform ist eine beliebte Aquariumpflanze.

Die auffallenden Blüten, die sich ebenso wie die Blätter immer zur Sonne hinwenden, werden von Fliegen, seltener auch von Bienen besucht. Trotzdem werden sehr wenig, in manchen Gegenden gar keine Früchte gebildet. Das Pfennigkraut vermehrt sich hingegen sehr reichlich vegetativ, indem die blühende Grundachse hinten abstirbt, an der Spitze aber weiterwächst und auch

aus den Achseln Seitensprosse treibt, die sich später bewurzeln. Auf diese Weise stammen oft beträchtliche Mengen Einzelpflanzen von einer einzigen Mutterpflanze ab. Da die Pflanze selbststeril ist, führt auch eine regelmäßige Bestäubung zu keinem Erfolg. Kreuzt man hingegen weit entfernte Pflanzen miteinander, so gibt es reichlich Fruchtansatz.

Das Pfennigkraut wurde früher als Wundmittel bei schlecht heilenden Geschwüren und Verletzungen verwendet, innerlich auch gegen Durchfall und Speichelfluß. Heute ist die alte Heilpflanze ziemlich in Vergessenheit geraten.

Beinwell

Symphytum officinale

Rauhblattgewächse – *Boraginaceae*

K Rosettenstaude mit kurzem Erdstock und bis zu 30 cm langen, 1 bis
2 cm dicken, außen schwärzlichen,
innen weißen, schleimigen Erdwur-
zeln. Sprosse frischgrün, rauhhaarig;
Stengel 30–80 cm hoch, steif aufrecht, hohl, fleischig, durch herablaufende Laubblätter oberwärts verzweigt. Laubblätter eiförmig-lanzettlich, groß (10–20 cm lang); grundständige und untere Stengelblätter
gestielt, obere Stengelblätter sitzend, runzelig, dünn, oberseits zerstreut, unterseits rauh behaart. ■
Blüten in den Achseln der oberen
Laubblätter, in reichblütigen Doppel-
wickeln, nickend. Kelch 5zählig mit
lanzettlichen Zipfeln; Blumenkrone
glockig, 1–2 cm lang, in der Farbe
von dunkelviolett über lila, altrosa
und gelblich-weiß variierend, außen
samtig behaart. Griffel von verschiedener Länge. Nüßchen schief-eiförmig, außen glänzend glatt, mit Elaiosom. ■ Blütezeit: Mai bis Juli.
S In Bruchwäldern und Auen, auf
Naßwiesen, in Verlandungsgesell-

schaften, an Gräben; auf grund- und
sickernassen, nährstoffreichen Böden. Vor allem in tieferen Lagen.
V Im größten Teil Europas. In Nordamerika verwildert.

Das ursprüngliche Verbreitungsgebiet dieser alten Heilpflanze ist nicht
mehr genau festzustellen. Ursprünglich wohl mehr eine südöstliche
Pflanze, hat sie sich aus Kulturen
über fast ganz Europa verbreitet. Der
aus dem Griechischen stammende
Name *Symphytum* leitet sich von
»symphyein« = zusammenwachsen
ab und bezieht sich auf die Heilwir-
kung der Art bei Knochenbrüchen
(daher auch der deutsche Name).
Die wundheilende Wirkung des Wur-
zelstockes, der von den sogenannten »Beinbruchheilern« heute noch
verwendet wird, konnte auch durch
medizinische Untersuchungen bestätigt werden. Er gilt in Form von
Salben, Tinkturen und Breiumschlä-
gen als sicheres Mittel bei Knochen-
verletzungen, Wunden und Quet-
schungen. In einem alten Kräuterbuch heißt es sogar: »Wenn man die
Wurzel wol in dem Wasser zu einem
Bad siedet und die jungen Wittwei-
ber darinnen zu baden macht, werden sie wieder gleich als die Jung-
frauen.«

Bittersüßer Nachtschatten

Solanum dulcamara

Nachtschattengewächse –
Solanaceae

K Halbstrauch mit kriechender, verzweigter Grundachse und bis zu 2 m langem, niederliegenden und kletternden, verholzten, fingerdicken, im unteren Teil krautigen Stengel. Laubblätter gestielt, eiförmig-lanzettlich, am Grunde oft herzförmig, beiderseits zerstreut behaart. ■ Blüten in langgestielten, meist überhängenden Wickeln. Kelch 5zähnig, bleibend; Blumenkrone violett, Saum 5teilig mit schmalen, waagrecht abstehenden, später zurückgeschlagenen Zipfeln. Staubblätter 5; Staubbeutel goldgelb, zu einer kegelförmigen Röhre verwachsen. Frucht eine eiförmige, glänzend scharlachrote, hängende, giftige Beere. ■ Blütezeit: Juli bis August.

S In Erlenbrüchen und Auwäldern, an Ufern und Gräben; auf nassen bis feuchten, auch auf wechselnassen, nährstoffreichen, mild-neutralen humosen Böden.

V Europa, Nordafrika, Westasien bis Indien, Japan, China sowie Nordamerika.

Zu der artenreichen Gattung der Nachtschatten gehören sowohl bekannte Kulturpflanzen, wie beispielsweise die Kartoffel, als auch giftige Unkräuter, wie der Schwarze Nachtschatten. Auf seine Heilanwendung bei nächtlichem Alpdrücken (Nachtschaden) bezieht sich übrigens der Gattungsname Nachtschatten.
Auch der Bittersüße Nachtschatten ist vor allem in den jungen Triebspitzen giftig. Sie enthalten etliche giftige Alkaloide, die Frucht besonders viel Solanin, die Stengel außerdem noch Saponin. Früher gebrauchte man die Pflanze gegen Krebs und als harntreibendes Mittel, heute wird sie nur mehr in der Homöopathie verwendet. Der Name »bittersüß« (lat. »dulcis« = süß, »amarus« = bitter) geht darauf zurück, daß die Pflanze beim Kauen anfangs bitter, durch Fermentwirkung des Speichels später süß schmeckt.

Die hübsche Pflanze ist als Halbliane ein Spreizklimmer, deren auffallende Beeren oft von Vögeln verschleppt werden. Besonders im luftfeuchten Auwald können wir sie gelegentlich als Überpflanze auf den modrigen Stämmen von Weiden und Pappeln finden.

Auen

Unter Auen versteht man die Bewaldung der ebenen Flußanschwemmungen im Einflußbereich des strömenden, schwankenden Grundwassers und in Abhängigkeit von regelmäßigen Überschwemmungen. In Mitteleuropa repräsentieren sie die weitaus größten zusammenhängenden Feuchtgebiete. Ihr Nährstoffreichtum, ihre gute Wasserversorgung und die hohe Luftfeuchtigkeit bewirken einen Treibhauseffekt, dem die hohe Vitalität des Auenwaldes zuzuschreiben ist. Seine Artenvielfalt, seine Üppigkeit, sein Reichtum an Lianen lassen einen Vergleich mit tropischen Urwäldern zu. Im Auenbereich eingebettet, finden wir fast alle anderen Feuchtgebiete: stehende und langsam fließende Gewässer, Röhricht, Sümpfe, Feuchtwiesen, Ufer und in verlandenden Flußschlingen auch Bruchwälder.

Durch Rodungen, Flußregulierungen, und in letzter Zeit vor allem durch den Bau von Wasserkraftwerken, ist ein Großteil der ursprünglich vorhandenen Flußauen bereits zerstört worden. Näheres zum Lebensraum Auen auf S. 28.

Rohrglanzgras

Typhoides arundinacea

Gräser – *Poaceae*

K Ausdauerndes, schilfähnliches, 50–200 cm hohes Gras mit langen, unterirdischen Ausläufern und rohrartigen, glatten Halmen. Blätter in Knospenlage eingerollt, blaugrün; Blatthäutchen 3–4 cm lang, gestutzt, zerschlitzt. ■ Rispe groß, 10–20 cm lang, gelbgrün, rötlich überlaufen. Rispenäste bis 5 cm lang; Ährchen in dichten Knäueln. ■ Blütezeit: Juni bis August.

S Häufig und bestandsbildend; an Flußufern und Gräben, im Uferröhricht und in Weidenauen; auf feuchten bis nassen, vor allem wechselfeuchten, tonigen Böden. Bis auf 1500 m steigend.

V Fast ganz Europa. West-, Nord- und Ostasien; Nordamerika.

Das Rohrglanzgras wächst in der landeinwärts gelegenen Außenzone des Röhrichts oft mit dem Schilf zusammen, mit dem es im sterilen Zustand leicht verwechselt werden kann. An dem deutlichen Blatthäutchen, das beim Schilf durch einen Haarkranz ersetzt wird, ist es jedoch gut zu unterscheiden. Die geknäuelte Blütenrispe des Rohrglanzgrases ähnelt einem überdimensionierten Knäuelgras.

Die Art besiedelt oft als Pionier die Sand- und Schlammbänke entlang von langsam fließenden Gewässern. Da in ihrem dichten Rasen Weiden nicht keimen können, verzögert sie manchmal deren Aufkommen. Ebenso wie das Weiße Straußgras und der Weidenanflug, filtriert auch das Rohrglanzgras bei Überflutung den Sand aus dem Wasser, festigt ihn mit seinen Ausläufern und trägt so zur Entwicklung zum Auwald bei. Wo das Rohrglanzgras reine Bestände bildet, können natürliche Auwiesen entstehen, vor allem entlang von Flüssen mit starkem Eisgang, der aufkommende Gehölze immer wieder abrasiert.

Die Art ist gut an zeitweilige Überflutung angepaßt, verträgt Staunässe jedoch schlecht und ist völlig unempfindlich gegen organische Wasserverschmutzung.

Vor der Blüte gemäht, ist es ein hochwertiges Futtergras, das auf optimalen Standorten sogar 3mal im Jahr geschnitten werden könnte. Da es jedoch überwiegend an Stellen wächst, an denen der Einsatz von Mähmaschinen nicht möglich ist, scheidet es für die moderne Landwirtschaft aus.

Gemeiner Wasserdost

Eupatorium cannabinum

Korbblütler – *Asteraceae*

K Ausdauernde, 50–150 cm hohe Pflanze mit walzlichem Wurzelstock und aufrechtem, behaarten, reich beblätterten Stengel. Stengelblätter gegenständig, handförmig, 3–5schnittig, mit lanzettlichen, grob gesägten Abschnitten. ▪ Die Blütenköpfchen klein, 5–6 mm lang, schmal walzlich, 4–6blütig, in einer schirmförmigen Doldentraube zusammengeschlossen. Alle Blüten zwittrig, röhrig, 5zähnig, schmutzig rosa. Pappus aus einer Reihe einfacher Haare bestehend. ▪ Blütezeit: Juli bis September.

S Häufig und gesellig; in Auwäldern, auf Schlägen und verlichteten Stellen, an feuchten Wegen und Ufern; auf sickerfrischen, nährstoffreichen, meist kalkhaltigen, humosen Lehm- und Tonböden. Von der Ebene bis in mittlere Gebirgslagen.

V Ganz Europa, Nordafrika, Syrien, Kleinasien, Kaukasien sowie Westsibirien.

Bei der Art sind die winzig kleinen Einzelblüten zu kleinen, wenigblütigen Köpfchen vereinigt und diese wieder in relativ große, schirmförmige Gesamtblütenstände zusammengeschlossen. Dadurch wird die Augenfälligkeit der unscheinbaren Einzelblüten wesentlich erhöht, ein Prinzip, das wir bei allen Korbblütlern wiederfinden.

Der Nektar wird am Grunde der engen Blumenkronröhre abgesondert und ist nur dünnrüsseligen Insekten, vorwiegend Tagfaltern, zugänglich. Auch pollensammelnde Insekten besuchen die Blüten. Die leichten, vom haarigen Kelchsaum gekrönten Früchtchen werden durch den Wind weithin vertragen und ermöglichen so die rasche Besiedlung von Holzschlägen.

Die fiederschnittigen Blätter des Wasserdostes erinnern an die Blätter des Hanfes, weshalb die Pflanze in manchen Gegenden auch »Wasserhanf« genannt wird. Der Wurzelstock enthält Bitterstoffe, Gerbstoff und ein ätherisches Öl und wurde früher als Brechmittel, die bitter schmeckenden jungen Triebspitzen als abführendes, schleimlösendes und harntreibendes Mittel gebraucht. Ein Teeaufguß des blühenden Krautes soll bei Leber- und Gallenleiden helfen. Dabei ist jedoch Vorsicht geboten, die Pflanze ist giftverdächtig!

Auen-Brombeere, Kratzbeere

Rubus caesius

Rosengewächse – *Rosaceae*

[K] Halbstrauch mit 1–3 m langen, bogig hingestreckten oder kletternden Schößlingen, die sich im Herbst reichlich an der Spitze verzweigen. Ranken stielrund, stark bereift, mit kurzen, sicheligen oder borstigen Stacheln. Laubblätter dünn, sommergrün, 3zählig; Teilblättchen gesägt, behaart, unterseits heller. ■ Blütenstand kurz, fast ebensträußig, fein bestachelt. Kelchblätter grün; Blumenkronblätter weiß, groß, breit-

oval. Frucht bläulich bereift, saftreich, säuerlich. ■ Blütezeit: Mai bis Juni. [S] Häufig und gesellig in Auwäldern, im Weidengebüsch, an Ufern, Waldrändern und Wegen; auf sickerfeuchten, zeitweise überschwemmten, nährstoffreichen, unreifen, sandig-kiesigen oder tonigen Böden. Von der Ebene bis auf ca. 1000 m aufsteigend. [V] Fast ganz Europa (nördlich bis Irland, Schottland und Skandinavien). In Südeuropa nahezu nur in den Flußniederungen. Asien bis zum Kaukasus, Sibirien bis zum Altai.

Je nachdem, wie eng oder wie weit man den Artbegriff faßt, ist die Gattung Brombeere mit 300 bis 3000 Arten fast über die ganze Erde verbreitet. Immerhin kommen im Gebiet mindestens 35, zum Teil nur schwer zu unterscheidende Arten vor. Die Kratzbeere oder Auen-Brombeere enthebt uns dieser Bestimmungsschwierigkeiten: Durch ihre bläulich bereiften, jungen Ranken und vor allem durch ihre bläulich bereiften Früchte ist sie mit keiner anderen Art zu verwechseln. Außerdem verträgt sie als einzige Brombeerart lang anhaltende und regelmäßige Überschwemmung, weshalb wir im Auengebiet immer nur sie antreffen. Sie ist im übrigen eine sehr stete Auenart, die in allen Auwaldgesellschaften wächst, am häufigsten allerdings in den lichten Weidenauen auf jung angeschwemmten, unreifen Böden, wo sie zusammen mit der Brennessel undurchdringliche Dickichte bildet. Ihre Wurzeln können bis zu 2 m tief in den Boden eindringen, wodurch sie imstande ist, auch schwere, verdichtete Schlickböden aufzuschließen und als Pionier rohe Sand- und Schluffböden zu erobern.

Die säuerlichen, sehr saftreichen Beeren, die besonders an Waldrändern und Ufern reifen, werden von Vögeln, aber auch von Dachsen, Füchsen und sogar Igeln verbreitet, was aus deren zur Beerenzeit dunkelblauer Losung ersichtlich wird.

Scharbockskraut, Feigwurz

Ranunculus ficaria

Hahnenfußgewächse –
Ranunculaceae

K Ausdauernde, 5–30 cm hohe Pflanze mit z.T. keulenförmig angeschwollenen Wurzeln und niederliegendem, schief aufsteigenden, an der Basis wurzelnden Stengel. Alle Blätter gestielt, fleischig, glänzend, dunkelgrün, kahl, herzförmig, ganzrandig bis entfernt gekerbt. In den Blattachseln nach der Blüte oft Brutknöllchen. ■ Kelchblätter 3, grün, am Grunde mit sackartigem Sporn, hinfällig; Kronblätter doppelt so lang wie die Kelchblätter, schmal-eiförmig, 6–14, glänzend gelb. Früchtchen kugelig aufgeblasen, geschnäbelt, behaart. ■ Blütezeit: März bis Mai.

S Häufig und gesellig in Auwäldern und kräuterreichen Laubmischwäldern, unter Hecken und in Parkanlagen; auf grund- oder sickerfeuchten, nährstoffreichen, lockeren, humosen, sandigen oder lehmigen Tonböden. Schattenertragend, etwas wärmeliebend. Stromtalpflanze. Von der Ebene bis in mittlere Gebirgslagen.

V Fast ganz Europa. Eingeschleppt im nordöstlichen Nordamerika.

Die Feigwurz besiedelt im Auwald mit Vorliebe die flachen Mulden, in denen die Überschwemmung länger stehenbleibt. Dort breitet sie ihren smaragdgrünen Teppich aus, in dem die goldgelben Blütensterne leuchten. Dabei sind die glänzenden, runden Blätter zu einem lückenlosen Mosaik zusammengeschoben, so daß kein Fingerbreit frei bleibt.

In den Blattachseln der unteren Blätter entstehen nach der Blüte weißliche, weizenkornartige Gebilde, die Brutknospen, die durch heftige Regengüsse und Hochwässer verschwemmt werden. Sie werden manchmal so in Massen zusammengeschwemmt, daß die Fabel vom »Getreideregen« entstehen konnte. Diese stärkereichen Knöllchen ergeben in Salzwasser gekocht ein wohlschmeckendes Gemüse. Auch die Blütenknospen werden in Essig eingelegt und als Kapernersatz verwendet. Die jungen Blätter werden als Salat und Spinat gegessen.

Da die Pflanze schon sehr zeitig im Frühjahr ihre Blätter treibt, galt sie unseren Vorfahren nach dem langen, vitaminlosen Winter als wichtiges Heilmittel gegen Skorbut, worauf sich der deutsche Name Scharbockskraut (»Scharbock« = Skorbut) bezieht. Von den feigenförmig angeschwollenen Wurzeln leitet sich der Name »Feigwurz« ab.

Deutscher Straußfarn

Matteuccia struthiopteris

Tüpfelfarne – *Polypodiaceae*

fruchtbarer Wedel

unfruchtbarer Wedel

K Stattlicher, 30–50 cm hoher Farn mit kurzer, teilweise oberirdischer, aufrechter Grundachse. Ausläufer bis zu 60 cm lang, unterirdisch, schwarz, dicht mit Niederblättern besetzt. Blätter in jugendlichem Zustand schneckenförmig eingerollt, fruchtbare und unfruchtbare Blätter verschieden gestaltet. Unfruchtbare Wedel außen, einen regelmäßigen Trichter bildend; fruchtbare Wedel innen, kürzer als die unfruchtbaren, einfach gefiedert, anfangs grünlich, später dunkelbraun. ■ Sporenreife: Juni bis August.

S Zerstreut, aber oft gesellig; an Ufern von Flüssen und Bächen, in Auwäldern (Erlenau), auf großen Strecken fehlend; auf kalkarmen Böden seltener.

V Östliches und mittleres Europa, Kaukasus sowie im östlichen Nordamerika.

Im Gegensatz zu anderen Waldfarnen kriecht die Grundachse beim Straußfarn nicht waagrecht im Boden

dahin, sondern steht senkrecht und wächst jährlich ein Stückchen höher hinaus. Diese kleinen Stämmchen sind dicht mit alten Blattbasen besetzt und erinnern in ihrer Wuchsform an tropische Baumfarne, von denen sie gleichsam Miniaturausgaben darstellen. Die Farntrichter besiedeln oft eine Fläche von mehreren Quadratmetern, in der sie auffallend regelmäßig verteilt sind. Das kommt daher, daß die unterirdisch kriechenden Ausläufer sich nach einigen Dezimetern nach oben krümmen und zu einer neuen Pflanze auswachsen. Die ganze Pflanzenkolonie kann so von einer einzigen Mutterpflanze abstammen.

In den Ausläufern und deren schwarzen Niederblättern wird reichlich Stärke gespeichert, die dem Straußfarn im Frühling ein rasches Austreiben ermöglicht. Infolge seiner starken vegetativen Vermehrung ist er an geeigneten Standorten gut konkurrenzfähig. Trotzdem kommt er in Zentraleuropa nur verhältnismäßig zerstreut vor. Vermutlich konnte er in der Eiszeit nicht überleben und ist erst nach Rückgang der Gletscher aus seinen südöstlichen Zufluchtsstätten wieder eingewandert. Bis heute hat er aber noch nicht alle für ihn möglichen Standorte erreicht.

Der attraktive Farn wird gerne als Zierpflanze in Gärten kultiviert.

Sommer-Knotenblume

Leucojum aestivum

Narzissengewächse –
Amaryllidaceae

K Ausdauernde, 35–60 cm hohe Pflanze mit eiförmiger, 3–4 cm dicker Zwiebel. Laubblätter grundständig, breit-lineal, stumpf, glänzend grün. Hochblatt lanzettlich, bis 5 cm lang, den Blütenstand überragend. Blütenstiele relativ lang, scharf 2schneidig nickend, 3–7blütig. ■ Blütenstand eine Scheindolde. Blumenkronblätter breit-lineal, untereinander gleich, zu einem Glöckchen zusammenneigend, innen von einem wäßrigen Längsstreifen durchzogen, dicht vor der Spitze gelbgrün gefleckt. Fruchtkapsel fast kugelig; Samen schwarz glänzend. ■ Blütezeit: April bis Mai.

S Selten; in Auen und Sumpfwiesen, in nassen Flußanschwemmungen, am Rande von Gräben und Teichen; auf feuchten, zeitweise überfluteten, nährstoffreichen, tonigen und humosen Schlickböden. Salzertragend, in den Niederlanden auch auf brackigen Standorten. In Südosteuropa Stromtalpflanze: In den Donau- und Marchauen, auch in Erlenbruchwäldern, im Erlen-Eschenwald, in nassen Weidenauen, an sumpfigen Stellen und im Röhricht.

V Nordspanien und Südfrankreich, Norditalien, Balkanhalbinsel, Niederösterreich, Untersteiermark, Südmähren und Oberschlesien. An verschiedenen Stellen aus Gartenkulturen verwildert und eingebürgert.

Die Gattung Knotenblume umfaßt ca. 10 Arten, die vor allem im Mittelmeergebiet zu Hause sind. In Mitteleuropa finden wir fast nur die Frühlings-Knotenblume *(L. vernum)*, hingegen gehört die Sommer-Knotenblume zu den floristischen Kostbarkeiten der pannonischen Donau- und Marchauen. War sie früher noch im Stadtbereich von Wien, etwa im Wiener Prater und in der Lobau durchaus häufig, so ist sie heute dort überall verschwunden und nur mehr auf die östlichen Donau- und Marchauen beschränkt, die derzeit durch ein geplantes Großkraftwerk akut gefährdet sind.

In den glöckchenförmigen Blüten wird kein freier Nektar abgesondert, dafür wird den Blütenbesuchern am Grund des Griffels ein saftreiches Futtergewebe angeboten. Die Bestäubung wird von Bienen und Tagfaltern vollzogen.

Klimmendes Labkraut

Galium aparine

Rötelgewächse – *Rubiaceae*

K Einjährige, 30–150 cm hohe Pflanze mit schlaffem, aufsteigenden, zumeist klimmenden, ästigen, scharf 4kantigen Stengel mit langen Stengelgliedern und von abwärts gerichteten Stacheln rauhen Kanten. Stengelknoten verdickt, steifhaarig. Laubblätter zu 6–9 in Quirlen, lanzettlich, stachelspitz, am Rande von Stachelzähnen rauh. ■ Blüten in armblütigen, blattwinkelständigen Trugdolden. Einzelblüten winzig, zwittrig; Blumenkrone radförmig, grünlich-

Sumpf-Labkraut *(Galium palustre)*.

weiß, mit meist 4spaltigen, spitzen Zipfeln. Frucht bei der Reife in 2 Teilfrüchte zerfallend; diese kugelig, dicht mit hakigen Borsten besetzt. ■ Blütezeit: Mai bis November.
S In Auen, unter Hecken und Zäunen, an Ufern und im Gebüsch, auch auf wüsten Plätzen; auf feuchten bis frischen, lockeren, humosen Böden. Von der Ebene bis in die Voralpen.
V Fast ganz Europa, Nord- und Westasien, Sibirien, Zentralasien, Himalaya; eingeschleppt in Nord- und Südamerika.

Das Klimmende Labkraut ist ein typischer Spreizklimmer, der sich ohne Ranken, nur mit Hilfe seiner rauhen, abstehenden Äste an den benachbarten Pflanzen abstützt und hochklimmt. Im Auwald zeigt es lockeren, humosen Boden an, auf Äckern kann es zu einem lästigen Unkraut werden, wenn es sich an den Getreidehalmen hochrankt und diese niederzieht. Die anhäkelnden Früchte, in manchen Gegenden »Bettelläuse« genannt, werden durch Tiere und Menschen verbreitet. In Irland verwendete man sie früher als Kaffee-Ersatz. Einen Absud der blühenden Pflanze empfiehlt die Volksmedizin als schleimlösendes, harntreibendes und fiebersenkendes Mittel. Die Pflanze wird äußerlich als Badezusatz bei schlecht heilenden Wunden verwendet. In der Tierheilkunde auch bei Durchfall der Kälber.
Eine nahe verwandte Art ist das Sumpf-Labkraut *(Galium palustre)*, das im ganzen kleiner und zarter und weniger rauh bestachelt ist. Es unterscheidet sich durch breit abgestumpfte, nicht stachelspitzige Blätter und wächst im Röhricht und in Sümpfen. Die Blüten beider Arten werden von Fliegen und Bienen bestäubt. Die Wurzeln verschiedener Labkrautarten enthalten einen roten Farbstoff, mit dem man früher die Wolle färbte.

Gemeines Hexenkraut

Circaea lutetiana

Nachtkerzengewächse –
Onagraceae

K Ausdauerndes, 20–60 cm hohes Kraut mit holzigem, langgliedrigen Wurzelstock und schnurförmigen, an der Spitze knollig verdickten Ausläufern. Stengel aufrecht, flaumig behaart bis kahl, brüchig. Laubblätter gestielt, herzeiförmig, zugespitzt, bis 10 cm lang, gezähnt, mattgrün. ∎ Blüten in end- oder seitenständigen, einfachen oder ästigen, später verlängerten Trauben. Blütenstiel flaumig und zuletzt zurückgeschlagen. Kelchblätter 4, rötlich-purpurn und zurückgeschlagen; Kronblätter 4, 2–3 mm lang, oval, tief 2spaltig, weiß oder rosa. Staubblätter doppelt so lang wie die Kronblätter, aus der Blüte herausragend. Früchte eiförmig, 3–4 mm lang, hakig-borstig behaart. ∎ Blütezeit: Juni, Juli.

S Häufig und verbreitet; in Auwäldern und feuchten Laubmischwäldern, auf Waldwegen; auf sickerfeuchten, nährstoffreichen, lockeren, humosen, sandig-steinigen Lehm- und Tonböden. Humuswurzler. Von der Ebene bis in mittlere Gebirgslagen.

V Auf der nördlichen Halbkugel rund um den Pol: Europa südlich bis Portugal, Mittelspanien, Sizilien und Griechenland; Nordafrika, Sibirien bis Altai; Nordamerika.

Der Name *Circaea* bezieht sich auf Kirke oder Circe, der bekannten Zauberin des griechischen Altertums und bezeichnete ursprünglich die berühmte Zauberpflanze Alraune *(Mandragora officinarum)*. Erst später übertrug sie Matthioli auf unsere Gattung.

In den hübschen, zartrosa Blüten wird der Nektar von einer ringförmigen Honigdrüse am Griffelgrund ab-gesondert. Als Bestäuber kommen Fliegen, vor allem Schwebfliegen in Frage. Die kleinen, nußartigen Klettfrüchte, die sich mit ihren borstigen Widerhaken an Wollsocken in Massen anhängen, werden durch Tiere und Menschen verbreitet. In manchen Gegenden bezeichnet man sie als »Bettelläuse«. Außerdem vermehrt sich die Pflanze auch noch ausgiebig vegetativ mittels zahlreicher 10–25 cm langer, unterirdischer Ausläufer, die sich im Herbst an der Spitze nach oben biegen. Nach dem Absterben der Grundachse wachsen die Endknöllchen zu neuen Pflanzen aus.

Gemeiner Taubenkropf

Cucubalus baccifer

Nelkengewächse – *Caryophyllaceae*

K Ausdauernde, 60–150 cm hohe, kurz behaarte Pflanze mit kriechendem, ästigen Wurzelstock sowie schlaffem, dünnen, sparrig verzweigten, klimmenden bis kletternden Stengel. Laubblätter eiförmig zugespitzt. ■ Blüten in armblütigen Trugdolden. Kelch abstehend, glockig, 8–15 mm lang, 5zähnig, später aufgeblasen. Kronblätter zungenförmig, grünlich-weiß, 15–17 mm lang, tief 2spaltig, zurückgeschlagen, mit kurzem Krönchen. Fruchtknoten kugelig; Frucht eine erbsengroße, kugelige, nicht aufspringende Kapsel. ■ Blütezeit: Juli bis September.

S Stellenweise im Saum von Auwäldern, im Augebüsch, besonders in den großen Flußtälern (Stromtalpflanze); auf sickerfeuchten, zeitweise überfluteten, nährstoffreichen, humosen, sandigen oder auch lehmigen Schlickböden. Sommerwärmeliebend.

V In Deutschland besonders in Mittel und Ostdeutschland, im Maingebiet, in Bayern an der Donau. In

Österreich ziemlich häufig in den Donauauen. Allgemein in Mittel- und Südeuropa, Orient, Kaukasusländer, südliches Sibirien, Amurland, Zentralasien.

Durch seine beerenartigen Früchte unterscheidet sich der Taubenkropf von allen anderen, durchwegs Kapseln aufweisenden Nelkengewächsen. Die merkwürdige Pflanze gehört zu den Spreizklimmern. Das Klettern wird nämlich von den Pflanzen auf sehr verschiedene Art bewerkstelligt: So kennen wir die Rankenpflanzen, die mit Hilfe von typischen Organen, den Ranken, fremde Stützen umwickeln und sich daran hochheben, wie es etwa der Weinstock macht. Bei den Schlingpflanzen oder Lianen winden sich anstelle der Ranken ganze Stengelabschnitte um eine derartige Stütze; Hopfen und Bohne sind bezeichnende Vertreter. Den Wurzelkletterer wiederum gelingt dasselbe mittels Haftwurzeln. Auf diese Art klettert unter anderem der Efeu auf Bäume oder Mauern. Die primitivste Art des Kletterns aber betreiben die Spreizklimmer, die sich durch spreizende Seitensprosse abstützen, wie der Taubenkropf, oder sich mit Hilfe starrer Klimmhaare, wie das Klimmende Labkraut, oder mittels Stacheln, wie die Brombeere, »emporschwindeln«.

Akeleiblättrige Wiesenraute

Thalictrum aquilegifolium

Hahnenfußgewächse –
Ranunculaceae

K Ausdauernde, 40–120 cm hohe Staude mit büscheliger Wurzel. Stengel aufrecht, verzweigt; Blätter groß, 2–3fach gefiedert, mit kleinen, rundlichen Abschnitten, kahl, bläulich bereift. ■ Blüten in reichblütiger Rispe; Kelchblätter hinfällig; Kronblätter fehlend; Staubblätter sehr zahlreich; Staubfäden keulig verdickt, violett-lila oder hell-lila. Duftend! ■ Blütezeit: Mai bis Juni.

S Ziemlich selten; in Auen, Ufergebüsch, auf Moor- und Waldwiesen, in subalpinen Hochstaudenfluren; auf sickernassen oder zeitweise überfluteten, nährstoffreichen, meist kalkhaltigen, humosen, sandigen oder tonigen Lehmböden. Besonders in der Bergstufe, vereinzelt auch bis 2500 m steigend.

V Europa (nördlich bis Südschweden, südlich bis in die Gebirge des Balkans, Italiens und Spaniens).

Die Akeleiblättrige Wiesenraute tritt in den unterschiedlichsten Pflanzengesellschaften auf, wobei sich zwei Schwerpunkte abzeichnen: Einerseits die Flußauen, wo sie besonders stattliche Exemplare entwickelt, andererseits feuchte Stellen von Voralpenwäldern bis hinauf in die Karfluren.

In den Blüten übernehmen die sehr zahlreichen und recht lebhaft gefärbten Staubblätter die Funktion des Schauapparates, die normalerweise ja den Blumenkronblättern, seltener dem Kelch oder auffallend gefärbten Hochblättern zukommt. Obwohl kein Nektar geboten wird, funktioniert diese Form der Anlockung ausgezeichnet: Pollensammelnde Bienen, pollenfressende Schwebfliegen und

Käfer besuchen die duftenden Blüten und vollziehen die Bestäubung. Bei ausbleibenden Insektenbesuch fällt der Pollen direkt auf die tiefer stehenden Narben. Der nur schwach klebrige Pollen kann auch durch den Wind auf die Narben verweht werden.

Die prächtige Staude wird in den Gärten gerne als Zierpflanze gezogen. Früher verwendete man auch die Blätter, die einen gelben Farbstoff enthalten, zum Färben von Wolle. Volksnamen wie »Kaisertee« und »Brusttee« deuten auch auf eine medizinische Verwendung hin.

Kohldistel

Cirsium oleraceum

Korbblütler – *Asteraceae*

[K] Ausdauernde, 50–150 cm hohe Pflanze mit walzlichem, knotigen Wurzelstock. Stengel aufrecht, zumeist einfach, gefurcht, hohl, bis oben beblättert. Laubblätter weich, nicht stechend, hellgrün, weichdornig bewimpert; die unteren eiförmig ungeteilt oder aber tief fiederspaltig, mit länglichen, zugespitzten Abschnitten. Die mittleren und oberen zumeist ungeteilt, nie am Stengel herablaufend. ■ Blütenköpfe mittelgroß, aufrecht, zu mehreren auf einem filzigen Stiel gehäuft, von großen, bleich gelbgrünen, dornig bewimperten, den Blütenkopf überragenden Hochblättern umschlossen. Blüten weißlich-gelb. Frucht 4 mm

lang; Pappus fiedrig. ■ Blütezeit: Juni bis Oktober.

[S] Verbreitet; in Auwäldern und Naßwiesen, in Staudenfluren und an Bachufern; auf sickernassen bis wechselnassen, modrigen, humosen, sandigen oder reinen Tonböden. Düngerliebend. Von der Ebene bis in die subalpine Stufe.

[V] Europa, Sibirien.

Obwohl die Kohldistel zur Gattung der Kratzdisteln *(Cirsium)* gehört, was an ihrem fiedrigen Pappus ersichtlich ist, sind ihre Blätter und Blattdornen weich und nicht kratzend. Die Pflanze wächst sowohl häufig in lichten Auwäldern (wohl der primäre Standort), breitet sich aber auch oft massenhaft in feuchten Wiesen aus (Kohldistelwiesen), wo sie wegen ihres geringen Futterwertes von den Bauern nicht gerne gesehen wird. Sie blüht dort erst nach der Mahd und zeigt häufig Überdüngung an. Die jungen Sprosse und Blätter dienen in Rußland und Sibirien als Gemüsepflanze. Das Waschen mit einem Absud der Pflanze soll bei den Wenden in der Niederlausitz als Mittel gegen plötzlichen Schreck gegolten haben (Wendisches Verwaschkraut).

Blütenbiologisch sind die gelblichweißen Hochblätter zusammen mit den gehäuften Blütenköpfchen an der Schauwirkung beteiligt. Die gelblich-weißen Blüten werden reichlich von Bienen, Hummeln und Faltern besucht, wobei sich insbesondere Zitronenfalter gerne auf den Blüten aufhalten. Der Hohlraum zwischen Hochblättern und den Blütenköpfen dient häufig Hummeln oder auch Ohrwürmern als Nachtquartier oder Zufluchtstätte bei Schlechtwetter.

Krause Distel

Carduus crispus

Korbblütler – *Asteraceae*

K 2jährige, 60–200 cm hohe Staude mit spindelförmiger Wurzel und aufrechtem oberwärts meist verästeltem Stengel, der bis unter die Blütenköpfchen schmal kraus, weichstachelig geflügelt und wollig behaart ist. Laubblätter oberseits trübbis schwärzlich grün, unterseits graufilzig. Stengelblätter fiederspaltig, am Rande stielartig verschmälert; die oberen eilanzettlich, am Rande weich bedornt. ■ Blütenköpfe meist zu 3–5 gehäuft; Hülle eiförmig; Hüllblätter in einen 2 cm langen Dorn auslaufend und spinnwebig behaart. Einzelblüten 2lippig, purpurn, selten weiß oder rosarot. Frucht 3 mm lang; Pappus haarig. ■ Blütezeit: Juli bis September.

S In Auwäldern (z. B. Erlen-Pappelauen), an Ufern, in Flußgebüschen, an feuchten, schattigen Orten, an Gräben, in staudenreichen Unkrautgesellschaften; auf frischen, nährstoffreichen, humosen, sandigen oder lehmigen Tonböden. Stromtalpflanze. Von der Ebene bis in mittlere Gebirgslagen.

V Europa, Sibirien, Kaukasus.

Was der Laie unter »Disteln« versteht, spaltet der Botaniker in eine Reihe von Gattungen auf, wie z. B. Bisamdistel *(Jurinea),* Mariendistel *(Silybum),* Eselsdistel *(Onopordon),* Kratzdistel *(Cirsium)* und *Carduus,* die Distel schlechthin. Sie unterscheidet sich von der sehr ähnlichen Gattung Kratzdistel *(Cirsium)* durch haarigen Pappus, während der von der Kratzdistel fein gefiedert ist.

In den deutlich 2lippigen Einzelblüten der Krausen Distel sammelt sich der Nektar am Grunde der kurzen Kronröhre, so daß er auch kurzrüsseligen Insekten zugänglich ist. Die Palette der Blütenbesucher reicht deshalb von Käfern über Fliegen bis zu Bienen und Faltern.

Die Krause Distel ist ein 2jähriges Kraut, das nach der Blüte und Fruchtreife abstirbt. Sie besiedelt oft massenhaft gestörte Auwaldflächen mit offenem Boden (Pappelplantagen).

Eine nahe verwandte Art ist die Berg-Distel *(Carduus personata),* die sich von der Krausen Distel durch weit am Stengel herablaufende Laubblätter unterscheidet. Beheimatet in den Hochstaudenfluren der Bergstufe, wird sie von den Alpenflüssen weit herabgeschwemmt bis in die Auwälder am Oberlauf der großen Flüsse, wo sie auf den gleichen Standorten wächst, wie die Krause Distel, die sie stellenweise vertritt.

Winter-Schachtelhalm

Epuisetum hiemale

Schachtelhalme – *Equisetaceae*

K Ausdauernde, 40–150 cm hohe, dunkelgrüne Pflanze mit aufrechtem, fast immer astlosen Stengel; Stengelglieder meist 3–9 cm lang. Blattscheiden flach gerippt, dem Stengel anliegend, mit pfriemenförmigen, schwarzbraun und weiß berandeten Zähnen. Sporenähre von der obersten Scheide glockenförmig umschlossen. ▪ Sporenreife: Juli und August.

S In sandigen oder lehmigen, grundwassernahen Auwäldern; auf wasserzügigen, schattigen Abhängen, fast immer dichte Bestände bildend. Kalkliebend. Überwinternd.

V Europa (ausgenommen das Mittelmeergebiet), Nordasien bis Japan, Nordamerika.

Der Winter-Schachtelhalm ist von unseren anderen Schachtelhalmarten durch seine völlig unverzweigten Sprosse mit der endständigen Ähre leicht zu unterscheiden. Zusammen mit dem Riesen-Schachtelhalm, der ihn an Länge noch übertrifft, gehört er zu den größten, einheimischen

Schachtelhalmarten. Seine Triebe überwintern, wobei ein Teil der Ähren schon im ersten Jahr reift, ein anderer erst im zweiten Frühjahr seine reifen Sporen entläßt. Die Pflanze durchspinnt unterirdisch den Boden mit einem reichverzweigten Netz von Grundachsen und Ausläufern, aus denen die senkrechten Sprosse entspringen. Das dicht verzweigte, unterirdische Netz ist der Grund, weshalb der Winterschachtelhalm oft große Flächen völlig in Beschlag nimmt und zwischen seinen düsteren, dunkelgrünen Sprossen keine anderen Pflanzen aufkommen läßt.

Wegen seines guten, unterirdischen Wachstums pflanzte man ihn in Holland auch zur Befestigung von Dämmen. Hingegen gilt er im Auwald als ausgesprochenes Forstunkraut, weil er keine jungen Bäume hochkommen läßt. In den letzten Jahrzehnten konnte ein deutliches Vordringen der Pflanze in Gebiete, in denen er früher nicht vorkam, beobachtet werden.

Von allen heimischen Schachtelhalmarten enthalten seine Sprosse die meiste Kieselsäure, weshalb man ihn bevorzugt zum Putzen von Metallen und zum Schleifen von Glas verwendete. Auch als Heilkraut wird er gebraucht, wobei der Kieselsäuregehalt eine günstige Wirkung bei Tuberkulose ausüben soll; ebenso wird er bei Wassersucht und Nierenleiden verordnet.

Rühr-mich-nicht-an, Echtes Springkraut

Impatiens noli-tangere

Springkrautgewächse –
Balsaminaceae

Echtes
Springkraut

Kleinblütiges
Springkraut

K Einjährige, bis zu 1 m hohe, kahle Pflanze mit aufrechtem, oberwärts ästigen, durchscheinenden, knotigen Stengel. Blätter wechselständig, eiförmig, oval, grob gezähnt, am Grunde mit Stieldrüsen. ▪ Blüten 2seitig symmetrisch, in 2–4blütigen, blattachselständigen Trauben. Blüten groß, goldgelb, innen mit roten Punkten, mit langem, gekrümmten Sporn. Frucht eine 15–25 mm lange, fachspaltig aufspringende, walzliche Kapsel. ▪ Blütezeit: Juli bis September.

S Gesellig; in Auwäldern, in Bach-Eschenwäldern und Schluchten; auf sickerfeuchten, nährstoffreichen, gut durchlüfteten, humosen Böden in luftfeuchter Schattlage. Von der Ebene bis in die Bergstufe.

V Europa, Südrußland, Vorderasien, Sibirien, China und Japan.

Sowohl der deutsche Name »Rühr-mich-nicht-an« als auch der lateinische (*Impatiens* = ungeduldig) beziehen sich auf die reifen Kapselfrüchte, die schon bei der leisesten Berührung platzen. Dabei rollen sich die Fruchtblätter blitzschnell nach außen und schleudern die Samen fort. Die wasserreichen, durchscheinenden Stengel entbehren nahezu vollständig eines mechanischen Stützgewebes und werden nur durch den Saftdruck (»Turgor«) aufrechtgehalten, unterstützt durch die an-geschwollenen Stengelknoten. Die schönen großen Blüten, die wie goldene Füllhörner unter dem dunkelgrünen Laub hervorleuchten, werden vor allem von Hummeln bestäubt, die manchmal auch den Sporn anbeißen und Honigraub begehen.

Leider wird die schöne Pflanze immer mehr durch eine aus Ostsibirien eingeschleppte Art, dem Kleinblütigen Springkraut (*Impatiens parviflora*), verdrängt. Als lästiges Unkraut wächst es in Gärten, Auwäldern und an Wegrändern. Von dem Echten Springkraut unterscheidet es sich vor allem durch kleine, unscheinbare Blüten, spitze Blätter und längliche Samenkapseln.

Echtes Springkraut (*I. noli-tangere*).

Wald-Engelwurz

Angelica sylvestris

Doldenblütler – *Apiaceae*

K 2- bis mehrjährige Pflanze, die nach 1maligem Blühen und Fruchten abstirbt. Grundachse dick, spindelförmig, von scharfem, bitteren Geschmack und möhrenartigem Geruch. Stengel 50–200 cm hoch, stielrund, gestreift, röhrig, weißlich bereift, kahl, oberwärts ästig. Laubblätter dunkelgrün, 2–3fach fiederschnittig, im Umriß 3eckig; die unteren bis 60 cm lang, mit hohlem (!) Stiel; die oberen auf den sehr großen, bauchig aufgeblasenen Blattscheiden sitzend. Teilblättchen eiförmig bis lanzettlich, kurz zugespitzt, ungleich sägezähnig. ■ Dolden end- und seitenständig, groß, gedrungen, stark gewölbt, 20–30strahlig, behaart. Hülle manchmal fehlend oder hinfällig; Hüllchen zahlreich, aus borstlich-schmalen Blättern, herabgebogen. Kronblätter weiß oder rötlich; Staubfäden auffallend lang. Frucht zusammengedrückt, breit-oval. ■ Blütezeit: Juli bis September.

S Häufig; in Auwäldern (Erlenauen), in Staudenfluren, an Ufern; auf sickernassen oder wechselfeuchten, nährstoffreichen, locker-humosen, tiefgründigen, sandig-kiesigen oder lehmigen Tonböden.

V Fast ganz Europa, im Süden seltener; Kleinasien, Syrien, Kaukasus, Sibirien. Eingeschleppt in Nordamerika.

Die Wald-Engelwurz kann im sterilen Zustand leicht mit dem Geißfuß *(Aegopodium podagraria)* verwechselt werden, mit dem sie oft zusammen wächst. Sie unterscheidet sich von ihm durch die hohlen (beim Geißfuß vollen) Blattstiele der grundständigen Blätter; in der Blüte ferner durch das Vorhandensein von Hüllchen. Darüber hinaus ist die Wald-Engelwurz insgesamt derber und hochwüchsiger als der Geißfuß. Besonders im fruchtbaren und luftfeuchten Auwald wächst sie nicht selten zu über 2 m hohen Riesenexemplaren heran.

Ihre Einzelblüten sind – wie bei fast allen Doldengewächsen – klein und unauffällig, aber ihre Anordnung in große, dicht gedrängte, reichblütige Dolden stellt einen sehr wirksamen Schauapparat dar, der zahlreiche Blütenbesucher anlockt. Namentlich kurzrüsselige Insekten, wie Fliegen, Schwebfliegen, Käfer, Wespen und manche Bienen, stellen sich in großer Zahl ein, kriechen von Blüte zu Blüte, naschen an dem offen darliegenden Nektar und vermitteln die Bestäubung.

Die jungen Blätter und Stengeltriebe ergeben in Salzwasser gekocht ein aromatisches Wildgemüse. Die gewürzhaft schmeckende Wurzel war früher vor allem gegen Brustkrankheiten (»Brustwurz«) offizinell, wurde aber auch zur Magenstärkung und Kräftigung der Nieren empfohlen. Im Mittelalter verwendete man die Wald-Engelwurz als angeblich hochwirksames »Badkraut«, dessen Absud schwer Verletzte in wenigen Tagen heilen sollte.

Noch mehr Heilkräfte sollen in der nahe verwandten Echten Engelwurz (Angelica archangelica) stecken. Nach einer Sage soll der Erzengel Rafael einen Einsiedler auf die Heilkraft dieser Pflanze hingewiesen haben (»Archangelus« = Erzengel). Die Art wird bis zu 3 m hoch und unterscheidet sich von der Wald-Engelwurz noch durch ihren feingerillten Stengel und ihre riesigen, halbkugeligen Blütendolden. Wild wächst die Pflanze vor allem in den nördlichen Ländern wie Grönland, Island, Skandinavien und Rußland, wurde aber seit Jahrhunderten in ganz Mitteleuropa, vor allem in Kloster- und Bauerngärten kultiviert, so daß ihre ursprüngliche Verbreitung nur mehr schwer festzustellen ist. Neuerdings breitet sie sich zunehmend am Ufer der Donau-Stauseen aus.

Die im Herbst gegrabene Wurzel enthält neben reichlich Stärke, Rohrzucker und Pektin vor allem organische Säuren, ferner Angelicin und ein sehr aromatisches, ätherisches Öl. Die aus der Droge bereitete Tinktur wirkt hautreizend, schleimlösend, harn- und blähungstreibend. Sie wird als Einreibemittel bei Neural-

Echte Engelwurz *(Angelica archangelica)*.

gien, innerlich bei Magen- und Lungenleiden verordnet. Im Mittelalter galt die Pflanze als wirksames Mittel gegen die Pest. Schon das Kauen der Wurzel sollte vor Ansteckung schützen.

Die Volksmedizin verwendet die im Herbst gegrabene Wurzel gegen Koliken und Lungenleiden, die Blätter zur Magenstärkung und die Früchte als schweißtreibendes Mittel. Man bereitet aber aus der Wurzel auch noch den berühmten Angelica-Likör und verwendet die in Zucker eingelegten Stengelstückchen zum Verzieren von Torten.

In den nordischen Ländern zählt die Art seit alter Zeit zu den wichtigsten Gemüsepflanzen. So ißt man etwa in Lappland die geschälten Stengel, die wie Äpfel schmecken sollen, sogar roh oder kocht aus den jungen Blütendolden zusammen mit Rentiermilch eine käsige Speise. Die Echte Engelwurz gilt schließlich auch als sicheres Mittel gegen Hexen. Wer sie bei sich trägt, soll von jedermann geliebt werden.

Große Brennessel
Urtica dioica

Brennesselgewächse – *Urticaceae*

K Andauernde, 2häusige Pflanze mit kurzem, ästigen, verholzten Wurzelstock. Stengel 50–150 (250) cm hoch, aufrecht, 4kantig. Nebenblätter lanzettlich, frei; Blätter gegenständig, eiförmig zugespitzt, mit Brenn- und Borstenhaaren bedeckt. ▪ Blütenstände rispig, in den oberen Blattachseln; Blüten unscheinbar, männliche und weibliche Blüten auf verschiedenen Pflanzen. Früchte eiförmig, hellgrün. ▪ Blütezeit: Juni bis Oktober.

S Häufig und meist gesellig; in Auwäldern, im Umkreis von Siedlun-

gen; auf feuchten bis frischen, nährstoffreichen, meist tiefgründigen, humosen Lehm- und Tonböden.

V Von den südlichen bis zu den nördlichen gemäßigten Breiten von Eurasien und Nordamerika.

Die Große Brennessel ist eine typische Auenpflanze, die wohl erst sekundär auch menschlich bedingte Standorte besiedelt hat. Besonders

an Flußufern und in lichten Weidenauen erreicht sie Höhen bis zu 250 cm und bildet oft undurchdringliche, beinahe reine Bestände. Ihr hoher Stickstoffbedarf wird dort durch die nährstoffreichen Überschwemmungsablagerungen gedeckt.

Mit ihren Brennhaaren hat die Pflanze die Injektionskanüle der modernen Medizin vorweggenommen. Diese bestehen nämlich aus einer verdickten Basis, setzen sich in einem haarfeinen, hohlen Rohr fort und enden in einem schief aufgesetzten Köpfchen, das an einer vorgebildeten Stelle bei der leisesten Berührung abbricht. Die scharfe Bruchstelle des Haares bohrt sich sodann in die Haut und läßt den Zellsaft einfließen. Schon 1/10000 mg dieses histaminhaltigen Saftes ruft die bekannten Hautentzündungen hervor. Diese hautreizende Wirkung macht sich die Volksmedizin zunutze: Regelmäßiges Peitschen mit Brennesseln gilt als probates Mittel gegen Gicht! Innerlich wird ein Auszug der Pflanze als blutreinigendes, schleimlösendes und harntreibendes Mittel verwendet. Vor der Einführung der Baumwolle spielte die Pflanze auch als Gespinstpflanze eine Rolle. Im naturnahen Gartenbau gebraucht man eine Brennesseljauche zur biologischen Schädlingsbekämpfung.

Hopfen

Humulus lupulus

Hanfgewächse – *Cannabaceae*

K Ausdauerndes Schlinggewächs mit 3–6 m langen, rauhhaarigen, windenden Trieben. Blätter gegenständig, an den weiblichen Blütenständen 2zeilig; langgestielt, rundlich, tief 3–7spaltig bis ungeteilt; oberseits dunkelgrün, dicht borstig behaart; unterseits heller, mit gelben Drüsen besetzt. ■ Blüten 2häusig; männliche Blüten in achselständigen Rispen; weibliche Blüten in kleinen Scheinähren, ihre blütenbedeckenden Nebenblätter an der Innenseite dicht mit Lupulindrüsen besetzt, zur Reifezeit zusammen mit den Hüllblättern zu einem zapfenartigen Fruchtstand heranwachsend. ■ Blütezeit: Mai.

S Häufig; in Auwäldern und Erlenbrüchen; auf nährstoffreichen, sikkerfeuchten, auch zeitweise überschwemmten, tiefgründigen, mildhumosen Sand- und Tonböden. Von der Ebene bis in mittlere Gebirgslagen.

V Südliches Europa bis Westasien. In Mitteleuropa oft verwildert.

Der Hopfen ist eine sehr alte Kulturpflanze, dessen Fruchtzapfen schon frühzeitig zur Bierbereitung verwendet wurden. Erste Spuren gehen auf die Karolingerzeit zurück, wobei es wahrscheinlich Mönche waren, die den Hopfen als Geschmacksverbesserer für ihr Bier entdeckten. Schon im 9. Jahrhundert besaß das Hochstift Freising Hopfengärten und aus dieser tausendjährigen Kultur ist es verständlich, daß das ursprüngliche Verbreitungsgebiet der Art nicht mehr genau festzustellen ist.

Der begehrte Bitterstoff, das Lupulin, wird von becherförmigen Drüsen ausgeschieden, die in großer Zahl auf den Blütenhüllblättern und Nebenblättern der weiblichen Blüten sitzen. Es verleiht dem Bier seinen aromatisch bitteren, kräuterartigen Geschmack und erhöht seine Haltbarkeit. Hopfen wirkt aber auch schmerzstillend, beruhigend und einschläfernd. Sogar das Einatmen des charakteristischen Duftes soll schlaffördernd wirken. Die jungen Sprosse werden als Wildgemüse und Wildsalat ähnlich wie Spargel gegessen.

Als Liane ist der Hopfen eine typische Auenpflanze, die sich mit Hilfe ihrer von Klimmhaaren besetzten, rechtsdrehenden Stengel an jungen Bäumen hochrankt. Sie kann so zum Forstschädling werden.

Bär-Lauch

Allium ursinum

Liliengewächse – *Liliaceae*

K Ausdauernde, 20–50 cm hohe Pflanze mit schlanker, 2–4 cm langer Zwiebel, die von durchsichtigen, später verschwindenden Häutchen eingehüllt ist. Stengel aufrecht; grundständige Laubblätter meist zu 2, flach-elliptisch, zugespitzt, dünn, abrupt in den 5–20 cm langen Blattstiel verschmälert, oberwärts glänzend dunkelgrün, unterwärts matt, heller grün. ▪ Der Blütenstand ist eine flache, meist vielblütige Trugdolde. Blütenstiele doppelt so lang wie die ansehnliche, weiße Blumenkrone. Durchdringend riechend. ▪ Blütezeit: April, Mai.

S Häufig und gesellig; in Auwäldern, in feuchten Laubwäldern; auf sickerfeuchten, nährstoffreichen, tiefgründigen, lockeren, sandig-lehmigen Böden.

V Fast ganz Europa.

Der Bär-Lauch, der »wilde« Bruder des Knoblauchs, tritt im Auwald oft so massenhaft auf, daß seine Blätter über weite Flächen den Boden bedecken. Erst im Mai entfaltet er seine weißen Blütendolden, die jedem Garten zur Zierde gereichen könnten, würden sie nicht geradezu atemberaubend nach Knoblauch stinken. Der durchdringende Geruch geht auf das Knoblauch-Öl zurück (Hauptbestandteil: Schwefelallyl). Der Forstmann sieht sein üppiges Wachstum trotzdem sehr gerne: Ist er doch nicht nur Zeigerpflanze für fruchtbaren Boden und gute Wasserversorgung, sondern wirkt durch seine rasch verrottenden Blattmassen noch selbst als Gründünger.

Wegen seiner anregenden, blutdrucksenkenden und keimtötenden Wirkung waren früher Zwiebel und Blätter offizinell. Heute wird er vor allem im Frühling als Spinat und Salat gegessen. Bärlauchesser verströmen allerdings einen durchdringenden Geruch.

Schneeglöckchen

Galanthus nivalis

Narzissengewächse –
Amaryllidaceae

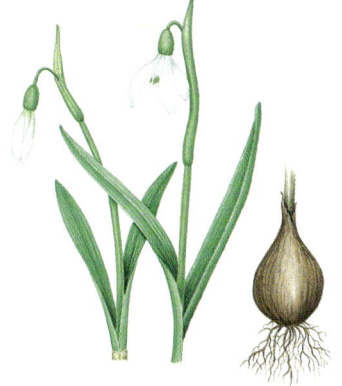

K Ausdauernde, 8–30 cm hohe Pflanze mit kugeliger bis eiförmiger Zwiebel, die von 3 trockenhäutigen, braunen Schalen umhüllt ist. Laubblätter 2, grundständig, linealisch, seegrün, bereift. ■ Blüten einzeln, glockig, nickend, schwach duftend. Die 3 äußeren Laubblätter rein weiß, frei, beweglich; die 3 inneren kürzer, aufrecht, an der Spitze mit einem halbmondförmigen grünen Fleck. Fruchtkapsel reif gelbgrün, fachartig aufspringend. Samen mit Elaiosom. ■ Blütezeit: Februar bis April.

S Zerstreut, stellenweise auch massenhaft; in Auwäldern, feuchten Laubwäldern und Obstgärten. In den Alpen hoch hinaufsteigend.

V Ursprünglich von den Pyrenäen über Mitteleuropa bis an den Kaukasus und Kleinasien.

Das Schneeglöckchen ist der allererste Frühlingsbote in unseren Auwäldern. Mit seinen spitzen, von einem häutigen Scheideblatt umgebenen Blättern durchstößt es oft noch unter dem Schnee den gefrorenen Boden. In der schwach duftenden Blüte reift der Stempel etwas vor den Staubblättern; beide sind durch die hängende Blüte vor Regen und Nässe geschützt. Als Bestäuber fungieren vor allem Honigbienen, denen die grünen Saftmale den Weg nach dem Blütengrund und zu dem zukkerhaltigen Gewebe weisen.
Bleibt infolge Schlechtwetters Insektenbesuch aus, so fallen die Pollenkörner direkt auf die Narbe herunter und es erfolgt Selbstbefruchtung. Bald nach der Blüte erschlafft der Stengel, so daß die Fruchtkapsel direkt auf die Erde zu liegen kommt.

Die Samen besitzen ein deutliches, hornartiges Anhängsel (Elaiosom), das von Ameisen gefressen wird, die so die Samen vertragen.
Im Sommer vergilben auch die Blätter des Schneeglöckchens – es macht eine Ruheperiode durch, aus der es erst im zeitigen Vorfrühling wieder erwacht: Im unterholzreichen Auwald gelangt im Sommer zu wenig Licht bis auf den Boden, selbst für die Blätter. Die Blütezeit der Art fällt dann wieder in die Periode vor der Belaubung der Bäume. Wegen seiner ungewöhnlich frühen Blütezeit ist das Schneeglöckchen eine beliebte Gartenpflanze und aus Gärten ist es dann oft in die Umgebung verwildert. In Kultur gibt es auch gefüllte oder rein weiße Formen.

Zweiblättriger Blaustern, Meerzwiebel

Scilla bifolia

Liliengewächse – *Liliaceae*

K Ausdauernde, 10–20 cm hohe Pflanze mit kugeliger, etwa taubeneigroßer Zwiebel, aus der die beiden lebhaft grünen, grasartig schmalen Blätter entspringen, die den Stengel bis fast zur Mitte umschließen. Stengel aufrecht, rötlich überlaufen. ■ Blütenstand 2–5blütig; Blütenstiele länger als die Blüte; Blumenkrone sternförmig, azurblau, selten rötlich oder weiß. Fruchtkapsel kugelig; Same mit Anhängsel. ■ Blütezeit: März, April.

S Nicht häufig, aber meist gesellig; in Auwäldern und auf Auwiesen, aber auch in feuchten Laubwäldern; auf sickerfeuchten oder grundwasserna-

hen, nährstoffreichen, locker humosen Lehm- und Tonböden. Halbschattenpflanze, etwas wärmeliebend.

V In Deutschland und Österreich nördlich der Alpen selten und auf die Flußtäler beschränkt (Stromtalpflanze). Allgemein in Süd- und Mitteleuropa verbreitet (nördlich bis Mitteldeutschland, Holland, südwestliches Polen und Siebenbürgen); Kaukasus und Kleinasien.

Die bildhübsche kleine Lilie gehört zu den ersten Frühlingsboten, die gleich nach dem Schneeglöckchen den noch winterlich kahlen Auwald beleben. Besonders üppig gedeiht sie an schlammigen Bachrändern, wo sie gelegentlich richtige Mastformen entwickelt, die bis zu 30 cm hoch werden und an die 10 Blütensterne von hyazinthenartiger Üppigkeit tragen.

Der Nektar wird in den Blüten aus eigenen Drüsen am Fruchtknoten abgesondert und von kleinen Fliegen, aber auch Honigbienen eifrig angenommen.

Sollte es einmal zu keiner Bestäubung kommen, dann schließen sich die Blumensterne beim Verwelken, Staubbeutel und Narbe berühren einander und die Pflanze befruchtet sich selbst. Die Samen tragen am Nabel ein helles, gekröseartiges Anhängsel, das von Ameisen gefressen wird, die auf diese Art für die Verbreitung sorgen.

Die Gattung Blaustern umfaßt ca. 100 Arten, von denen aber praktisch nur der Zweiblättrige Blaustern in Mitteleuropa anzutreffen ist. Hingegen sind eine Reihe weiterer Arten sehr beliebte Gartenpflanzen, und aus Garten- und Parkanlagen sind sie gelegentlich auch verwildert.

Gemeiner Gelbstern

Gagea lutea

Liliengewächse – *Liliaceae*

K Ausdauernde, zierliche, 10 bis 30 cm hohe Zwiebelpflanze. Das grundständige Laubblatt breit-linealisch und an der Spitze mützenförmig zusammengezogen; die beiden Stengelblätter dicht unterhalb des trugdoldigen Blütenstandes, lanzettlich, am Rande spinnwebig gewimpert. ■ Blütenstand 1–7blütig; Einzelblüte sternförmig; die 6 Blumenkronblätter innen goldgelb, glänzend, außen grüngelb, mit grünem Mittelstreifen. Die Frucht ist eine 3seitige, wenigsamige Kapsel. ■ Blütezeit: März bis Mai.

S In krautreichen Auwäldern; auf sickerfeuchten, nährstoffreichen, lokkeren, mild-humosen, tiefgründigen, sandigen bis lehmigen Böden mit zeitweilig hochanstehendem Grundwasser; auch in Obstgärten, an Bachrändern und unter Gebüschen. Von der Ebene bis in die subalpine Stufe (vereinzelt bis auf 1700 m steigend).

V Fast ganz Europa, nördliches Skandinavien, Rußland, südliches Spanien, Balkan, Korsika; Kaukasus, Sibirien.

Die Gattung Gelbstern umfaßt über 50 Arten, die vorwiegend im Mittelmeergebiet und in den Steppen Asiens zu Hause sind. Bei uns kommen 7 Arten vor, einige davon winzig klein, andere recht selten oder einander sehr ähnlich. Ziemlich häufig ist hingegen der Gemeine Gelbstern, der zu den ersten Frühlingsboten im Auwald gehört. Seine hübschen, gelben Blüten sind geruchlos, sondern jedoch am Grunde eines jeden Blumenkronblattes ein Nektartröpfchen ab, das von kleinen Fliegen, Käfern und Bienen aufgenommen wird, die dabei die Bestäubung vollziehen.

Bleibt der Insektenbesuch aus, so falten sich die Blüten zusammen und befruchten sich selbst. Der Same besitzt ein Elaiosom und wird durch Ameisen verbreitet.

Häufig kommt es zu keinem Fruchtansatz; dann vermehrt sich die Pflanze vegetativ durch Wurzelbrut und Brutknöllchen. Letztere befinden

sich an der Basis des grundständigen Laubblattes oder am Grunde des Blütenstandes.

Die Blütenblätter des Gelbsternes sind außen grünlich bis grasgrün und assimilieren wie die Laubblätter. Bei Regen, Kälte, aber auch bei anderen Außenreizen, wie etwa Abpflücken, schließen sie sich sogleich und sind dann gänzlich unscheinbar.

Gemeine Schuppenwurz

Lathraea squamaria

Rachenblütler – *Scrophulariaceae*

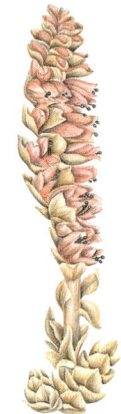

K Ausdauernde Vollschmarotzer-pflanze ohne Blattgrün; mit ästigem, fleischigen Wurzelstock, der dicht mit 4reihigen, kahlen, fleischigen Schuppen besetzt ist. Stengel auf-recht, 10–25 cm hoch, dick, saftig, bleichrosa bis rosenrot, mit zahlrei-chen, bleichen Schuppen besetzt. ▪ Blüten in einer dichten, einseitswen-digen Traube. Kelch glockig, drüsig behaart, lebhaft rosa. Blumenkrone 15–17 mm lang, 2lippig, rosenrot mit weißlicher Unterlippe. Staubblätter 4, 2mächtig, aus dem Schlund heraus-ragend. Frucht eine Springkapsel, die sich durch Schwellkörper öff-net. ▪ Blütezeit: April, Mai.

S In Auen, feuchten Laubwäldern und alten Gärten auf verschiedenen Laubgehölzen schmarotzend; auf tiefgründigen, sickerfeuchten, humo-sen Böden.

V Europa, gemäßigtes Asien.

Die seltsame Schuppenwurz ist eine der wenigen echten Schmarotzer-pflanzen unserer heimischen Flora. Den größten Teil des Jahres lebt sie

verborgen unter der Erde, wo ihr Wurzelstock ca. 1 Quadratmeter be-deckt und bis zu 5 kg schwer werden kann. Erst im Alter von 10 Jahren streckt sie im Frühling das erste Mal ihre fleischigen, bleichrosa Blüten-trauben aus der Erde, läßt sie von Hummeln bestäuben, die gierig den süßen Saft von der Honiglippe lek-ken, verstreut ihre Samen, die jahre-lang im Boden keimfähig bleiben, und verschwindet wieder bis zum nächsten Frühling.

Unter der Erde geht aus einer knol-lenförmigen Verlängerung des Wur-zelstockes eine Hauptwurzel mit zahlreichen Nebenwurzeln ab, wel-che die Wurzeln der Wirtspflanze mit einem dichten Geflecht umspinnen und dabei zahlreiche hanfkorngroße Saugwurzeln ausbilden, die schließ-lich in das Innere der Wirtswurzel einen Saugfortsatz entsenden. Die-ser dringt nun durch die Rinde bis ins Stranggewebe ein und zapft es regelrecht ab. Da oft bis zu 100 der-artige Saugfortsätze ein und die-selbe Wurzel befallen, kann es zu be-trächtlichen Gewebeschädigungen kommen, beim Absterben der Saug-fortsätze auch zum Eindringen von parasitischen Pilzen und Bakterien.

In früheren Zeiten galt die Pflanze als sicheres Mittel gegen Epilepsie und Fraisen der Kinder.

Geißfuß, Podagrakraut

Aegopodium podagraria

Doldenblütler – *Apiaceae*

K Ausdauernde, 50–100 cm hohe Pflanze mit kriechendem Wurzelstock, der tief in der Erde lange Ausläufer treibt. Stengel aufrecht, hohl, kantig, gefurcht, oberwärts ästig. Grundständige Blätter gestielt, einfach 3schnittig; Stengelblätter doppelt 3zählig zerschnitten. Stiel 3kantig, gekielt, voll (!). Teilblättchen eiförmig zugespitzt, doppelt gesägt, mit bespitzten Zähnchen. Obere Stengelblätter auf bauchig erweiterter Scheide sitzend, einfach 3schnittig. ■ Hülle und Hüllchen fehlend. Dolde ziemlich groß, mit meist 15 gleich langen, innen rauhflaumigen Strahlen. Kronblätter weiß, selten rosa. Reife Frucht hellbraun, kümmelähnlich, leicht in die beiden Teilfrüchte trennbar. ■ Blütezeit: Mai bis September.

S Häufig und gesellig; in Auwäldern, in feuchten Gebüschen, an Bachufern, in Gärten; auf grund- oder auch sickerfrischen, nährstoffreichen, lockeren, humosen, tiefgründigen, sandigen bis steinigen Ton- und Lehmböden. Von der Ebene bis ins Gebirge.

V Fast ganz Europa. Kleinasien, Sibirien.

Die Art ist ein ausgesprochener Fruchtbarkeitszeiger, die nur auf besten, nährstoffreichen, frischfeuchten Böden gedeiht. Kein Wunder, daß sie in der fruchtbaren und feuchten Erlen-Eschenau oft auf großen Flächen wuchert und auch in den Gärten ein nur schwer zu bekämpfendes Unkraut darstellt: Von ihren bis zu 50 cm tief wurzelnden Ausläufern bleibt immer noch ein Stückchen im Boden zurück, das sich zur neuen Pflanze regeneriert.

Biogärtner versuchen erst gar nicht, den Geißfuß auszurotten, sondern bedienen sich seiner: Er lockert den Boden, seine Blätter verrotten zu feinstem Humus, zudem ergeben sie im Frühling ein zartes Wildgemüse. Sie sind Bestandteil der traditionellen »Neunkräutersuppe«, die am Gründonnerstag gegessen wird. Das »Podagrakraut«, wie die Pflanze auch noch heißt, ist eine altbewährte Heilpflanze, deren zerquetschte Blätter Gichtschmerzen lindern und ebenso Gichtknoten zum Verschwinden bringen. Sie helfen auch bei entzündeten Insektenstichen und Hämorrhoiden.

Wilde Rebe

Vitis silvestris

Rebengewächse – *Vitaceae*

[K] Bis 30 m hoher und mit blattgegenständigen Ranken kletternder Strauch mit in der Jugend kastanienbraunen Zweigen und später lang abfasernder Borke. Pflanze 2häusig. Blätter der männlichen Stöcke tief eingeschnitten und buchtig gelappt, die der weiblichen ungelappt oder seicht eingeschnitten, beide im Umriß kreisrund. ■ Blüten in zusammengesetzter, dichter Rispe, duftend. Einzelblüten unscheinbar gelblichgrün, 5zählig; Kelch und Kronblätter abfallend. Früchte länglich, 5–7 mm lang, blauviolett, wohlschmeckend säuerlich. ■ Blütezeit: April.

[S] Selten; in Auwäldern; auf frischen, nährstoffreichen, kalkhaltigen, verbraunten Auböden.

[V] Mittelmeergebiet, Mittelfrankreich, Südwestschweiz, pannonische Donau- und Marchauen, Oberrheinische Tiefebene, Kleinasien, südliches Rußland, Transkaukasien.

Die Wilde Rebe wird als Stammart der Echten Weinrebe *(Vitis vinifera)* angesehen. Entgegen der Meinung, daß erst die Römer den Wein zu uns gebracht hätten, zeigen Funde aus der Jungsteinzeit, daß die Beeren der Wilden Rebe schon damals gesammelt wurden, wenngleich die Römer den Weinbau in ihren Provinzen sehr gefördert haben.

Die Art gehört zu den wenigen mitteleuropäischen Lianen und ist eine seltene Kostbarkeit der Rheinauen sowie der pannonischen Donau- und Marchauen. Im Herbst leuchten ihre flammend rot verfärbten Blätter schon von weitem. Ihre kleinen, dunkelblauen Beeren werden durch Vögel verbreitet.

Erklärung häufig verwendeter Fachwörter

Adventivwurzel: Sekundär an beliebigen Stellen sich entwickelnde Wurzeln.

Alpenschwemmling: Alpenpflanze, die mit Bächen oder Flüssen in tiefere Lagen herabgeschwemmt wurde und dort Fuß gefaßt hat.

Ankerklettfrucht: Klettfrüchte, deren ankerartige Fortsätze die Früchte im Schlammboden befestigen.

Antheridien: Die männlichen Geschlechtsorgane bei Moosen, Farnen und Bärlappgewächsen.

Aphrodisiakum: Mittel, das den Geschlechtstrieb steigern soll.

Archegonien: Die weiblichen Geschlechtsorgane bei Moosen, Farnen und Bärlappgewächsen.

Areal: Verbreitungsgebiet einer Sippe.

Aspekt: Aussehen einer Pflanzengesellschaft zu einem bestimmten Zeitpunkt des Jahres (Frühlings-, Sommer-, Herbst-, Winteraspekt).

Assimilation: Aufbau von organischer Substanz aus anorganischen Stoffen durch die grüne Pflanze.

Biomasse: Die gesamte Menge an organischer Substanz.

Biotop: Lebensraum.

Blatthäutchen: Häutiges Gebilde am oberen Rand der Blattscheide.

Blattnarbe: Ansatzstelle des Blattes an der Stengeloberfläche.

Blattscheide: Stengelumfassender Blattgrund.

Blattspreite: Blattfläche, ohne Stiel.

Brackwasser: Schwach salzige Mischung aus Salz- und Süßwasser.

Brutknöllchen: Siehe Brutknospe.

Brutknospe: Kugeliger, auf ungeschlechtlichem Weg entstandener Ableger.

Bülten: Kuppen aus Torfmoos, oben oft trocken und mit Heidekräutern bewachsen.

Dynamik: Kraftentfaltung, Bewegtheit, Änderung eines Bewegungszustandes.

Einhäusig: Männliche und weibliche Blüten auf einer Pflanze.

Eiszeitrelikt: Überbleibsel aus der Eiszeit. Pflanzen, die sich seit der Eiszeit an besonders begünstigten Standorten erhalten konnten.

Elaiosom: Ölhaltige Anhängsel an Samen. Diese werden von Ameisen gefressen und dabei die Samen vertragen.

Ferment: Katalysatoren kolloidaler Natur, die von lebenden Zellen erzeugt werden. Sie beschleunigen die Reaktionsgeschwindigkeit gewisser chemischer Umsetzungen.

Fertil: Fruchtbar.

Flutmulde: Geländesenke, in der Überschwemmungswasser längere Zeit verbleibt.

Fossil: Vorweltlich. Der geologischen Vorzeit angehörend. Heute ausgestorben.

Fruchtschlauch: Schlauchförmiges, den Fruchtknoten einschließendes Vorblatt.

Genetisch: Erblich bedingt.

Geophyt: Erdpflanze. Das Überdauerungsorgan (Wurzelstock, Knolle, Zwiebel) steht in der Erde und ist ungünstigen Jahreszeiten weniger ausgesetzt.

Heterostylie: Pflanzen mit ungleich langen Griffeln.

Hochblatt: Blattgebilde am oder im Blütenstand.

Hydropoten: »Wassertrinker«; Oberhautbildungen an Wasserpflanzen zur Nährstoffaufnahme aus dem Wasser.

Kleistogame Blüten: Blüten, die sich in Knospenlage selbst bestäuben.

Leitbündel: Gefäßbündel.

Lentizellen: Rindenporen.

Lignin: Bestandteil des Holzes.

Litoral: Uferzone.

Losung: Kot des Wildes.

Mäander: Flußwindungen.

Makrosporen: Großsporen, aus denen weibliche Vorkeime hervorgehen.

Mikrosporen: Kleinsporen, aus denen männliche Vorkeime hervorgehen.

Mineralisation: Umwandlung von organischer Substanz in anorganische unter Einwirkung von bestimmten Bakterien.

Monokultur: Großflächiger, alleiniger Anbau der gleichen Pflanzenart.

Moräne: Vom Gletscher verfrachteter Gesteinsschutt.

Nebenblätter: Blattartige Organe beiderseits des Blattstielgrundes.

Nebenblattscheide: Um den Stengel wachsende Nebenblätter.

Offizinell: Als Heilpflanze verwendet.

Ökologische Breite: Existenzmöglichkeit einer Sippe innerhalb gegebener Standortsfaktoren.

Ökosystem: Das Beziehungsgefüge zwischen Organismen und Umweltfaktoren.

Ölstriemen: Ölhaltige Sekretgänge in den Früchten der Doldenblütler.

Ortstein: Eine Wasserundurchlässige Verkittung von Bodenbestandteilen.

Paläozoikum: Erdzeitalter.

Pannonisch: Das Ungarische Tiefland mit trocken-warmem Klima und westlichen Ausstrahlungen.

Papillös: Von kurzen, kegelförmigen Haaren (Papillen) bedeckt.

Pappus: Haarkrone der Korbblütler, die als Verbreitungsorgan dient.

Pegel: Meßeinrichtung zur Bestimmung des Wasserstandes.

Pektin: Eine hochmolekulare, kohlehydratähnliche Verbindung, die das Gelieren von Fruchtsäften bewirkt.

Pestizide: Chemische Schädlingsbekämpfungsmittel.

Spirre: Zusammengesetzter Blütenstand, deren untere Äste die oberen übergipfeln.

Sporangien: Sporenbehälter.

Spore: Einzellige, pflanzliche Fortpflanzungszelle; ungeschlechtliche Keimzelle, aus der durch Keimung eine neue Pflanze entsteht.

Sporophyt: Aus der Spore entstandene Pflanze.

Staminodien: Verkümmerte oder umgebildete Staubblätter.

Standortsvag: An keinen bestimmten Standort gebunden.

Steril: Unfruchtbar.

Stromtalpflanze: Späteiszeitliche Wanderpflanze in den Fluß- und Stromtälern.

Subfossil: In Torfmooren aus verhältnismäßig junger Zeit erhaltene Reste.

Substrat: Nährboden, Bodenunterlage.

Symbiose: Lebensgemeinschaft, aus der beide Partner Nutzen ziehen.

Tentakel: Bewegliche Verdauungsdrüse, z.B. beim Sonnentau.

Tertiär: Erdzeitalter, Beginn vor etwa 65 Millionen Jahren.

Torfstich: Abbau eines Moores zur Torfgewinnung.

Turionen: Winterknospen.

Tuten: Röhrig verwachsene Nebenblattscheiden.

Vegetative Vermehrung: Ungeschlechtliche Vermehrung, z.B. durch Sprossung, Ableger usw.

Vitalität: Lebenskraft.

Vorkeim: Aus Sporen auswachsende Keime.

Wirtel: Quirl; auf gleicher Höhe stehende Pflanzenteile (besonders bei Blättern).

Zweihäusig: Männliche und weibliche Blüten auf getrennten Pflanzen.

Register

Wissenschaftliche Pflanzennamen

Deutsche Pflanzennamen

Sachwortverzeichnis

Siehe auch die »Erklärung häufig verwendeter Fachwörter« S. 218 und 219.

Ihr Ausflug in die Natur wird zur Entdeckung – mit BLV Naturbüchern

Thomas Schauer / Claus Caspari

Der große BLV Pflanzenführer

Dieser Pflanzenführer stellt Ihnen über 1500 Pflanzenarten Deutschlands und der Nachbarländer vor, davon 1140 in hervorragenden farbigen Farbzeichnungen. Die Gliederung erfolgt nach Standorten. Angaben zu Merkmalen, Standort, Blütezeit, Verbreitung und Gefährdung liefern einen genauen Steckbrief jeder Art.
4. Auflage, 463 Seiten, 199 Farbtafeln, 305 Zeichnungen

BLV Intensivführer – Spektrum der Natur

Einhard Bezzel

Vögel Band 1, 2 und 3

Mit diesen 3 Bänden haben Sie einen umfassenden Überblick über die Vogelarten Mitteleuropas. Band 1 stellt Ihnen die Singvögel vor, Band 2 behandelt die übrigen Landvögel wie Spechte, Eulen und Greifvögel und Band 3 die Vögel, die an Gewässern leben. Die Arten werden auf jeweils 1–4 Seiten beschrieben: Ein Kurzsteckbrief erläutert Kennzeichen, Vorkommen, Fortpflanzung und Nahrung. Weitergehende Detailinformationen geben Auskunft über viele artspezifische Erscheinungen wie z.B. Nahrungserwerb und Verhalten.

Vögel Band 1	Vögel Band 2	Vögel Band 3
Singvögel	**Spechte, Eulen, Greif-**	**Taucher, Entenvögel,**
2. Auflage, 191 Seiten,	**vögel, Tauben, Hühner**	**Reiher, Watvögel,**
142 Farbfotos,	**u. a.**	**Möwen u. a.**
93 farbige und	159 Seiten, 145 Farb-	191 Seiten, 150 Farb-
7 s/w-Zeichnungen	fotos, 55 farbige und	fotos, 73farbige Zeich-
	3 s/w-Zeichnungen	nungen

BLV Bestimmungsbuch

Bent J. Muus / Preben Dahlström

Süßwasserfische

600 brillante Farbzeichnungen und ausführliche Einzelbeschreibungen stellen Ihnen Kennzeichen, Lebensweise, Vorkommen, Fang und Verwertung von 130 europäischen Fischarten, 4 Krebsarten und der Flußperlmuschel vor. Ein Gesamtüberblick informiert Sie über Gestalt und Bau, Biologie und Lebensräume der Fische.
5. Auflage, 244 Seiten, 600 farbige Zeichnungen

BLV Verlagsgesellschaft München